ISBN 978-0-666-67559-0
PIBN 10365710

ALTFRANZÖSISCHES LESEBUCH

ZUR ERLÄUTERUNG DER

ALTFRANZÖSISCHEN LITERATURGESCHICHTE

VON

Dr. KARL VORETZSCH

O. PROFESSOR DER ROMANISCHEN PHILOLOGIE
AN DER UNIVERSITÄT HALLE-WITTENBERG

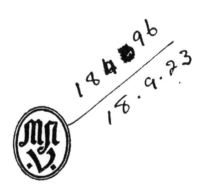

HALLE (SAALE)
VERLAG VON MAX NIEMEYER
1921

Albert Stimming

in aufrichtiger verehrung

zugeeignet

vom verfasser

Vorwort.

Dies ‚Altfranzösische Lesebuch‘ ist aus meiner ‚Einführung in das Studium der altfranzösischen Literatur‘ hervorgegangen. Schon beim erscheinen der ersten auflage gaben mir wohlmeinende kritiker und freunde den rat, die eingestreuten texte herauszunehmen und zu einem besonderen lesebuch zu vereinen. Ich konnte mich bei herstellung der zweiten auflage noch nicht dazu entschließen, da der pädagogische zweck, den ich mit dem einfügen der lesestücke an ort und stelle verband, durch ein selbständiges lesebuch nicht in demselben maße erfüllt werden konnte und kann. Seitdem aber hat mich der zunehmende umfang der literaturgeschichtlichen darstellung zu der notwendigkeit geführt, die ‚Einführung‘ bei der — in vorbereitung befindlichen — neuen auflage zu entlasten, nahm doch das wörterbuch allein drei bogen in anspruch. Auch gewann ich so den vorteil, die ausgewählten stücke durch weitere charakteristische proben vermehren und so ein vollständigeres bild der altfranzösischen dichtgattungen und perioden geben zu können, als im rahmen der ‚Einführung‘ möglich war. Der pädagogische zweck der auswahl bleibt derselbe wie in der ‚Einführung‘. Daher sind die ausgewählten stücke im anschluß an die dort gegebene entwicklungsgeschichtliche darstellung geordnet. Für die vorliterarische periode habe ich auch lateinische, für das entstehen altfranzösischer literaturgattungen wichtige texte ausgehoben. Wesentlich vermehrt wurde die literatur des 13. jahrhunderts. Die des 14. und 15. jahrhunderts bleibt, wie schon früher mitgeteilt, der anschließenden darstellung von Ferdinand Heuckenkamp · überlassen.

Bei der auswahl der neuen texte kam es mir zunächst, wie bisher, auf das für gattung und periode charakteristische an. Daneben habe ich aber auch rein litterargeschichtlich wichtige stellen — wie Bertrands einteilung der chansons de geste (VI 3 A) oder die einschätzung der jongleurs durch das Poème moral (XII 3) — und

schließlich auch kulturhistorisches bietende stücke — wie das hoffest
zu ehren von Durmarts ritterwerdung (XII 6) — ausgehoben.

Die texte sind im allgemeinen kritischen ausgaben entnommen
und, da für literargeschichtliches studium bestimmt, in der regel
ohne handschriftliche lesarten wiedergegeben. Die ältesten denk-
mäler gebe ich nach der handschriftlichen überlieferung, aber mit
auflösung der abkürzungen, worttrennung und interpunktion. Beim
‚Hohen Lied‘ sind alle abweichungen von der handschrift ausdrück-
lich vermerkt, beim ‚Adamspiel‘ die wesentlichen abweichungen.
Das stück aus dem Trojaroman habe ich, wie schon in der ‚Ein-
führung‘, nach der Mailänder handschrift (nach der vom † kand.
phil. Lübbers für das Romanische Seminar zu Halle gefertigten
abschrift) gegeben. Auf die beigabe eines anhangs von ver-
schiedenen stücken nach den handschriften mit varianten mußte
ich mit rücksicht auf den umfang des buches vorläufig verzichten.

Die anmerkungen habe ich, gemäß dem ursprünglichen zweck
des buches, in dem in der ‚Einführung‘ angenommenen maße bei-
behalten. Bibliographische verweise auf einzelne sprachliche oder
metrische erscheinungen entsprechen dem pädagogischen zweck des
ganzen. Wo es mir nötig schien, habe ich auch sachliche — geschicht-
liche und kulturhistorische — erläuterungen gegeben. Die grenze
zwischen notwendig und überflüssig bleibt freilich dem persönlichen
empfinden unterworfen und daher immer schwimmend. Die er-
läuterungen zu den ältesten denkmälern findet man in der ‚Ein-
führung in das Studium der altfranzösischen Sprache‘. Unter AS
habe ich auf erklärungen dieser ‚Einführung‘ verwiesen.

Beim korrekturlesen hat mich herr kand. phil. G e r h a r d
M o l d e n h a u e r in dankenswerter weise unterstützt.

Ich widme das buch dem unermüdlichen forscher, der noch
heute, im hohen greisenalter stehend, unsere wissenschaft durch
vorbildliche ausgaben und durch scharfsinnige untersuchungen
sprachgeschichtlicher wie literargeschichtlicher art fördert und mit
dem mich gemeinsame trauer um seinen im kampfe fürs Vaterland
gefallenen sohn Erwin, meinen lieben, unserer wissenschaft so viel
versprechenden schüler, verbindet: A l b e r t S t i m m i n g.

Ce fu entor la Pantecoste,
icele feste qui tant coste —

H a l l e 1921.　　　　　　　　　　　**Der verfasser.**

Inhaltsverzeichnis.

Berichtigungen.

Seite 5 anm. letzte zeile v. u. *ἀπὰ κοινὺ* lies *ἀπὸ κοινοῦ*. — 9 über-
schrift lies: die schlange in der weinflasche. — 17 v. 106 *vector* l. *rector,*
anm. 4) *bassania* l. *baccania.* — 26 anm. z. 5 v. u. 114 l. 140. — 28 v. 94
pleis l. *pleiz.* — 30 anm. z. 5 *ie* l. *ei.* — 34 v. 20 *milie* l. *miliet.* — 36 v. 80
corone l. *coronet.* — 37 v. 91 setze komma statt semikolon. — 39 v. 314
poëz l. *poez.* — 46 v. 18 *preisiez* l. *preisiét,* v. 29 *ed* l. *e.* — 47 (biblio-
graphie) 1864 l.: I. band (a. d. jahren 1846—47) 1848 s. 131—134. —
53 v. 57 *feire* l. *faire.* — 55 v. 28 *renom* l. *renon.* — 57 v. 1323 *se* l. *le.*
— 63 anm. 2. z. v. u. 78—90 l. 90. — 65 v. 5328 *fu* l. *fui.* — 69 v. 4701
voile l. *voille.* — 72 nach v. 681 füge hinzu: Christian v. Troyes hg. v.
W. Foerster, II, Cligés, Halle 1884, s. 23—27. Roman. Bibl. 1[3] 1910, s. 16
bis 19. — 73 anm. zu 29—30 streiche: zu *cuidasse* ist *Amors.* — 90 v. 40
querez l. *querrez.* — 101 v. 108 *vesci* l. *ves ci.* — 107 v. 58 *enmaine* l. *en
maine.* — 110 v. 10 u. 11 *aura* l. *avra.* — 111 hinter v. 83 setze ausruf-
zeichen.

Wörterbuch s. 141 aveir z. 14 füge hinzu: äussent 117. — 158 duc füge
hinzu: *doge.* — 161 nach entrevouloir füge hinzu: entro (inter hoc) *adv.*—
kjon. *bis, bis dass,* e. que *bis dass.* — 173 nach honteusemént füge hinzu:
hora *prov.* = ore.

I.

Älteste Denkmäler
(842—1050).

Die allgemeine literatur zu den ältesten sprach- und literaturdenk-mälern siehe AS s. 311, die besondere zu den einzelnen denkmälern AL I. Kapitel und Foerster u. Koschwitz, Altfranz. Übungsbuch, L. 5 1915. — Einige beispiele aus den ältesten glossaren s. AS 285 ff. — Erläuterungen und z. t. umschriften zu den folgenden texten s. AS unter den einzelnen denkmälern.

1.

Die Straßburger Eide
(842).

. . . Cumque Karolus haec eadem verba romana lingua perorasset, Ludhowicus, quoniam maior natu erat, prior haec deinde se servaturum testatus est:

Pro deo amur et pro christian poblo et nostro commun saluáment d'ist di in auant, in quant deus sauir et podir me dunat, si saluarai eo cist meon fradre Karlo et in aiudha et in cadhuna cosa, si cum om per dreit son fradra saluar dist, In o quid il mi altresi fazet. Et ab ludher nul plaid nunquam prindrai qui meon uol cist meon fradre Karle in damno sit.

. . . Sacramentum autem quod utrorumque populus quique propria lingua testatus est, romana lingua sic se habet:

Si lodhuuigs sagrament que son fradre Karlo jurat, conseruat et Karlus meos sendra de suo part non lo stanit — si io returnar non l'int pois — ne io ne nëuls cui eo returnar int pois, in nulla aiudha contra lodhuuig nun li iuer.

Nithardi Historiarum libri quattuor, III, 5.

2.

Die Eulaliasequenz
(80 er jahre des 9. jahrhunderts).

I   Buona pulcella fut eulalia,
    Bel auret corps, bellezour anima.

II   Uoldrent la ueintre li deo Inimi,
    Uoldrent la faire diaule seruir.
III   Ele no'nt eskoltet les mals conselliers   5
    Qu'elle deo raneiet chi maent sus en ciel,
IV   Ne por or ned argent ne paramenz,
    Por manatce regiel ne preiement.
V   Niule cose non la pouret omque pleier
    La polle sempre non amast lo deo menestier.   10
VI   E por o fut presentede maximiien,
    Chi rex eret a cels dis soure pagiens.
VII   Il li enortet dont lei nonque chielt
    Qued ele fuiet lo nom chrestiien.
VIII Ell'ent adunet lo suon element.   15
    Melz sostendreiet les empedementz
IX   Qu'elle perdesse sa uirginitét
    Por o·s furet morte a grand honestét.
X   Enz enl fou la geterent com arde tost:
    Elle colpes non auret, por o no s coist.   20
XI   A czo no s uoldret concreidre li rex pagiens,
    Ad une spede li roueret tolir lo chieef.
XII   La domnizelle celle kose non contredist,
    Uolt lo seule lazsier, si ruouet krist.
XIII In figure de colomb uolat a ciel.   25
    Tuit oram que por nos degnet preier
XIV   Qued auuisset de nos christus mercit
    Post la mort et a lui nos laist uenir
        Par souue clementia.   29

3.

Jonasfragment
(Anfang des 10. jahrhunderts).

1 . . . . *Et* egressus *est Jonas de* ciuitate *et* sedit [contra
orientem ciuitatis donec] *uideret quid* accideret *ciuitati.* dunc *co dicit:*
cum Jonas profeta cel *populum habuit* pretiét e conuersét [et] en cele
[ciuitate log-]iét, *si* escit foers *de la* ciuitate e *si* sist *contra* orientem
5 ciuitatis e *si* auardeuet *cum deus per* seren . . . . . . astreiet u *ne*
fereiet. *Et preparauit dominus* ederam *super caput Jone ut faceret*
ei umbram. laborauerat [enim. dunc] *co dicit: Jonas profeta habebat*
mult laborét e mult penét a cel *populum* e faciebat grant iholt. *et*
eret mult las [et fecit deus] un edre sore sen cheue *quet* umbre li
10 fesist e repauser s'i podist. *et letatus est Jonas super* ederam . . . . . .
mult letatus. co dicit porque deus cel edre li donat a sun soueir et
a sun repausement li donat.

*Versoseite der handschrift, zeile 6—12 (das kursiv gedruckte ist auf-
lösung von abkürzungen, in eckigen klammern stehendes ergänzt).*

4.

Passion Christi
(10. jahrhundert).

1 Hora uos dic uera raizun
de jesu christi passiun:
los sos affanz uol remembrar,
per que cest mund tot a saluad.

2 Trenta tres anz et alques plus
des que carn pres, in terra fu:
per tot obred que uerus deus
per tot sosteg que hom carnals.

3 Peccad negun unque non fez,
per eps los nostres fu aucis
la sua morz uida nos rend,
sa passiuns toz nos redepns (!).

4 Cum aproismed sa passiuns,
cho fu nostra redemptions,
aproismer uol a la ciutat,
afanz per nos sosteg mult granz.

5 Cum el perueing a betfagé —
uil' es desoz mont oliuer —
auant dels sos dos enueied,
un asne adducere se roued.

6 Cum cel asnez fu amenaz,
de lor mantelz ben l'ant parad,
de lor mantelz, de lor uestit,
ben li aprestunt o ss'assis.

7 Per sua grand humilitad
iesus rex magnes sus monted,
si cum prophetes anz mulz dis
canted aueien de iesu crist.

8 Anz petiz dis que cho fus fait,
iesus lo lazer suscitet,
chi quatre dis en moniment
iagud aueie toz pudenz.

9 Cum co odit tota la gent
que iesus ue, lo reis podenz,
chi eps lo morz fai se reuiuere
a grand honor encontra 'xirent.

10 Alquant dels palmes prendent
[rams,
dels oliuers alaquant las branches
encontr' al rei qui fez lo cel,
issid lo dii le poples lez.

11 Canten li gran e li petit:
„Fili dauit, fili dauit!“
Pali[e]s, uestit, pali[e]s, mante(n)ls
davant extendent a ssos pez.

12 Gran folcs aredre, gran dauan,
gran e petit, deu uan laudant,
ensobre tot petiz enfan,
osanna sempre uan clamant.

(Es folgt die leidensgeschichte, höllenfahrt, auferstehung und himmel-fahrt Christi, das wirken und märtyrertum der apostel mit den folgenden schlussstrophen:)

126 Nos cestes pugnes non auem:
contra nos eps pugnar deuem,
fraind[r]e deuem nostrae
[uoluntaz
que part aiam ab nos deu fidels.

127 Quar finimunz non es mult lon
et regnum deu fortment es prob.
D(r)ontre nos lez, facam lo ben,
gurpissem mund et som peccad!

128 Christus iesus qui man en sus,
mercet aias de pechedors.
en tals raizon si am mespraes,
per ta pitad lom perdones.

129 Te posche rendrae gratiae
dauant to paire gloriae!
sanz spiritum posche laudar
et nunc pertot in saecula!
[Amen.

5.

Leodegarlied
(10. jahrhundert).

1 Domine deu deuemps lauder
et a sos sancz honor porter;
in su'amor cantomps del[s] sanz
quae por lui augrent granz aanz.
Et or es temps et si est biens
quae nos cantumps de sant
[lethgier.

2 Primos didrai uos dels honors
quae il auuret ab duos seniors;
aprés ditrai uos dels áánz
que li suos corps susting si granz,
et euuruins cil deu mentiz
que lui a grand torment occist.

3 Quant infans fud, donc a ciels
[temps
al rei lo duistrent soi parent
qui donc regneuet a ciel di:
cio fud lothiers fils baldequi.
il le amat, deu lo couit,
rouat que litteras apresist.

4 Didun l'ebisque de peitiens,
luil comandat ciel reis lothiers.
il lo reciut, tam ben en fist:
ab u magistre semprel mist,
quil lo doist bien de ciel sauier
don deu seruier por bona fied.

5 Et cum il l'aut doit de ciel art,
rendel qui lui lo comandat.
Il lo reciu, bien lo nonrit.
Cio fud lonx tiemps, ob se lo(s) ting.
Deus l'exaltat cui el seruid:
de sanct MAXENZ abbas diuint.

———

36 Tuit li omne de ciel païs
trestuit a presdrent a uenir.
Et sauz lethgiers lis prediat,
domine deu il les lucrat.
Rendet ciel fruit spiritiel
quae deus li auret perdonat.

37 Et euuruins cum il l'audit,
credere nel pot antroquel vit.
Cil biens quel fist, cil li pesat,
occidere lo commandat:
quatr' omnes i tramist armez
que lui alessunt decoller.

38 Li tres uindrent a sant lethgier,
ius se giterent a sos pez.
de lor pechietz que aurent fliz (!),
il los absols et perdonet.
lo quarz, uns fel, nom a uadart,
ab un inspieth lo decollat.

39 Et cum ill aut tolut lo queu,
lo corps estera sobrels piez:
cio fud lonx dis que non cadit.
Lai s'aprosmat que lui firid:
entro li talia los pez deius,
lo corps stera sempre sus.

40 Del corps asaz l'auez audit
et dels flaiels que grand sustint.
L'anima reciunt domine deus,
als altres sanz en uai en cel.
Il nos aiud ob ciel senior
por cui sustinc tels passions.
FINIT. FINIT FINIT LVDENDO
DICIT.

6.
Alexiusleben
(Mitte 11. jahrhunderts).

1 Buons fut li siecles al tens ancÏenor,
  quer feit i iert e justise et amor,
  s'i iert credance, dont or n'i at nul prot.
  Toz est mudez, perdude at sa color,
  ja mais n'iert tels com fut as ancessors.   5

2 Al tens Noë et al tens Abraam
  e al David, cui Dieus par amat tant,
  buons fut li siecles: ja mais n'iert`si vaillanz.
  Vielz est e frailes, toz s'en vait declinant,
  si'st empeiriez, toz biens vait remanant.   10

3 Puis icel tens que Deus nos vint salver,
  nostre ancessor ourent crestÏentét,
  si fut uns sire de Rome. la citét,
  riches huom fut de grant nobilitét.
  Por çol vos di: d'un suon fil vuoil parler.   15

4 Eufemiiens, si out a nom li pedre,
  cuons fut de Rome, del mielz qui'dunc i eret,   .
  sour toz ses pers l'amat li emperedre.
  Donc prist moillier vaillant et honorede,
  des mielz gentils de tote la contrede.   20

5 Puis converserent ensemble longement,
  qued enfant n'ourent, peiset lor en forment,
  Deu en apelent andui parfitement:
  „E! reis celestes, par ton comandement
  enfant nos done qui seit a ton talent!"   25

Text im wesentlichen nach der neuen ausgabe von G. Paris (1903,
1911). Für betontes freies ρ ist die diphthongform *uo* eingesetzt (auch vor
nasal: *cuons*)..

1. ancÏenor: genetiv gelehrter bildung wie ähnlich auch *païenor*,
Francor u. ä. begegnet. — 4.Toz est mudez: subjekt *li siecles*, ebenso
im folgenden. — 7 al David: 'zu derjenigen Davids', der artikel noch
in demonstrativem sinn wie altfranz. und prov. gerade in dieser ver-
wendung öfter und noch heute im spanischen und portugiesischen. — 17 del
mielz: neutral 'vom besten, was dort war' — 'von der besten art'. Vgl.
Archamp 47 f. *Devant ses oilz vit la compaigne bele — del mielz de France
pur grant bataille faire.* Erst aus diesem neutralen gebrauch erklärt sich
durch erweiterung der persönliche und pluralische (*des vaillans e des
mieus* Aiol 10 252). — 20 des mielz gentils: bildung des komparativs
durch *melius* statt durch *plus* (franz., ·prov., ital.) oder *magis* (span.), ver-
einzelt schon im latein. (*melius sanus* Plautus). Vgl. auch in südd. mund-
arten 'besser rechts, besser links'. — 22 qued — ourent: scheint ἀπὰ κοινῦ

6 Tant li preierent par grant umilitét
  que la moillier donat feconditét:
  un fil lor donet, si l'en sourent bon gret.
  De saint batesme l'ont fait regenerer,
  bel nom li mistrent selonc crestïentét.   30

7 Baptiziez fut, si out nom Alexis.
  Qui l'out-portét, volentiers le norrit.
  Puis li bons pedre ad escole le mist:
  tant aprist letres que bien en fut garniz.
  Puis vait li emfes l'emperedor servir.   35

(Herangewachsen wird Alexis von seinem vater mit einer römischen grafentochter verheiratet, verlässt sie aber in der brautnacht, um sich ganz dem dienste des Herrn zu widmen und lebt viele jahre als bettler in Alsis — Edessa — in Kleinasien.)

21 Or revendrai al pedre et a la medre
  et a la spose qued il out esposede.
  Quant il ço sourent qued il fuïz s'en eret,
  ço fut granz duols qued il en demenerent,
  e granz deplainz par tote la contrede.   105

22 Ço dist li pedre: „Chiers filz, com t'ai perdut!"
  Respont la medre: „Lasse! qu'est devenuz?"
  Ço dist la spose: „Pechiez le m'at tolut.
  Amis, bels sire, si pou vos ai ëut!
  Or sui si graime que ne puis estre plus."   110

23 Donc prent li pedre de ses meillors serjanz,
  par moltes terres fait querre son enfant.
  Jusque en Alsis en vindrent dui errant,
  iluoc troverent dam Alexis sedant,
  mais ne conurent son vis ne son semblant.   115

24 Si out li emfes sa tendre charn mudede,
  nel reconurent li dui serjant son pedre.
  A lui medisme ont l'almosne donede,
  il la reçut come li altre fredre,
  nel reconurent, sempres s'en retornerent.   120

---

zu stehen: 'dann lebten sie lange zeit zusammen, ohne dass sie ein kind bekamen', 'dass sie kein kind bekamen, in der hinsicht schmerzt es sie sehr'.

  27 la mouiller: dativ, vgl. oben Leodegar 3e 4a, Eul. 11, dazu AS 203 (zu KR 68). — 102 la spose: neben *out esposede, ad escole*, vgl. oben Eul. 22 *ad une spede* und dazu AS 44 (zu KR 3 *espee*). — 110 que — plus: 'dass ich es (*graime*) nicht in höherem grade sein kann'. Vgl. *Tiedbalz ert ivres que plus ne poeit estre* Archamp 33.

25 Nel reconurent ne ne l'ont enterciét.
Danz Alexis en lodet Den del ciel
d'icez suons sers cui il est provendiers:
il fut lor sire, or est lor almosniers.
Ne vos sai dire come il s'en firet liez. 125

26 Cil s'en repaidrent a Rome la citét,
noncent al pedre que nel pourent trover.
Sed il fut graims ne l'estuot demander.
La bone medre s'en prist a dementer
e son chier fil suvent a regreter. 130

27 „Filz Alexis, por queit portat.ta medre?
Tu m'ies foïz, dolente en sui remese.
Ne sai le lieu ne ne sai la contrede
o t'alge querre: tote en sui esguarede.
Ja mais n'ier liede, chiers filz, ne n'iert tes pedre." 135

28 Vint en la chambre, pleine de marrement,
si la desperet que n'i remest nïent:
n'i laissat palie ne nëul ornement.
A tel tristor atornat son talent,
onc puis cel di nes contint liedement. 140

29 „Chambre" dist ele „ja mais n'estras parede,
ne ja ledece n'iert en tei demenede".
Si l'at destruite com s'om l'ëust predede,
sas i fait pendre e cinces deramedes:
sa grant onour a grant duol al tornede. 145

30 Del duol s'assist la medre jus a terre,
si fist la spose dam Alexis a certes.
„Dame" dist ele „jo ai fait si grant perte!
Des or vivrai en guise de tortrele:
quant n'ai ton fil, ensemble od tei vuoil estre." 150

31 Respont la medre: „S'od mei te vuols tenir,
sit guarderai por amor Alexis,
ja n'avras mal dont te puisse guarir.
Plaignons ensemble le duol de nostre ami,
tu por ton per, jol ferai por mon fil." 155

---

128 Sed: nebenform zu se (si ob), nach que — qued, e — et gebildet.
Sinn: „Ob er betrübt war, nicht braucht man es zu fragen". — 131 queit:
quei (< quid) mit inkliniertem te, wie 152 sit = si te, 140 nes = ne se,
127, 160 nel. Vgl. AS s. 162. — 134 alge: konj. präs. zu aler. (für sonstiges
aille), analogisch nach mustern wie sorge < surgam, sperge < spargam,
fenge < fingam. Vgl. unten Archamp 1327 muerges, 1397 vienget. —
143 com s'om l. pr.: 'wie wenn man es (das zimmer) geplündert hätte'.
G. Paris liest ost für om: 'wie wenn ein heer ...' — 153 Ja n'avras —

32 Ne puot altre estre, tornent al considrer,
   mais la dolor ne puodent oblider.
   Danz Alexis en Alsis la cité
   sert son seignor par buone volentét:
   ses enemis nel puot onc enjaner.   160

— guarir: 'ein übel, von dem ich dich heilen kann, sollst du nicht haben'
= 'soweit ich vermag, sollst du an nichts leiden'. — 156 tornent al c.:
'sie wenden sich, richten sich aufs nachdenken' — 'sie beginnen nachzu-
sinnen'. — 160 Ses enemis: der böse, der teufel.

II.

Die ungeschriebene Literatur.

1.

Märchen und Fabeln.

Die dickgefressene Schlange.

..... Theodevaldum ferunt mali fuisse ingenii, ita ut iratus cuidam, 1
quem suspectum de rebus suis habebat, fabulam fingeret, dicens: „Serpens
ampullam vino plenam repperit. Per huius enim os ingressus, quod intus
habebatur, avidus hausit. A quo inflatus vino, exire per aditum, quo
ingressus fuerat, non valebat. Veniens vero vini dominus, cum ille 5
exire niteretur nec possit, ait ad serpentem: „Evome prius quod ingluttisti,
et tunc poteris abscidere liber." Quae fabula magnum ei timorem et
odium praeparavit. [1])

Gregor von Tours, Historia Francorum IV, 9 —
s. MG, SS. rer. Mer. I 146.

Verdrängung der rechtmässigen Königin durch Betrug einer niedriggeborenen Untergebenen.

Nunc autem ad coepta redeamus, qualiter Fredegundis domina sua 1
Audovera regina decepit. Nam ipsa Fredegundis ex familia infima fuit.
Cum autem Chilpericus rex in hostem cum Sighiberto, fratre suo,
contra Saxones ambulassent, Audovera regina gravida remansit, quae
peperit filia. Fredegundis vero per ingenium consilium dedit ei, dicens: 5
‚Domina mea, ecce! dominus meus rex victor revertitur; quomodo potest
filiam suam non baptizatam gratulanter recipere?‘ Cum haec audisset
regina, baptistyrium preparare praecepit vocavitque episcopum, qui eam
baptizare deberet. Cumque episcopus adfuisset, non erat matrona ad
presens, qui puellam suscipere deberet. Et ait Fredegundis: ‚Num- 10
quam similem tuae invenire poterimus, qui eam suscipiat. Modo tumet
ipsa suscipe eam.‘ Illa vero haec audiens, eam de sacro fonte suscepit.
Veniens autem rex victor, exiitque Fredegundis obviam ei, dicens: ‚Deo

---

[1]) Über die eigentümlichkeiten des verwahrlosten, durch die volks-
sprache stark beeinflussten schriftlateins der vorkarolingischen zeit vgl.
Max Bonnet, Le Latin de Grégoire de Tours, Paris 1890. Otto Haag, Die
Latinität Fredegars, Diss. Freiburg 1898.

gratias, quia dominus noster rex victoriam recepit de adversariis suis, nataque est tibi filia. Cum qua dominus meus rex dormiet hac nocte, 15 quia domina mea regina conmater tua est de filia tua·Childesinda?' Et ille ait: ‚Si cum illa dormire non queo, dormiam tecum.' Cumque introisset rex in aulam suam, occurrit ei regina cum ipsa puella, et ait ei rex: ‚Nefanda rem fecisti per simplicitatem tuam; iam coniux mea amplius esse non poteris.' Rogavitque eam sacro velamine induere cum 20 ipsa filia sua. Dedit ei predia multa et villas; episcopum vero, qui eam baptizavit, exilio condempnavit. Fredegunde vero copulavit ad reginam.

Liber historiae Francorum cap. 31 — s. MG, SS. rer. Mer. II 292 f.

2.
Merovingersagen.
Die Stammsage.

Fertur super litore‾maris aestatis tempore Chlodeo cum uxore 1 resedens, meridie uxor ad mare labandum vadens, bistea Neptuni Quinotauri similis eam adpetisset. Cumque in continuo aut a bistea aut a viro fuisset concepta, peperit filium nomen Meroveum, per eo regis Francorum post vocantur Merohingii. 5

Fredegar III 9 — s. MG, SS rer. Mer. II 95.

Childerich und Basina.

Childericus vero, cum esset nimia luxoria dissolutus et regnaret 1 super Francorum gentem, coepit filias eorum stuprose detrahere. Illique ob hoc indignantes, de regnum eum eiciunt. Conperto autem, quod eum etiam interficere vellent, Thoringiam petiit, relinquens ibi· hominem sibi carum, qui virorum furentium animus verbis linibus mollire possit; dans 5 etiam signum, quando redire possit in patriam; id est diviserunt simul unum aureum, et unam quidem partem secum detulit Childericus, aliam vero amicus eius retenuit, dicens: „Quando quidem hanc partem tibi misero, partesque coniunctae unum efficerent solidum, tunc tu securo animo in patriam repedabis." Abiens ergo in Thoringiam, apud regem 10 Bysinum uxoremque eius Basinam latuit. Denique Franci, hunc eiectum, Egidium sibi, quem superius magistrum militum a re publica missum diximus, unanimiter regem adsciscunt. Qui cum octavo anno super eos regnaret, amicus ille fidelis, pacatis occultae Francis, nuntius ad Childerico cum parte illa divisi solidi, quam retenuerat, misit. Ille vero 15 certa cognoscens inditia, quod a Francis desideraretur, ipsis etiam rogantibus, a Thoringia regressus, in regno suo est restitutus. His ergo regnantibus, simul Basina illa quam supra memoravimus, relicto viro suo, ad Childericum venit. Qui cum sollicite interrogaret, qua de causa ad eum de tanta regione venisset, respondisse fertur: „Novi" 20 inquit „utilitatem tuam, quod sis valde strinuus, ideoque veni, ut habitem tecum. Nam noveris, si in transmarinis partibus aliquem cogno-

vissem utiliorem tibi, expetissem utique cohabitationem eius." At ille
gaudens eam sibi in coniugium copulavit. Quae concipiens peperit
filium vocavitque nomen eius Chlodovehum. Hic fuit magnus et pugnator 25
egregius.

Gregor von Tours, Hist. Franc. II 12 — s. MG, SS rer. Mer. I 79f.

Chlothars II. Sachsenkrieg.

Eratque Chlotario rege tunc filius nomino Dagobertus, puer 1
efficax atque strenuus, ad omnia solers, versutissimus. Quem rex
adultum una cum Pippino duce in Auster regnaturum direxit. Austrasii
vero Franci superiores congregati in unum, Dagobertum super se regem
statuunt. In illis quoque diebus Saxones rebelles nimis commoverunt 5
exercitum gencium plurimarum contra Dagobertum regem vel Chlotha-
rium. Dagobertus vero, collecto hoste plurimo, Renum transiit, contra
Saxones ad pugnam exire non dubitavit. Illisque valide pugnantibus,
Dagobertus super galea capitis sui percussus, abscisa particola de capillis
eius ad terram, a retro stans armiger eius collegit eam. At ille lesum 10
cernens populum suum, dixit ad ipsum puerum: „Perge velociter festinus
cum crine capitis mei nunc ad patrem meum, succurratque nobis, ante-
quam cunctus exercitus corruat." Qui cucurrit velociter, Ardinna silva
transit, usque fluvio penetravit. Illic Chlotharius rex cum exercitu
plurimo pervenerat. Cumque nuncius ille festinus adfuisset, deferens 15
rege abscisa crine filii sui, ille nimio dolore commotus, cum strepitu
turbarum de nocte consurgens, cum exercitu suo Renum transiit et in
auxilium filii sui festinus pervenit. Cumque simul coniuncti in unum
hilari corde manibus plauderentur, super Wisra fluvium tendentes, fixerunt
tentoria. Bertoaldus dux Saxonorum ex alia parte ripae huius fluminis 20
stans, paratus ad placitum, ut ad pugnam procederet, audiens tumultum
populi, interrogat, quid hoc esset. At illi responderunt, dicentes:
„Domnus Chlotharius rex venit, et ob hoc letantur Franci." Qui
respondit cum cacinno, dicens: „Mentitos vos! delerare formidatis, cum
Chlothario vobiscum habere dicitis, cum nos eum mortuum esse auditum 25
habemus." Rex quoque illuc stans, lurica indutus, galea in capite crines
cum canicie variatas obvolutas. Cumque discopertus a galea apparuisset
caput regis, cognovit eum Bertoaldus esse regem et ait: „Tu hic eras,
bale[1]) iumente?" Rex vero haec audiens, valde indignatus hoc con-
vicium, Wisra fluvium ingressus cum equo velocissimo, transnatavit. 30
Fero ut erat corde, Bertoaldum persequebatur, Francorumque exercitus
sequenter regem natantes, vix fluvium cum Dagoberto transiebant per
gurgites immensos. Rex itaque Chlotharius persequutus Bertoaldo,
certabatur valde cum eo. Dixitque Bertoaldus: „Recede a me, o rex,
ne interficiam te; quia si praevalueris adversus me, sic omnes homines 35
dicent, quod servum tuum Bertoaldum gentilem peremisti; si autem

---

[1]) Nach dem herausgeber *bale* = gall. *bal* (falsus), also ‚falsches
vieh!' Nach Suchier, ZrP 18 (1894) 187 vielmehr zu afr. *balani*, also
‚gefleckte stute' (als schimpfname).

ego interficero te, tunc rumor magnus in cunctis gentibus audietur, quod fortissimus rex Fráncorum a servo sit interfectus." Rex autem nequaquam adquievit dictis eius, sed magis consurgebat super eum. Equester itaque regis a longe sequutus rege, clamabat: „Confortare 40 contra adversarium tuum, domine mi rex!" Erantque manus regis valde graves; erat enim luricatus. Consurgensque rex super eum et interficit ipso Bertoaldo sustullitque caput eius in conto reversusque est ad Francos. Illisque lugentibus — nesciebant, quid regi contigisset, — viso eo, gavisi sunt gaudio magno. Rex vero, tota terra Saxonorum vastata, populo 45 illo interfecto, non ibi maiorem hominem viventem reliquit, nisi ut gladius suus, quod spata vocant, per longum habebat. Hoc signum in regione illa statuit, reversusque est rex victor in terra sua.

Liber historiae (um 727) cap. 41 — s. MG, SS. v. Mer. II 311—14.

3.
Karolingersagen.
Pippins Kampf mit dem Löwen.

Comperto autem [Pippinus], quod primatos exercitus eum clanculo 1 despicientes carpere solerent, praecipit adduci taurum magnitudine terribilem et animis indomabilem, leonemque ferocissimum in illum dimitti. Qui impetu validissimo in eum irruens, appraehensa cervice tauri, proiecit in terram. Tunc rex dixit ad circumstantes: „Abstrahite 5 leonem a tauro, vel occidite eum super illum!" Qui spectantes ad alterutrum, congelatisque praecordiis pavefacti, vix haec singultando musitare potuerunt: „Domine, non est homo sub coelo, qui hoc audeat attemptare." Quo ille confidentior exurgens de throno, et extracta spata per cervicem leonis cervicem tauri divisit ab armis, et spata in 10 vaginam remissa, consedit in solio: „Videtur vobis" inquiens „utrum dominus vester esse possim? Non audistis, quid fecerit parvus David ingenti illi Goliath, vel brevissimus Alexander procerrimis satellitibus suis?" Tunc quasi tonitru perculsi, ceciderunt in terram, dicentes: „Quis nisi insaniens dominationem vestram mortalibus imperare detrectet?" 15

Monachus Sangallensis II 15 — s. MG, SS. II 758.

Der eiserne Karl und Otker.

Contigit autem ante aliquot annos quendam de primis principibus, 1 nomine Otkerum, offensam terribilissimi imperatoris incurrere, et ob id ad eundem Desiderium confugium facere. Audito autem adventu metuendi Karoli, ascenderunt in turrim eminentissimam, unde longe lateque prospicere venientem potuissent. Apparentibus vero impedi- 5 mentis,[1] quae expeditiora Darii vel Julii fuissent expeditionibus, dixit Desiderius ad Otkerum: „Estne Karolus in tanto exercitu?" At ille

---

[1] Es erscheinen nacheinander fünf scharen: der tross — das volks- heer — das hausgesinde — die bischöfe und sonstigen geistlichen mit ihren begleitern — endlich Karl mit dem eigentlichen heer.

respondit: „Non adhuc." Videns vero exercitum popularium de latissimo
imperio congregatum, deffinite pronuntiavit ad Otkerum: „Vere, in his
copiis Karolus exultat." Respondit Otkerus: „Set non adhuc, neque 10
adhuc." Tunc aestuare coepit et dicere: „Quid faciemus, si plures cum
eo venerint?" Dixit Otkerus: „Videbis, qualis ille veniat; de nobis
autem nescio quid fiat." Et ecce ista sermocinantibus apparuit scola,
vacationis semper ignara. Quam videns Desiderius, stupefactus: „Iste
est" inquit „Karolus." Et Otkerus: „Non" infit „adhuc, neque adhuc." 15
Post hanc cernuntur episcopi, abbatesque et clerici, capellani cum
comitibus suis. Quibus aspectis, haec vix egre iam lucis mortisque
Desiderius s'ngultando blateravit: „Descendamus et abscondamur in
terra a facie furoris adversarii tam immanis." Ad quae retulit ex-
timescens Otkerus, rerum et apparatus incomparabilis Karoli quondam 20
expertus, et in meliori tempore assuetissimus: „Quando videris" inquiens
„segetem campis inhorrescere ferream, Padumque et Ticinum marinis
fluctibus ferro nigrantibus muros civitatis inundantes, tunc est spes
Karoli venientis!" His nec dum finitis, primum ad occasum circio vel
borea coepit apparere quasi nubes tenebrosa, quae diem clarissimam 25
horrentes convertit in umbras. Sed propiante paululum imperatore, ex
armorum splendore dies omni nocte tenebrosior oborta est inclusis.
Tunc visus est ipse ferreus Karolus, ferrea galea cristatus, ferreis manicis
armillatus, ferrea torace ferreum pectus humerosque platonicos tutatus,
hasta ferrea in altum subrecta sinistram impletus; nam dextra ad in- 30
victum calibem semper erat extenta; coxarum exteriora, quae propter
faciliorem ascensum in aliis solent lorica nudari, in eo ferreis ambie-
bantur bratteolis. De ocreis quid dicam? Quae et cuncto exercitui
solebant ferrae semper esse usui. In clipeo nihil apparuit nisi ferrum.
Caballus quoque illius animo et colore ferrum renitebat. Quem habitum 35
cuncti praecedentes, universi ex lateribus ambientes, omnesque sequentes,
et totus in commune apparatus iuxta possibilitatem erat imitatus. Ferrum
campor et plateas replebat; solis radii reverberabantur acie ferri; frigido
ferro honor a frigidiori deferebatur populo; splendidissimum ferrum
horror expalluit cloacarum. „O ferrum! heu ferrum!" clamor confusus 40
insonuit civium. Ferro contremuit firmitas murorum, et iuvenum con-
silium ferro deperiit seniorum. His igitur, quae ego balbus et edentulus,
non ut debui, circuitu tardiore diutius explicare temptavi, veridicus
speculator Otkerus celerrimo visu contuitus, dixit ad Desiderium: „Ecce
habes, quem tantopere perquisisti!" Et haec dicens, pene exanimis 45
cecidit.   Mon. Sang. II 17. — s. MG, SS. II 759 f.

---

18 singultando blateravit: *stulte protulit* (Pertz). — 33 bratte-
olis: *bracteolis, laminis* (P.). — 39 splendidissimum — cloacarum:
'sententia est, ferri splendorem vel horridas cloacas penetrasse et metu
implesse' (P.). — 42 balbus et edentulus: stotternd und zahnlos, d. h.
zu alt, um ausführlich zu erzählen.

III.

Die Anfänge der Heldendichtung
(9.—11. jahrhundert).

1.

Das Chlotharlied.

Cap. 71. Nam gens Saxonum illo in tempore fide instabilis rebellis 1
effecta efferataque duris animis ad dinoscendum, quod sub nullius ditione
esse decrevisset, mittit nuntios una cum consilio regis sui nomine
Bertoaldi regem ad Francorum in haec verba: „Scio" inquit „quia non
colligis tu, Chlothari, vires bellandi in animo adversus potentiam virtutis 5
meae nec tantam spem concipis in robore pectoris. Quapropter mitius
agam, ne depopuletur terra iam non tua, sed mea, ubi gloriosus residere
fida dispositione dispono, et occurre mihi obviam ductoremque mei per
ignotam terram te praemoneo. Ibi enim consilio meorum tractandum
est, bella cum quibus agenda erunt, quoniam in te et in tuis im- 10
bellibus non experiemur ea."

72. At legatorum verba dum per aures usque ad notitiam animi
Chlotharii pervenissent, ilico eius fel, quo est sedes irae, immoderate
efferbuit, moxque furibunda voce oculisque sanguine suffusis tulit in-
retractabiliter in eis capitalem sententiam. Nam stipatores et archi- 15
seniores[1]) principum hunc edictum irae ingeminando ab ore regis auribus
concavis ut hauserunt, contradicendo pulsu vocum suarum refringere
temptaverunt. „Violari namque" inquiunt „nefas est ritum ac legem
regni Francorum interfectione horum atque omnium, si reminisceretur
ab origine nationum."   20

73. Sed illius ira, ruptis habenis recti consilii, libere impatienter-
que per eius animum saeviente, beatus Faro, qui aderat inter magnatos
illic non mediocris, astute verbis regis obtemperare praemonuit ad
praesens, sed tamen hoc differre in crastinum, ut sic dilata res causa
liberationis eorum fieret.   25

74. Hoc autem dum cunctorum sedisset animis et iam dies illa
decederet, claudente iam vespere Olympum, nox humida ruit amicaque
lucentibus astris, missique Saxonum custodiae militum deputantur, tre-
pidantibus animis. Quorum corda inter mortem et vitam pavitando

---

¹) stipatores et archiseniores: *praecipui inter magnates* (Krusch).

pendentia occulte miles Christi Faro alloquiis divinis miserando aggreditur, 30
suadens fonte christianitatis sibi ipsis subveniri et a duplici morte,
praesentis videlicet et aeternae, sese servare. Ad haec animis illi
inclinati, praevalentibus meritis misericordissimi Faronis, fonte sacri sunt
abluti baptismatis, noxque erroris conversa est illis in diem fidei et
claritatis, et de numero servientium idolorum mutati in consortium sunt 35
christianorum.

75. Dum in his sic nox occupata sibi transiret et dies redderetur
iam terris novo lumine solis, procerum cohortem iam contrahebat con-
cilium ad tecta regis casu consilii quaerendi super verbis legatorum
directis a gente Saxonum, vel quid utilitatis quidve damni conferret 40
interitus eorum. Sed cum de his sermonem alternatim ad eligendum
utilius consilium conferrent, inter quos miles Christi Faro longas
querimonias dubietatis solvens ait: „Hos legatos certum est non esse
gentis Saxonum, sed modo consortes effectos christianorum. Sicut
enim semper mirabiliter auctor orbis et spes unica mundi Deus operatur, 45
ita in his etiam mirabilia eius opera hac non defuerunt nocte, dum
conversi ad militiam christianitatis, forte alicuius Dei fidelium gratia
praedicationis operante, abluti sunt a sordibus unda sacri baptismatis,
quos etiam me huc accedente vidi albere novis vestibus baptizatorum.“
Ad haec rex cunctique in admirationem versi, qui tractabant eorum de 50
morte pericli, statuunt iam donis pretiosis eos confirmare in fide Christi,
quasi in alios viros mutati.

76. Dehinc redeunt ad patriam maternam remissi. Hanc quippe
novellam plantationem · egregius Christi Faro primus paene de gente
Saxonum semine verbi Christo excoluit, portendens iam officium futuri 55
pastoris, cuius seges multiplicata praedicatione votis ipsius felicibus
respondit in caelis.

77. Postmodum autem ipsa est gens a Chlothario rege depopulata
ex humano semine in tota terra illa; neminemque reliquit maiorem nisi
ad eam mensuram, qua regis ensis se attollebat. . 60

78. Ex qua victoria carmen publicum iuxta rusticitatem[1]) per
omnium paene volitabat ora ita canentium, feminaeque choros inde
plaudendo componebant:

De Chlothario est canere rege Francorum,
Qui ivit pugnare in gentem Saxonum. 65
Quam graviter provenisset missis Saxonum,
Si non fuisset inclitus Faro de gente Burgundionum!

Et in fine huius carminis:[2])

Quando veniunt missi Saxonum in terra Francorum,
Faro ubi erat princeps, 70
Instinctu Dei transeunt per urbem Meldorum,
Ne interficiantur a rege Francorum.

---

[1]) 'in der volkssprache'. — [2]) Kann hier nicht 'lied' im sinne eines
abgeschlossenen ganzen bedeuten.

˙Hoc enim rustico carmine placuit ostendere, quantum ab omnibus celeberrimus habebatur.

Hildegarii Vita Paronis (869) cap. 71—78. —
s. MG, SS. rer. Mer. V 191—93.

2.

Haager Fragment
(10.—11. jahrh.).

XI. — Incertum est ubi plenius edit Mars viros pallentes morte, preclariusque feriat auras gemitu; perambulat enim introitum urbis, et médium, tenetque extremum. Nec alter[1]) conspicitur inter tanta spatia, nec habet colorem majori fato.

XII. — Natant[2]) atria, rura, domus, tabulęque, limina, postes; in alta tabe madescunt sublimia saxa. Undique stat fusus cruor, undique rubescunt stagna. Fumescunt aëra, incubat atra nox per urbem. Mox cucurrit uterque satelles ad cornipedes, serpente freto concreti sanguinis usque genua, tenenteque mersa vestigia[3]) instantum sibi.

XIII. — Pariterque concurrunt reges, lacessuntque Martem emissis viribus, quoniam bene creditur illis posse unum diem largiri totum orbem. Redit unusquisque acrior labori[4]) sui propositi. Et tradunt plures sua vulnera[5]) fatis. O pactum telorum nec jam saturabile!

---

2. Der von Konrad Hofmann hergestellte hexametrische text:

79 Incertum est, ubi pallentes Mars plenius edit
   Morte viros gemituque ferit praeclarius auras,
   urbis enim introitum mediumque perambulat ipse
   extremumque tenet, spatia inter tanta nec alter
   conspicitur, nec habet fato maiore colorem.
   Atria, rura, domus tabulaeque et limina, postes
85 alta in tabe natant, sublimia saxa madescunt,
   undique stat fusus cruor, undique stagna rubescunt,
   aera tumescunt, nox urbem super incubat atra.
   Mox ad cornipedes concurrit uterque satelles,
   concreti genua usque freto serpente cruoris
90 instantumque sibi vestigia mersa tenente,
   concurrunt reges pariter Martemque lacessunt
   viribus. emissis, quoniam bene creditur illis
   unum posse diem totum largirier orbem,
   propositique sui redit unusquisque laboris
95 acrior et tradunt plures sua vulnera fatis,
   telorum o pactum nec iam saturabile Martis!

---

[1]) Nec alter: kein anderer als Mars, colorem — fato: und kein anderer hat ein furchtbareres aussehen. — [2]) Von dem vergossenen blut. — [3]) Hier im eigentlichen sinne 'fußsohle'. — [4]) = *ad laborem.* — [5]) *plures* objekt, *sua vulnera* subjekt.

XIV. — Labat altercatio Martis ad Canpos Strigilis.[1]) Namque nihil amplius potest vigens stare urbi superante modo;[2]) neque vult, ut libere laxet[3]) cuncta colla ferro, receptetque apertos motus, congaudeatque anxiliatrix hasta vibrando. Stupet terra canpique latentes sub cetu, potuisse urbem tenere tantos viros atque extra fudisse. Hic est ratio, ad quas manus potuit triunphus venisse, si superstet felix vęna.

XV. — O vector celorum et orbis quem commovi pręce, permitte mihi roganti veniam dicendi vel aliquid, adestoque, sanctissime presul, meo anxilio.

XVI. — Ecce inestuat indomiteque tumet baccania[4]) regum per immensos orbes Mavortis; et angit Fortunam per se neque relabi quo velit ipsa.

XVII. — At econtra magis continet se Carolus inperator ut fortis, fixus pietate Tonantis, quam semper sciebat presentem largamque, instigatque ardentes manus amori bellorum, nec cogit formido sequi tam validum regem[5]), sed cogit mens precedere. Semperque tollit lumina ad sidera,

---

       Ad campos Strigilis labat altercatio namque
       stare potest superante vigens nil amplius urbi
       nec vult ut ferro colla omnia libera laxet
100 . . . . motusque receptet apertos
       hastaque vibrando congaudeat auxiliatrix.
       Terra stupet campique, urbem potuisse latentes
       sub coetuque tenere viros fudisseque tantos
       extra, hic est ratio quas ad venisse triumphus
105 [saepe] manus potuit, si felix vena superstet.
       O vector coelorum atque orbis, quem prece movi,
       dicendi veniam mihi quid permitte roganti
       anxilioque meo, sanctissime praesul, adesto.
       Ecce per immensos Mavortis inaestuat orbes
110 indomiteque tumet regum baccania et angit
       Fortunam per se neque quo velit ipsa relabi.
       Ast econtra magis se continet induperator
       Carolus, ut fortis fixus pietate Tonantis,
       quem [sibi] praesentem semper largumque-sciebat,
115 ardentesque manus bellorum instigat amore.
       Nec formido sequi, sed mens praecedere cogit
       regem tam validum, pro seque ad sidera tollit
       lumina mananti lacrimarum rore soluta

---

[1]) Die *Campi Strigilis* sind nicht mit sicherheit zu deuten, vielleicht Trilles bei Breil, nördlich Narbonne (Suchier, Nerbonnais II s. LXXVI). — [2]) urbi: lokal 'in der stadt, die eben noch vorhanden war'. — [3]) vult — laxet: erstes subjekt *altercatio Martis*, zweites *urbs*. — [4]) bassania: = *bachania* (zu *Bacchus*) 'wut, raserei'. — [5]) regem: objekt zu *cogit*, nicht zu *sequi*.

soluta mananti rore lacrimarum, humectatque genas: ne tripudiet gens offensa superno regi palma, receptetque superba spolia.

XVIII. — Optinet dux sublimis equo, quem redemit multa cęde, medias phalangas mucrone docili penarum, et huc illucque seminat mortes. Ergo reitiunt elumbes[1]) destrę arma, quibus [dextris][2]) negatur, ut stent. Laborat belliger eventus emulusque ordo fatorum conferre acre senium Borel patris homini vafro per incendia pugnę. Nec mora, hauritur subsistens hospes corporis [i. anima] per munimina clipei et per trilicem tunicam. Summittitque caput, sed vertuntur crura in altum, cadendo, modo dehiscunt colla confracta solo.

XIX. — Respirat Wibelinus agilis et audax, puer par parenti suo virtute, sed suppar mole, conpensandus in omnia ferro judice. Circumdedit unum e natis Borel visu, procul frementem inter mille patiente dextra. Runpit iter telis intentus illi cohortansque equum talo monitore; et statim devenit ante eum collocatque ensem ardentem inter medium timporis, et exfibulat cervicem e suo usu, cui magis adhęrebat, totamque medullat[3]) utrinque; occubuit lingua projecta plus uno pede.

---

        humectatque genas, ne gens infensa superno
120 regi tripudiet palmamque superba receptet.
        Dux sublimis equo, quem multa caede redemit,
        poenarum medias docili mucrone phalanges
        obtinet et mortes huc illuc seminat, arma
        elumbes dextrae eiciunt, queis stare negatur.
125 Belliger eventus fatorumque aemulus ordo
        acre patri Borel senium conferre laborat
        . . . . homini per pugnae incendia vafro.
        Nec mora, subsistens hauritur corporis hospes
        per clipei munimina per tunicamque trilicem,
130 summittitque caput, sed in altum crura cadendo
        vertuntur, modo colla solo confracta dehiscunt.
        Respirat . . . . agilis Wibelinus et audax,
        par virtute suo natus, sed mole parenti
        suppar, compensandus in omnia iudice ferro.
135 E natis Borel visu circumdedit unum,
        pollenti dextra procul inter mille frementem.
        Telis rumpit iter talo exhortans monitore
        illi intentus equum; statim illum devenit ante
        temporis in mediumque ardentem collocat ensem
140 cervicemque suo [plaga una] exfibulat usu
        cui mage adhaerebat totamque utrimque medullat,
        occubuitque uno proiecta plus pede lingua.

---

    [1]) elumbes: kraftlos (zu *lumbus*). — [2]) In der hs. übergeschrieben.
— [3]) medullat: zu *medulla* im sinne von *mica* 'in stücke schlagen'.

XX. — Propalat[1]) sitibunda cupido laudis Ernaldum quanti pretii sit quantoque actu refulgeat. Quicquid enim parat Bellona, lacerat trahitque ut leo quod reperit, dum pridem sapuere sautia commertia dirę faucis nihil predarum. Potis est cognoscere alium fraternę stirpis ante suos obtutus, acclinatque habilem atiem hastę in ictum.

MG. SS. III 709; Suchier, Narbonnais II 174—80
(mit franz. übersetzung), 189f. (facsimile);
Foerster u. Koschwitz, Afr. Übungsbuch 263—65.

Propalat Ernaldum laudis sitibunda cupido,
quanti sit pretii quantoque refulgeat actu;
145 quidquid enim Bellona parat, laceratque trahitque
ut leo, quod reperit, dum pridem saucia dirae
praedarum sapuere nihil commercia fauces.
Fraternae potis est alium cognoscere stirpis,
obtutusque habilem ante suos acclinat in ictum
150 hastae aciem.

K. Hofmann, Sitz.-Berichte d. phil.-hist. Klasse d. K. bayr.
Akademie d. Wiss. I (1871) s. 334—36.

3.

Carmen de prodicione Guenonis
(1. hälfte 12. jahrhunderts).

Incipit prologus in bello de Runcevalle.

1 Condita pro donis fraus hic manifesta Guenonis,
Per quam decepit Gallos cum dona recepit.

Incipiunt versus de bello.

Rex Carolus, clipeus regni, tutela piorum,
Contemptor sceleris, sanctio juris erat;
5 Marte ferus, stirpe presignis, corpore prestans,
Mente pius, rebus faustus, honore potens.
Talem, tam magnum, tam mirum, mirificabant
Gloria, fama, decus, maxima, digna, decens:
Summa sit hoc laudis, sit fame, quod sua fama,
10 Quod sua laus fama sit mage, laude magis.
Hispanis minitans regno successit eorum;
Idem miliciis evacuavit idem;
Adnichilans regnum regni rex adnichilavit
Vi populos, bello castra, rogoque domos.
15 Rex annis septem sibi regni regna subegit,
In quo cum multis aspera multa tulit;

---

[1]) Propalat: = *palam facere* 'offenkundig machen'.
3. 8 Statt *Gloria maxima, fama digna, decus decens.* Vgl. ähnlich
v. 28. — 11—16: vgl. Rolandslied 1—5.

Post hoc excidium Morindia sive per arma
Sive per insidias regis adepta fuit;
Vi regis parta dum rex discessit ab urbe,
20   In sua regna fuit cura redire sui.
Indignans Rollandus eum prevenit aitque:
„Ne remeare velis; flectere velle velis.
Quid remeare paras? quid agis, cum sit nihil actum?
Cesaris Augusta nonne superstes adhuc?
25 Hanc rex Marsilius tenet et dominatur eidem,
Injuste tractans omnia, jure nihil:
Nonne satis perdi dignus, sub eo quia perdunt
Pacem, jura, fidem bella, rapina, dolus?
Legatum lega cui dicas ut sibi dicat
30   Ut tibi submitttat se, sua regna, suos;
Vel sibi si mavis per legatum breve leges,
Ut melius possit credere posse tibi.“
Precipit ergo breve fieri rex; mox breve factum;
Summa brevis brevis est, hec quia summa brevis:
35 „Da Karolo regnum. Dic: *Do*, tunc esse superstes
Fors poteris; sed dic: *Abnuo*, nullus eris;
Non sic nullus eris, quia non tantummodo nullus,
Immo minor nullo, si minor esse potes.“
Iudice Rollando mox consul Gueno jubetur
40   Regis ferre breve, nuncius ipse simul.
Non odii causa, sed id egit amoris amore,
42   Huic tamen est odium visus amoris amor.

— — — — — — — — — — — —
— — — — — — — — — — — —

395 Jam minus est audax rex, non ausus remanere,
Gens regis fugiens cum fugiente fugit.
Obliquo feriens Oliverus contrait, angit;
Terret Agalifus ictibus, ense, minis:
Leditur et ledit ledentem primo relisus,
400   Postremo lesus funera prima subit.
Plenus vulneribus, post vulnera tanta recepta,
Vulnerat innumeros in moriendo viros,
Jam velut insanus, jam cedit ut orbus in hostes.
Debilitat visus subtrahiturque vigor:
405 Rollandum ferit inscius, ast minime nocet illi,
Nulliusque locum vulneris ictus habet.
Dum stat, dum pugnat, stupet ictum taliter ictus,

---

17 **Morindia**: name einer heidnischen stadt in Spanien (vielleicht für Pampelona, vgl. G. Paris, Romania 11, 489 f., oder für Cordova). — 17—18: vgl. Rol. 96—98. — 20 f.: vgl. Rol. 187, 193—95; zu Rolands rede Rol. laisse XIV, dazu v. 6—7. — 39 ff.: vgl. Rol. 274 ff. — 395—418: vgl. dazu das in abschnitt VI abgedruckte stück des Rolandsliedes.

Respicit et facies vix sibi nota sui.
Inquit: „Non hostem velut hostis ledis, ut hostem
410   Hostis; amicus ego non tuus immo tibi.
Nosce tuum, nosce; forsan non noscis ad ictus:
Id res, id gladius, id tua facta probant."
Audita voce dolet, et veniam petit inde:
Dat veniam, factum nam veniale videt.
415 Mox est lapsus equo, pedibus submissus equorum:
Proh pudor! ecce jacet, proh dolor! ecce perit!
Res gravis, occasus gravior, plus funus utroque:
Iste dolor dolor est, plusque dolore dolor.

Carmen de prod. Guen., Romania 11 (1882) 465 ff. (G. Paris).

4.
Archamp (Wilhelmslied)
(um 1080).

*In der ersten schlacht (1—930) ist Vivien gefallen. In der zweiten
schlacht (931—1230) verliert Wilhelm alle seine mannen bis auf den ver-
wundeten Guischart, den er zu sich aufs pferd hebt; aber ein Berber macht
dem leben des verwundeten durch einen speerwurf ein ende. So reitet
Wilhelm mit der leiche vor sich nach hause.*

1231   Dame Guiborc nel mist en oblïer: 131
sout en l'Archamp Guillelme ot le curb nes
en la bataille le païen Deramé,
prist ses messages, ses homes fait mander,
1235 tant qu'ele en out trente milie de tels.
Li quinze milie furent si apresté
cum'a ferir en bataille champel.
Tuz les demeines en at Guiborc sevrez:
sus el palais les assist al disner,
1240 chançuns e fables lur fait dire e chanter;
Guiburc meïsme les sert de vin porter.
Dunc s'apuiat a un marbrin piler:
par la fenestre prist fors a esguarder,
e vit Guillelme par un tertre avaler,
1245 un home mort devant lui aporter.
Dunc li sovint de Vivïen le ber.
S'anceis ert liee, dunc prent a lacrimer.

---

4. 1232 **sout**: *saveir alcun en alcun lieu* = jemanden irgendwo wähnen,
wie Auberee 300 f. *en une cambre . . . ou ja ame ne te savra* (vgl. dazu
Ebeling, Auberee s. 98). — 1238 **demeines**: die herren (vgl. KR 4 *Dus
i out et demeines, barons et chevaliers*), also nur einen teil der aufgebotenen
kämpfer. — 1242 **piler**: regelrecht aus lat. *pilare*, erst durch suffixtausch
zu *pilier*. —

1247a Il li demandent: „Que avez a plorer?“
　　　　„Par Deu, seignur! a faire l'ai asez.
　　　　Cel tertre vei mun seignur avaler,
1250　　un home mort devant lui͡ aporter;
　　　　en gisant l'at sur sun arçun turné:
　　　　ço 'st Vivïen; bien le sai jo assez.“
　　　　„Taisiez, ma dame; ja sur lui nel turnez.“
　　　　Iço li dïent li barun del regné.
1255　　　„Ki sereit dunc, pur Deu merci, seignur!　　　　**132**
　　　　que ja Guillelmes aportast de l'estur,
　　　　se ço nen eret Loowis, sun seignur,
　　　　u Vivïen le hardi, sun nevou?“
　　　　„Taisiez, ma dame, ja sur els nel metum!“
1259a　— ço dist li uns des Guillelme baruns —
1260　„Ainz at Guillelmes, mis sire, un juglëur,
　　　　en tote France n'at si bon chantëur
　　　　ne en bataille plus hardi ferëur.
　　　　Il li set dire de geste les chançuns:
　　　　de Clodoveu le premier rei Francur,
1265　ki creeit primes en Deu nostre seignur,
　　　　e de sun fil Flovent le poignëur,
　　　　de dulce France qui il laissat l'onur,
　　　　de tuz les reis ki furent de valur
　　　　tresqu'a Pepin, le petit poignëur,
1270　De Charle Maigne, de Rollant son nevou,
　　　　e de Girart e d'Olivier le prou.
　　　　Si parent furent cil e si ancessur.
　　　　Prozdom est mult, chiers est a mun seignur.
　　　　Pur tant qu'en lui at si bon chantëur
1275　e en bataille vassal conquerëur,
　　　　si l'en aportet mis sire de l'estur.“

1247a, 1259a: von Suchier ergänzt. — 1252 Vivïen: obl., ebenso 1257,
1290. „Das erläuternde *ço est* („nämlich“) hat, wie das lat. *id est*, den
kasus hinter sich, in dem das erläuterte substantivum steht“ (Suchier). —
1261f.: beachte die verbindung von sänger und kämpfer (wie bei Taillefer
in Waces '*Rou*'). — 1264—67 scheint auf ein epos *Flovent* zu zielen (der
erhaltene *Floovent* stammt erst aus dem ende des 12. jahrhs.), auch *Chlodwig*
wird dort als *Cloovis* erwähnt. Auffällig ist die zweisilbige form *Flovent*
für *Floovent* (< *Chlodovinc*), auch wenn sie, nach Suchiers hinweis, in
dem — gegen 1170 verfassten — Egidiusleben (v. 1542, 1568) begegnet;
vielleicht ist zu lesen: *De Floovent, son fil, le poignëur*. — 1269: der
petit poignëur P. deutet auf Pippins löwenkampf, der aber erst in der
Berte as grans piés Adenets, ende des 13. jahrhs., episch behandelt wird
(vgl. oben s. 12 die erzählung des Mönchs von St. Gallen). — 1270f.: geht
auf die epen von *Roland* und von *Girart de Viane*; die uns erhaltenen
dichtungen sind aber beide jünger als Archamp.

„Seignur franc home, merci, pur amur Deu!   **133**
Preier vus vueil que congié me donez.
Il est mis sire: jol dei servir aler.“
1280 Ele avalat contre val les degrez,
vint a la porte, si li·at desfermé.
En sus l'aüevret, laissat le cunte entrer.
Il la regardet, prist li⸝a demander.
„Dame Guiburc, des quant guardes ma porte?“   **134**
1285 „Par ma fei, sire, de novel le faz ore.
Sire Guillelmes, mult as petite force!“
„Suer, dulce amie, des quant iés mis portiers?“   **135**
„Par ma fei, sire, de novel, nient de viez.
Sire Guillelmes, poi remeines guerriers!“
1290 „Tien, Guiburc, dame, ço 'st ton nevou Guischart.   **136**
Ja Vivïen le cunte ne verras.“
La franche femme li tendit dunc ses braz:
il li colchat desus le mort vassal.
Peiset li cors, si li faillent li braz.
1295 Ele fut femme, si out feible la charn:
. encontre terre en prist li cors un quas,
tote la lengue li turnat une part
— Juesdi al vespre —
1298ᵃ tote la lengue li turnat sur senestre.
Guiburc le guardet gisant jus a la terre: **137**
1300 troble out le vis e palle la maissele,
turnez les oils ki sistrent en la teste,
tote la lengue li pendit sur senestre,
sur le mentun li embrunchat sis helmes.
Plurat Guiburc, confortat la Guillelmes.
1305 „Par Deu, Guiburc! tu as dreit que tu plurs;   **138**
kar ja diseient en la curt mun seigneur
que eres femme a un riche barun,
un hardi cunte, un vaillant ferëur.
Or estes femme un malvais fuïëur,
1310 un cuart cunte, un vil tresturnëur,
ki de bataille n'ameinet home un sul.
Des or seras cum'a queu e pestur,
ne seras mie a la fiere barnur;
ja ne verras Vivïen mun nevou.
1315 Qui que en peist, remese est ma baldur.

1277 **merci**: „Dieses wort, das in der chanson so oft im beginne
einer rede steht, bedeutet weiter nichts als die höfliche bitte um gehör“
(Suchier) — also etwa 'mit verlaub'. — 1287 **Suer**: *suer* als zärtliche
anrede an frau oder geliebte auch im *Aucassin* (*Suer, douce amie*, 7, 20 u. ö.)
und sonst. — 1298ᵃ: von Suchier ergänzt. — 1312 **seras**: steht in
parallele zu *eres* 1307, *estes* 1309 einerseits, zu *seras* 1313 andererseits.

Ja mais en terre n'avrai mortel honur.“
Plurat Guillelmes, dunc lacrimat Guiburc.
La dame entent la plainte sun seignur,
partie ublïet de la sue dolur.
1320 Quant el parlat, si dist par grant amur:
     „Marchis Guillelmes, merci, pur amur De!   **139**
Molt est granz duels que hom deit lacrimer,
e forz damages qu'il se deit dementer.
Ço fut custume a tun grant parenté,
1325 quant altres terres alerent cŏnquester,
tuztens morurent en bataille champel.
Mielz vueil que muerges en l'Archamp desur mer
que tis lignages seit par tei avilez,
n'aprés ta mort a tes heirs reprové.“
1330 Quant l'ot Guillelmes, prist sun chief a croller,
plurat des oeilz tendrement e suëf,
Guiburc apelet, sa moillier e sa per,
en sun romanz li a dit e mustré:
     „Suer, dulce amie, merci, pur amur Dé!
1335 Qui que en peist, mult ai jo a plurer.
Tels cenz anz at e cinquante passez,
que jo fui primes de ma mere enfantez:
vieilz sui e feibles, ne puis armes porter.
Ço est failli que Deus m'aveit presté:
1340 la grant juvente ki ne puet returner,
si m'unt paiien cuilli en tel vilté,
pur mei ne vuelent fuïr ne tresturner.
La bataille at vencue Deramez
e pris l'eschec e les morz desarmez.
1345 Entré s'en sunt Sarazin en lur nes.
Loinz sunt les marches u ai a comander;
fort sunt li home que devreie assembler.
Quant jo vendreie en l'Archamp desur mer,
si s'en sereient li Sarazin turné.
1350 Qui que en peist, jo sui tuz suls remés.

1329 (seit) reprové: unpersönlich „als dass nach deinem tode deinen
erben vorwürfe gemacht werden“ (Suchier). — 1341 cuilli en t. vilté:
vgl. *prendre alcun en mal* jem. übel aufnehmen. — 1343 La bat. at
vencue: *veintre la bataille, l'estor, le champ, le tornoi* in der schlacht,
im turnier siegen. *La bat.* ist wirkliches objekt, wie *vencue* lehrt, kann
also im passiv auch subjekt werden: vgl. Rol. 3930 *A icest colp est li
estors vencuz.* — 1347 fort: passt schlecht, da W. hier lauter gründe für
sein weinen aufzählt (1335). An die bedeutung 'schwer zu behandeln,
widerwärtig' (vgl. Sr. zu v. 1023) wird man in diesem zusammenhang
kaum denken. Vielleicht *mort*: W. glaubt kein aufgebot mehr zu haben,
aber G. überrascht ihn mit den 30 000 mann.

Ja mais en terre n'avrai honur mortel."
Plorat Guillelmes, Guiburc l'at conforté:
„E, marchis, sire, merci, pur amur De!
Or me laissiez mentir par vostre gre.
1355 Jo'n avrai ja trente milie de tels.
Li quinze milie par sunt si apresté
cum'a ferir en bataille champel."
„U sunt, Guiburc? Tu nel me deis celer!
Suer, dulce amie, di m'en la verité!"
1360 „Sus el palais sunt assis al disner."
Dunc rist li quens, si laissat le plorer:
„Or va, Guiburc! Ment assez par mun gre!"
Dunc cuntre munt muntat el les degrez;
anceis plorat, mais dunc prist a chanter.
1365 Cil la reguardent, si li unt demandé:
„Dame Guiburc, qu'as la defors trové?"
„¡Par Deu, seignur, molt de ma volenté.
Ja est venuz Guillelmes al curb nes
tuz sains e sals solunc la merci Deu,
1370 si at vencu la bataille champel,
e at ocis le paien Deramé.
Mais d'une chose at malement erré:
il at perdu sun nobile barné,
de dulce France la flur e la belté.
1375 Ocis li unt Vivïen l'alosé,
en paienisme n'en la crestïenté
mieldre vassals ne pout estre trovez
pur eshalcier sainte crestïenté
ne pur la lei maintenir e guarder.
1380 Pur Deu vus pri que en l'Archamp alez.
Fruissiees sunt les barges e les nes.
Li venz demueret, ne s'en pueent turner.
En une roche lez un regurt de mer,
la sunt dis milie de Sarazins entré.
1385 L'or e l'argent en unt ot els porté
e pris l'eschec e les morz desarmez.
Suls fut mis sire: nen i pout mais ester.
Ki or ireit en l'Archamp desur mer,
prendreit cez preies dunt vus ai ci cunté.
1390 E mis sire at mult larges heritez,
si vus durrat volentiers e de gre.

1363 el: = ele, eine hauptsächlich bei norm. und anglon. dichtern
vorkommende verkürzte form, ebenso im plural els für eles. — 1374 flur:
in diesem übertragenen sinn z. b. auch Rol. 2431 De France dulce m'ont tolue
la flor. — 1385 els: vertauschung des reflexivums mit dem personalpronomen,
vgl. AS 274. — 1391 durrat: < durrat < dunerat, vgl. KR 24 comparrez
(AS s. 128).

E ki ne vuelt senz femme prendre terres,
— jo ai uncore cent seissante puceles,
filles de reis, nen at soz ciel plus beles,
1395 sis ai nurries suz la merci Guillelme,
mun orfreis oevrent e pálies a roëles —
vienget a mei, choisisset la plus bele!
Durrai li femme, mis ber li durrat terre,
si bien i fiert que loëz puisset estre."
1400 Tels s'aatit de choisir la plus bele
— Juesdi al vespre —
1402 ki en l'Archamp perdit apruef la teste.

La Chançun de Guillelme
kritisch hrsg. von H. Suchier, Bibl. Norm. VIII, Halle 1911, s. 50—56.

5.

Isembart und Gormont
(ende des 11. jahrhunderts).

Der anfang des gedichtes fehlt. Das überlieferte stück setzt den übergang Isembarts zu den Sarrazenen voraus und führt uns mitten in die einzelnen kämpfe der grossen schlacht bei Cayeux. Der obere rand des ersten blattes der handschrift ist beschnitten, daher zeile 1, 43 und (auf der rückseite) 85, 127 fehlen.

1 . . . .

En halte voiz s'est escrïez:
„Vos estes en dol tuit finé,
n'avrez garant por vostre Dé."

5   Quant il ot mort le bon vassal,
ariere en chaça le cheval.
Puis mist avant son estandart,

Uem la li baille un tuënart.

Li estors fut fiers et pesanz
10 e la bataille fut molt grant.
Eislor puinnant Gautier del Mans,
fil Erneïs, a un duc Franc,
e vit Gormond el pui estant:
s'il lors ne joste a lui en champ,

1393 uncore: anglon. form, durch kreuzung von *encore* mit *onque*. —
1397 vienget: vgl. oben Alexius 135 *alge*.

5. Isembart und Gormont. 6: er treibt das pferd des getöteten
gegners als beute den seinen zu. — 8 Uem: hs. *Nem* (ebenso im folgenden);
vielleicht hielt der schreiber das wort für einen namen. — *tuënart*: auch
toënart (-ard), unbekannten ursprungs, 'schild', auch Archamp 1225, Anseïs
de Cartage 6547, weitere stellen s. Heiligbrodt, Rom. Stud. III 571. — 11
Eislor: ebenso *eisvos* 67 'siehe da!', meist wie hier mit obliquus (vgl. bes.
114), 67 und 114 mit dem rektus konstruiert. Einfaches *ecce* klass.-lat. meist
zur einführung eines ganzen satzes, sonst mit obl. (*ecce me!*), später auch
mit rektus (*ecce homo!*). — Mans: hs. *Maus*. — 12 Fil Erneïs, a u. d.
F.: zeigt die syntaktische identität von dativ mit und ohne a (*Arnegiso —
ad unum ducem*). Vgl. oben Archamp 1307ff.

15 donc se tendra por recreant.
  Des esporons point l'alferant
  qued il en fist raiier le sanc,
  al rei Gormont en vint brochant
  sil fiert sor son escu devant
20 qu'il li peceie maintenant,
  le halberc desmaille et desment.
  Passé li ot joste le flanc,
  mais nen abat n'ient de sanc
  ne de son cors ne li fist dam.
25 Gormonz li lance un dart
      [trenchant,
  parmi le cors li vait bruiant,
  tries lui consieut un Aleman
  qu'andous les abat morz el champ.
  Li mieldre reis et li plus frans
30 qui onques fust el mont vivant,
  se il creüst Deu le poant,
  s'est escrïez halt en oant:
  „Cist Crestïien sont nonsavant,
  qui de joster me vont hastant.
35 Ne vueil que ja uns sols s'en vant,
  tuit seront mort et recreant."

  Quant il ot mort les bons
      [vassals,
  ariere en chaça les chevals.
  Puis mist avant son estandart,
40 uem la li baille un tuënart.

  Desoz Qaiou a la chapele
  fut la bataille fort e pesme.
  Gormonz li reis depart la presse,
  ocist et fiert et esboële.

45 Qui il consieut, nel laisse eu sele,
  vestu l'en a de mort novele.
  Eislor puinnant Tierri de Termes
  sor un cheval bai de Chastele.
  Gesques al rei Gormont n'areste,
50 sil fiert sor la targe novele
  qu'il la li fraint et eschantele,
  sa hanste brise par asteles.
  Et Gormonz at l'espee treite,
  si l'at feru desor le helme,
55 la teste en fist voler a destre
  tres devant lui sor la bele herbe.
  Puis li a dit une novele
  qui as Franceis ne fut pas bele:
  „Li vostres deus n'est tant
      [honestes
60 que il vos puisse garanz estre."

  Quant il mort le bon vassal,
  ariere en chaça le cheval.
  Puis mist avant son estandart,
  uem la li baille un toënart.

65 Desus Qaiou en la champaine
  fut la bataille fort e grande.
  Eisvos puinant li quens de
      [Flandre,
  tot esleiscies parmi la lande.
  O vit Gormont, cel d'Orïente,
70 sor son escu li dona grande:
  d'un or a l'altre li fist fendre,
  la blanche broine desoz tendre,
  mais nel pot mie en la char prendre.
  Gormonz li lança une cambre:

---

27 tries: für tres (trans), durch kreuzung mit riere, ariere. — 29—31: vgl. Roland 898 f. De vasselage est il bien alosez: fust chrestiiens, assez oüst barnét. — 43: ergänzt, fehlt in der hs. — 46: hs. vestue co ade m. n. Ed. Böhmer verweist auf Rol. 1257 Novele mort vos estovrat sufrir. — 70 dona grande: häufige elliptische ausdrucksweise (ergänze colee oder anderwärts colp, cols); ähnlich unten v. 97. Vgl. Heiligbrodt. Prov. dar a alcum sus la testa sogar ohne adjektiv-objekt. — 71 fendre: hier refl. wie öfter ‚sich spalten'; li für le li, vgl. AS zu KR 87. — 72 broigne: brogne, broigne (< fränk. brunnja oder an. brynja) bez. ein lederkoller mit aufgenähten metallstücken, halberc den (jüngeren) maschenpanzer. — desoz tendre: hs. desocendre; tendre refl. 'sich spannen, sich dehnen' (durch den hieb). — 74 cambre: eine art wurfgeschoss oder ein pfeil.

75 parmi le cors li vait bruiante,
de l'altre part fiert en la lande,
li cors chiet jus, si s'en vait l'alme.
E dist Gormonz, cist d'Orïente:
„Iceste fole gent de France,
80 molt par ont il fole esperance,
quant il vers mei drescent la
[lance.
Ne vueil que ja uns sols s'en
[vante."

Quant il ot mort le bon vassal,
ariere en chaça son cheval.
85 Puis mist avant son estandart,
uem la li baille un tuënart.

Li estors fut molt fiers mäneis,
Eislor Oedon le Champaneis,
celui qui tint Chartres e Bleis,
90 Chastel Landon en Gastineis,
e sist sor un destrier moreis
e vait ferir Gormont le rei:
de son escu trencha le neir
e de son blanc halberc les pleis,
95 meis nel pot mie en char aveir.
Il treist le brant de Coleneis,
sur son helme l'en dona treis,
tot l'enclinat encontre sei.
Ja l'ëust mort icist por veir,
100 quant a lui lança uns Ireis,
soz lui ocist son bon moreis.
„A!" dist Gormonz or en sordeis,
„Vos fussiez mielz en Estampeis.

Perdu avez vostre moreis,
105 vos nel recovrerez des meis,
ci remaindrez ensemble od mei,
ostel prendrez al bruierei."
Il li lança un dart tot dreit:
Deus l'ad gari a cele feiz,
110 que n'i pot mie son char aveir,
e cil s'en torne demaneis.

Li estors fut fiers e mortels
e la bataille communel.
Eislor le conte de Peitiers,
115 sor un destrier sor balçan ert,
e vit Gormont el pui ester:
si lors ne vait a lui joster,
donc si tendra por afolé.
Point le cheval par les costez
120 que il en fist le sanc voler,
a Gormont est alez joster,
sil fiert sor son escu bendé,
kil le li ad frait e quassé,
le halberc rot e desafré,
125 mais n'en a pas son cors dampné.
E Gormonz trait le brant letré,
sil fiert sor l'elme a or gemé,
gesqu'al braiel l'at tot copé.
Li mieldres reis e li plus ber
130 qui onques fust de paiiens nez,
a halte voiz s'est escrïez:
„Vos estes en dueil tot finé,
n'avrez garant por vostre Deu."

Quant il ot mort le bon vassal,

---

82 vante: bemerke die analogische konjunktivform gegen *vant* 15.
— 85: fehlt hs. (s. o.). — Oedon: hs. *eodon*. Als geschichtliches vorbild
kommen in betracht graf Odo I., von den chronisten *le Champenois* genannt
(gest. 995) und graf Odo II. (gest. 1037). — 98 hs. *enclinot*. — 126 le
brant letré: die mit buchstaben (*letres*) beschriebene schwertklinge. Vgl.
Huon von Bordeaux 7560 ff. *Si en trait fors un branc d'achier letré …
Ce dist la letre qui fu el branc letré — qu'ele fu suer Durendal au puing
cler — Galans les fist.* — 127 ergänzt (vgl. vorbemerkung). Vgl. Rol. 1995
Sil fiert amont sor l'elme a or gemét. *Elme*, neben *helme*, ist vermutlich
die aus dem provenzalischen eingeführte form des germ. *helmo*. — 128:
noch deutlicher wird dieser 'schwabenstreich' v. 394f. geschildert: *Gesqu'al
braiel le porfendiét — qu'en pré en chieent les meitiez.*

135 ariere en chaça le cheval.
    Puis mist avant son estandart,
    nem la li baille un tuënart.

    La bataille fut esbaldie
    e del ferir enmanevie.
140 Eislor li quens de Normendie,
    celui qui de Roëm fut sire
    e de Fescamp fist l'abeïe.
    Au rei Gormont n'i mist espie,
    joster i vait ses cors meïsmes,
145 pleine sa lance le sovie.
    Ço dit la geste a Saint Denise:
    ne fust la hanste qui li brise,
    celui l'ëust geté de vie.
    Gormonz li lance uñe guivre,

150 parmi le cors li est saillie,
    de l'altre part s'en est eissie,
    fiert un danzel de Lombardie,
    k'ansdous les ad getez de vie.
    Li reis Gormonz en halt s'escrie:
155 „Iceste gent fole esbaïe
    molt par i firent grant folie,
    quant il vers mei bataille pri-
                             [strent.
    Ne vueil que ja uns sols s'en rie.
    tuit seront mort de mal martire."

160 Quant il ot mort les bons vassals,
    ariere en chaça les chevals.
    Puis mist avant son estandart,
    nem la li baille un tuënart.

    Hergestellter text. Vgl. Gormond et Isembart. Reproduction
    photocollographique du mscr. unique p. Alphonse Bayot,
    Brüssel 1906, fol. 1 recto u. verso, sowie die ausgaben von
    Schéler, Brüssel 1876 und Heiligbrodt in Boehmers Roman.
    Stud. III 549 ff., 571 ff.

---

140 ff.: der dichter hatte augenscheinlich graf Richard I. Ohnefurcht,
gest. 996 (vgl. unten VII 2 Wace), im sinn. — 145 pleine sa lance:
accusativus instrumentalis 'mit der vollen wucht seiner lanze'; auch *pleine
sa hanste* (Rol. 1204, 1534 und sonst).

Die geistliche Literatur im 12. Jahrhundert.

1.

Heiligenleben:
Garniers Thomasleben
(1172—76).

1 Tuit li fisicïen ne sont adés buen mire,
tuit clerc ne sevent pas bien chanter ne bien lire,
alquant des troveors faillent tost a bien dire,
tels choisist le noalz, ki le mielz cuide eslire,
et tels cuide estre mieldre, des altres est li pire.

6 Se nuls vuelt controver et treitier et escrire,
de bien dire se paint, ke nuls n'en puisse rire
ne par alcune rien s'ovraigne desconfire.
Mette le sens avant et li mals seit a dire:
del bien amende l'uns, et nuls hom n'en empire.

Das gedicht ist nur in anglonormannischen hss. überliefert, der
verfasser sagt aber selbst (siehe v. 5820), dass er aus Frankreich stammt
und reines französisch schreibt, weshalb die handschriftlichen schreibungen
e für *ei*, *o* für *ue*, *u* für *ǫ* oben durch die kontinentalen d. h. francischen
lautformen *ie, ue, o* ersetzt sind. Der diphthong *ei* ist noch bewahrt
(noch nicht *oi*). Hingegen zeigen die hss. bezüglich der auflösung des *l*
schwanken: *autre* neben *alquant*, auch doppelschreibung wie in *mauls*
und vollständigen schwund (nach *i* und *ü*, wie *fiz, nus* neben *nuls*). Für
die sprache des dichters ist wahrscheinlich noch festes *l* anzunehmen;
auch die vermischung von *ai* und *ei* (*seint* für *saint*) ist wohl erst den
kopisten zur last zu legen. Auch in den formen finden sich in den hss.
anglonormannismen, die oben durch die entsprechenden francischen formen
ersetzt sind.

Vers 3 faillent a bien d.: 'sie greifen fehl im, beim gut erzählen,
beim dichten'. — 10 amende: intransitiv, als gegensatz zu empire 'wird
besser, bessert sich'.

11 Por ço l'ai commencié, ke je voldrai descrire,
se Jesus Criz le soffre, ki de nos toz est sire,
la vie saint Tomas, celui de Cantorbire,
ki por sa mere iglise fu ocis par martire:
or est halz sainz el ciel, nuls nel puet contredire.

16 De molt divers corages et de diverse vie
sont en cest siecle gent, n'est nuls hom quil desdie:
plusor ont poverté, li alquant manantie;
alquant aiment le sen et plusor la folie;
li alquant aiment Deu, Satan les plusors guie.

21 Seignor, por amor Deu et por salvacïon,
laissiez la vanité, entendez al sermon.
N'i a celui de vos, ki n'entende raison.
Laissiez del tot ester le conseil a felon:
malvais est li guaainz, ki torne a damnaison!

26 Et Deu et seinte iglise et les clers honorez,
les povres herbergiez et paissiez et vestez,
et voz dimes par tot dreiturelment donez;
des pechiez criminals de trestoz vos guardez!
Veirement le vos di, Damnedeu aorez.

31 Molt par fu sainte iglise en cel tens defolee,
et del conseil le rei a grant tort demenee;
Deus en seit mercïez, ki or l'a regardee!
Par saint Tomas sera trestote relevee,
ki en sofri de mort de son gre la colee.

36 Faire soleit li reis as clers et force et tort,
s'a forfait fussent pris, ja n'i ëust resort
k'il nes fesist jugier as lais a lor acort.
Saint Tomas les maintint: n'ourent altre confort;
por els se conbati tant k'en soffri la mort.

———————————

5406 La meisniee al Satan est el mostier venue,
en sa destre main tint chascuns s'espee nue,
en l'autre les cuigniees et li quarz besagüe.
Un piler ot iluec, la volte a sostenue,
qui del saint arcevesque lor toli la vëue.

5411 D'une part del piler en sont li trei alé,
„Le traïtor le rei" ont quis et demandé.
Reinalz de l'altre part un moine a encontré.

———————————

38 K'il nes f.: nes = ne les, ne pleonastisch wie nach éviter. Sinn
des ganzen: 'es hätte kein ausweichen, keine hilfe dagegen gegeben, dass
er sie durch die laien hätte nach ihrem belieben richten lassen'.

Demanda „L'arcevesque", dunc a li sainz parlé:
„Reinalz, se tu me quiers" fait il „ci m'as trové."

5416 Le non de traïtor sainz Thomas n'entendi,
mais al non d'arcevesque restut et atendi,
et encontre Reinalt del degré descendi.
„Reinalz, se tu me qiers, trové" fait il „m'as ci."
Par l'acor del mantel l'aveit Reinalz saisi.

5421 „Reinalz, tanz biens t'ai fait" fait li buens ordenez
„E que quiers tu sor mei en sainte iglise armez?"
Fait Reinalz li fiz Urs: „Certes vos le savrez."
Sachié l'aveit a sei, que toz fu remuëz.
„Traïtre le rei estes" fait il „ça en vendrez!"

5426 Car hors del saint mostier traïner le cuida.
Bien crei que sainz Thomas cele feiz s'aïra
de ço que cil Reinalz le detraist et sacha.
Si ad enpaint Reinalt qu'ariere rëusa
e l'acor del mantel hors des mains li sacha.

5431 „Fui, malvais hom, d'ici!" fait li sainz coronez
„Jo ne sui pas traïtre, n'en dei estre retez."
„Fuiez!" fait li Reinalz, quant se fut porpensez.
„Nel ferai", fait li sainz „ici me troverez
et voz granz felonies ici acomplirez."

5436 Devers l'ele del nort s'en est li ber alez
et a un piler s'est tenuz et acostez.
Entre dous altels est cil pilers maiserez:
a la mere Deu est cil de desoz sacrez,
el non saint Beneeit est li altre ordenez.

5441 La l'ont treit et mené li ministre enragié:
„Assolez" font il „cels qui sont escomengié,
et cels qui sont par vos suspendu et lacié!"
„N'en ferai" fait il „plus que je n'ai comencié."
A ocire l'ont donc ensemble manacié.

5446 Fait il: „De vos manaces ne sui espoëntez;
del martire sofrir sui del tot aprestez.
Mais les mienz en laissiez aler, nes adesez,
et faites de mei sol ço que faire devez!"
N'a les suens li buens pastre a la mort oblïez.

5451 Ainsi avint de Deu quant il ala orer
desor mont Olivete la nuit a l'avesprer,
e cil li comencierent, quil quistrent, a crïer:
„O est li Nazareus?" — „Ci me poëz trover"
fist lor Deus „mais les miens en laissiez toz aler."

5811 Guarniers li clers del Pont fine ci son sermon
del martir saint Thomas et de sa passïon,
et mainte feiz le list a la tombe al baron.
Ci n'a mis un sol mot se la verité non.
De ses mesfaiz li face li pius Deus veir pardon.

5816 Ainc mais si buens romanz ne fu faiz ne trovez.
A Cantorbire fu et faiz et amendez.
N'i ad mis un sol mot qui ne seit veritez.
Li vers est d'une rime en cinc clauses coplez.
Mes languages est buens: car en France fui nez

5821 L'an secont que li sainz fu en s'iglise ocis,
començai cest romanz et molt m'en entremis.
Des privez saint Thomas la verité apris.
Mainte feiz en ostai ço que jo ainz escris,
por oster la mençonge. Al quart an fin i mis.

5826 Iço sachent tuit cil qui ceste vie orront,
que pure verité par tot oïr porront.
Et ço sachent tuit cil qui del saint traitié ont,
o romanz o latin, et cest chemin ne vont
o el dïent que jo, contre verité sont.

5831 Or prïons Jesu Crist, le fil sainte Marie,
por amor saint Thomas nos doinst la soe aïe,
que riens ne nos sofraigne a la corporal vie
et si nos esneions de seculer folie
qu'al morïant aions la soe compaignie. Amen.

Text nach Wendelin Foersters handschriftlichen materialien.
Vgl. die ausgaben von Immanuel Bekker, B. 1838,
von C. Hippeau, P. 1859.

2.

Biblische Stoffe:

Das Hohe Lied. [1]

1 Quant li solleiz converset en leon,
en icel tens qu'est ortus pliadon,
per unt matin

---

[1] Die mundart lässt sich nicht mit sicherheit bestimmen, die schreib-
weisen gehören teils dem nordwesten, teils dem osten (*ei* für *e* < *a: seit*
< *sapit*) und sogar dem südosten (verstummen von auslautendem *t*, *ab*

1--2 leon sternbild des löwen, pliadon siebengestirn; die form
erklärt sich aus dem griech. genitiv (ἡ ἐπιτολὴ τῶν Πλειάδων — ortus
Pliadon).

4 Une pulcellet odit molt gent plorer   II
   et son ami dolcement regreter,
      Et jo lli dis:

7 „Gentilz pucellet, molt t'ai odit plorer   III
   e tum ami dolcement regreter.
      Et chi est illi?"

10 La virget fud de bon entendement,   IV
   si respondiet molt avenablement
      por son ami:

13 „Li miens amis, il est de tel paraget   V
   que nëuls on n'en seit conter lignaget
      de l'une part.

16 Il est plus gensz que solleiz eun ested,   VI
   vers lui ne pued tenir nulle clartez,
      tant par est belsz.

19 Blans est et roges plus que jo nel sai diret,   VII
   li suens senblansz nen est entrelz cent milie
      ne ja nen iert.

22 Il dist de mei que jo eret molt bellet,   VIII
   si m'aimet tant, toz temps li soi novelet,
      soe mercid.

25 Dolçor de mel apele il mes levres,   IX
   desoiz ma languet est li laiz et les rees,
      et jo sai beem:

---

für *ot < apud*) an. Der reim 49 f. *Jerusalem*: *amant* würde für den osten sprechen, wenn man den reim auf einen fremdnamen als beweisend ansehen will. Die schreibung zeigt manches bemerkenswerte: intervokales *ll* (*pulcellet, nulle*: vielleicht latinismus), darnach auch unorganisches *ll* (*solleiz*); verdoppelung in liaison (*jo lli dis, enn ested*); zahlreiche unorganische *-t* (*unt = un, virget = virge*: umgekehrte schreibung, da dem kopisten auslautendes *t, d* überall stumm war) und ebenso unorganische *z*; vertauschung von auslautendem *m* und *n* (*tum = tun ton*). — Im text sind *u* und *v*, *i* und *j* voneinander geschieden, die übrigen eigenarten beibehalten, abweichungen von den handschriftlichen lesarten angemerkt.

---

9 illi: einsilbig (metrum!), also wohl = *il*. — 10—12: lückenhaft überliefert und z. t. ergänzt. por: hs. *so*. — 20 senblansz: sein aussehen, seines gleichen. — entrelz: *entre les*; hs. *entreiz*, das meist als *intra ipsum* (*ipsos*) erklärt wird (lat. text: *electus ex millibus*). — 24 soe mercid: wie *Dieu merci* (aus der gnade, nach der gnade Gottes) 'durch seine gnade' (*sua mercede*). — 26 desoiz: = *desosz — desoz*.

28 Nuls om ne vit aromatigement   X
    chi tant biem oillet con funt mi vestement
    al som plaisir.

31 La u jo suid, iversz n'i puet durer,   XI
    toz tens florist li leuz de ma beltez
    por mon ami.

34 Li tensz est bels, les vinnesz sont flories,   XII
    l'odor est bonet, si l'aimet molt mis siret
    por mei' amor.

37 En nostre terred n'oset oisels canter   XIII
    samz la torterelet chi aimet caasteed
    por mon ami.

40 Jo l'ai molt quis, encor nel pois trovert,   XIV
    n'en vult respondret, aseiz l'ai apeletz,
    quer lui ne plastz.

43 Les escalgaites chi guardent la citez,   XV
    cil me troverent, si m'ont batuz aseiz
    por mon ami,

46 navree molt et mon paliet tolud,   XVI
    grant tort m'unt fait cil chi guardent le mur,
    por mon ami.

49 Beles pulcelesz, fillesz Jerusalem,   XVII
    por mei' amor noncieiz le mon amant:
    d'amor languis.

52 Chinc milie anz atz qu'il aueid un' amiet,   XVIII
    lei ad laisiet, quar n'ert de bel serviset,
    si aimet mei.

---

34 vinnesz: = *vignes*, vgl. 55 *vine*; ähnliche schreibungen des ñ
Isemb. u. Gorm. 11, 47, 67. — 35 l'aimet: hs. *laimat*. — mis siret:
hs. *misiret* (ebenso 89). — 37 oisels: hs. *oilset*. — canter: hs. c",
wohl zur bezeichnung des *tš*-lautes (ebenso 38 c"*aasteed*). — 38 aimet: hs.
amat. — 42 plastz: auffälliges fehlen des *i* (vgl. 30 *plaisir*). — 43
escalgaïtes: sonst *escargaites* (Aucassin), *eschargaites*, aus deutsch *skar-
wahta*. — 44 troverent: hs. *toruerent*. — 47 mur: hs. *m rt*. — 50 le
mon amant: *le* akk.-obj., *mon amant* dativ-obj. (ohne *a*, vgl. *se Dieu
plaist* Karlsreise 68, ferner Eul. 11, Leod. v. 17). — 52 Chinc: hs. ch"*inc*,
wohl um auszudrücken, dass *ch* hier nicht dieselbe aussprache habe wie in
chi; also wohl = *tsinc*, vgl. 61 *nercidet* (*nercie*). — 53 lei: die ostfr. form
des hauptonigen *illẹi*, francisch *li* (vgl. AS s. 263). — laissiet: fem., also
die im ostfr. und pik. übliche form *laissie* = *laissiee*. — 54 aimet: hs.
amet.

55 Il li plantatz une vine molt dolcelt,   XIX
   proud ne la fist, si'nn est cadeit en colped,
   or est amered.

58 Li fil sa mered ne la voldrent amert   XX
   commandent li les vinnes a guarder
   fors al soleiz.

61 Ell'est nercidet, perdutz adz sa beltez,   XXI
   se par mei non ja maisz n'avrat clartez
   de mon ami.

64 Ainz que nuls om soüst de nostre amor,   XXII
   li miens amis me fist molt grant ennor
   al tems Noë.

67 Danz Abraham en fud premierz messaget,   XXIII
   luid m'enveiad por ço qu'il ert plus saives
   et de grant fei.

70 Issaac vint, Jacob e danz Joseph,   XXIV
   puis Moïsen et danz Abinmalec
   et Samuël.

73 Del quart edé pois i vint reiz David   XXV
   et Salomon et Roboam ses fiz
   et Abïa.

76 Et ab Amos i vint Issaïas,   XXVI
   Jën, Joël et danz Azarïas
   et Joatam.

79 Achaz i vint, adunc fud faitet Rome.   XXVII
   Quel part que alget, iluoc est ma corone
   et mes tresors.

82 Ezelcïas, Manases, Josïas   XXVIII
   et Joachim et danz Nazarïas
   del quart edé.

85 Del quint edé pois vint Ananïas   XXIX
   et Misaël et danz Zacharïas
   et plussors altresz.

88 Enpres icelsz et molt altres barunsz   XXX
   par cui mis siret mei mandat sa raisum:
   mei vult aveir.

---

55 dolcelt: = *dolce.* — 56 proud: vgl. *prot* Alexius, hier adverb
'nicht genug bearbeitete sie ihn (*la vigne*)'. — 68 enveiad: hs. *entueiad.*
— ço: hs. *c"o.* — 76 hs. *Et ab i uint issaias amos.* — 77 danz: hs.
dam (ebenso 83, 86). — 85 pois vint: hs. *pois i vint.* — 89 mandat:
madatz.

91 Il enveiad sun angret a la pucele;
chi la saluet d'une saludz novelet
en Nazareh.

Stengel, Ausg. u. Abh. I, 65—68.

Foerster u. Koschwitz, Afr. Übungsbuch, sp. 163—68.

3.

Kultusdichtung:

Adamsspiel

(drittes viertel des 12. jahrhs.).

*Nach einer zurückweisung durch Adam sucht der Teufel Eva zum
essen der frucht zu verführen.*

205 D. Eva, ça sui venuz a tei.
E. Di mei, Sathan, e tu pur quei?
D. Jo vois querant tun pru,
[t'onor.
E. Ço dunge Deus!
D. N'aiez pöur!
Molt a grant tens jo ai apris
210 toz les conseils de paraïs.
Une partie t'en dirrai.
E. Or le commence, e jo l'orrai.
D. Orras me tu?
E. Si ferai bien,
ne te curecerai de rien.
215 D. Creras me tu?
E. Oïl, par fei!
D. Jer descoverz?
E. Nenil par mei.
D. Or me metrai en ta creance,
ne vueil de tei altre fïance.
E. Bien te puez creire a ma
[parole.
220 D. Tu as esté en bone escole.
Jo vi Adam, mais trop est fols.
E. Un poi est durs.

D. Il serra mols.
Il est plus durs que nen est
[fers.
E. Il est mult francs.
D. Ainz est mult sers.
225 Cure nen voelt prendre de sei,
car la prenge sevels de tei.
Tu es fieblette e tendre chose
e es plus fresche que n'est
[rose,
tu es plus blanche que cristal,
230 que neif qui chiet sor glace
[en val.
Mal cuple em fist li crïatur:
tu es trop tendre e il trop dur.
Mais neporquant tu es plus
[sage,
en grant sens as mis tun
[corrage.
235 Por ço fait bon atraire a tei.
Parler te vueil, ore i ait fei,
n'en sache nuls.
E. Kil deit saveir?
D. Neïs Adam.

---

3. Die sprache des dichters zeigt *ei* aus lateinischem. freien *ē*, *ĭ* noch
als *ei*, auch noch die diphthongen *ie* und *ue* aus freiem *ę* und *ǫ* (während
später anglonormannisch *e* und *o* dafür erscheinen); dagegen schon *ai* vor
schwerer konsonanz zu *e* (*maistre: estre*). Speziell nordanglonormannisch ist
u (*v*) statt *ü* aus lateinisch *ū*, daher *dur* (*dūrum*) und *criatur* (*creatorem*)
miteinander reimen können. Das zweikasussystem erscheint nicht mehr
ganz fest. Stärkere abweichungen von der hs. sind vermerkt.
Einzelnes: 215 Creras me tu?: hs. *celeras men.* — 216 Jer: hs.
iert. — 219 hs. *Bien te pois creire a ta purole.* — 223 nen est fers: hs.
nest emfers. — 231 crïatur: obliquusform statt rektusform.

E.   Nenil, par veir!
D. Or te dirrai, et tu m'ascute!
240 N'a que nus dous en ceste rute,
e Adam la, qui ne nus ot.
E. Parlez en halt, n'en savrat
[mot.
D. Jo vus acoint d'un grant engin,
qui vus est fait en cest gardin:
245 le fruit que Deus vus ad doné,
nen a en sei gaires bonté;
cil qu'il vus ad tant defendu,
il ad en sei mult grant vertu.
En celui est grace de vie,
250 de poësté, de seignorie,
de tut saveir, e bien e mal.
E. Quel savur a?
D.   Celestïal.
A tun bel cors, a ta figure
bien covendreit tel aventure
255 que tu fusses dame del mond,
del soverain e del parfont,
e sëusses quanque est a estre,
que de tout fussez bone
[maistre.
E. Est tels li fruiz?
D.   Oïl, par veir!
Tunc diligenter intuebitur Eva
fructum vetitum, quo diu
intuito dicens:
260 Ja me fait bien sul le veeir.
D. Si tul mangües, que feras?
E. E jo, que sai?
D.   Ne me crerras?
Primes le pren e Adam done.
Del ciel avrez sempres curone,
265 al creatur serrez pareil,
ne vus purra celer cunseil.
Puis que del fruit avrez
[mangié,
sempres vus iert le cuer
[changié,

come Deus serrez sanz
[faillance,
270 d'egal bonté, d'egal
[puissance.
Guste del fruit!
E.   Jo'n ai regard.
D. Ne creire Adam!
E.   Jol ferai.
D.   Quant?
E. En poi de tems, mais suffrez
[mei
tant que Adam seit en requei.
275 D. Manjue le, n'aiez dutance,
le demorer serreit enfance.
Tunc redeat diabolus ab Eva,
et ibit ad infernum. Adam
vero veniet ad Evam, mo-
leste ferens quod cum ea
locutus sit diabolus, et
dicet ei:
A. Di mei, muiller, que te
[querreit
li mal Satan? que te voleit?
E. Il me parla de nostre honor.
280 A. Ne creire ja le traïtor!
Il est traïtre, bien le sai.
E. E tu comment?
A.   Car l'esaiai.
E. De ço qu'en chalt?
A.   Nel dei veeir?
E. Il te ferra changer saveir.
285 A. Nel fera pas, car nel crerai
de nule rien tant que l'asai.
Nel laissier mais venir sor tei,
car il est molt de pute fei.
Il volst traïr ja son seignor,
290 sei oposer al Deu halzor:
tel paltonier qui ço ad fait,
ne voil, vers vus ait nul retrait.
Tunc serpens artificiose com-
positus ascendit juxta stipi-

---

261 mangues: lies *mandǧues*, aus *mandūcas*, das zu *mundúes* und
unter einfluss von *manducare* — *mangier* zu *mangues* (*g = dž*) wird. —
263 hs. *Primes le pren e Adam le done.* — 269 Come: hs. *o.* — 273 hs.
unvollständig, hat nur *suffrez moi.* — 282 hs. *car jo sai oi.* — 283 hs. *de
ço quen chat me del veer.* — 290 hs. *E soposer al des halzor.*

*tem arboris vetite. Cui
Eva propius adhibebit
aurem, quasi ipsius ascul-
tans consilium; dehinc
accipiet Eva pomum, porri-
get Ade. Ipse vero nondum
accipiet, et Eva dicet ei:*
E. Manjue, Adam! ne sez que est.
   Pernum ce bien que nus est
             [prest.
295 A. Est il tant bon?
E.   Tu le savras.
   Nel poez saveir, si'n gusteras.
A. Jel dut.
E.   Fai le!
A.   Non ferai pas.
E. Del demorer fais tu que las.
A. E jol prendrai.
E.   Manjue! tien!
300   Par ço savras e mal e bien.
   Jo'n manjerai premirement.
A. E jo aprés.

E.   Sëurement.
   *Tunc commedat Eva partem
    pomi,- et dicet Ade:* ·
   Gusté en ai: Deus, quel savor!
   Une ne tastai d'itel dolçor!
305 D'itel savor est ceste pome —
A. De quel?
E.   D'itel nen gusta home.
   Or sunt mes oil tant cler veant,
   jo semble Deu le tut puissant.
   Quanque fu e quanque doit
             [estre,
310 sai jo trestut, bien en sui
             [maistre.
   Manjue, Adam, ne fai demore,
   tu le prendras en molt bone
            [ore.
   *Tunc accipiet Adam pomum
    de manu Eve, dicens:*
A. Jo t'en crerrai, tu es ma per.
314 E. Manjue! tien! n'en poëz
            [doter.

*(Nach der vertreibung aus dem paradies überhäuft Adam die Eva
mit vorwürfen:)*
  Adam: 535   Oi, male femme, plaine de traïson!
            Tant m'as tu mis tost en perdicïon,
            cum me tolis le sens e la raison!
            Or m'en repent, ne puis aveir pardon.
      539   Eve dolente, cum fus a mal delivre,
            quant tu crëus si tost conseil de guivre!
            Par tei sui mort, si ai perdu le vivre,
            li toen pecchié en iert escrit en livre.
      543   Veiz tu les signes de grant confusïon?
            La terre sent nostre maleïçon:
            froment semames, or i naissent chardon;
            forment suames, or a mal guerredon.
      547   De nostre mal veiz le comencement:
            ço'st grant dolors, mais grainior nus atent.
            Menez en iermes en emfer senz atent,
            ne nus faldra ne peine ne torment. ·
      551   Eve chaitive, que t'en est a vïaire?

---

   296 si: lat. *sic*, hier 'bis' wie KR 561 *Ja n'en descendrat mais, si
l'avrai comandét.* — 297 hs. *Jen duit lai le nen frai pas.* — 306 home:
obliquusform f. *huem.* — 307 Deu: akk., wie lat. *simulare.* — 540 hs.
quant creutes. — 546 fehlt hs., von Suchier ergänzt. — 547 hs. *De nostre
malveisté le c.* — 549 senz atent: hs. *la 'co entent.*

Cest as conquis, donez t'est en duaire.
Ja ne savras vers home bien atraire,
mes a raison serras tot tens contraire.
555   Tuz cels qu'istront de la nostre lignee,
del toen forfait sentiront la hascee.
Tu forfëis, a toz ceals est jugee.
Mult targera par qui ele iert changee.

Tunc respondeat Eva ad Adam:
Eva: 559   Adam, bels sire, mult m'avez blastengee,
ma vilainnie retraite et reprochee.
Si jo mesfis, jo‘n suffre la hascee,
jo sui copable, par Deu serrai jugee.
563   Jo sui vers Deu e vers tei mult mesfaite,
ma forfaiture mei iert longes retraite.
Ma culpe est grant, mes pechiez me dehaite,
chaitive sui, de tut bien ai suffraite.
567   Nen ai raison que vers Deu me defende,
que peccheriz culpable ne me rende.
Pardonez mei! car ne puis faire amende.
Si jol poeie, fereie par offrende.
571   Jo peccheriz, jo lasse, jo chaitive!
Por mon forfet sui vers Deu si eschive.
Mort, car me pren! Ne suffrez que jo vive!
Em peril sui, ne puis venir a rive.
575   Li fel serpent, la guivre de mal' aire,
me fist mangier la pome de contraire.
Jo t'en donai, si quidai por bien faire,
mis t'en pecchié dont ne te pois retraire.
579   Por quei ne fui al Crïator encline?
Por quei ne ting, sire, ta discipline?
Tu mesfesis, mais jo sui la racine
de nostre mal, loing en est la mescine.
583   Le mien mesfait, ma grant mesaventure
comperra chier la nostre engendrëure.
Li fruiz fu dulz, la paine est grant e dure.
Mal fu mangiez, nostre iert la forfaiture.
587   Mais neporquant en Deu est ma sperance:
d'icest mesfait avons tost acordance,
Deus me rendra sa grace e s'amistance,
590 getera nus d'emfer par sa puissance.

Das Adamsspiel. Anglonorm. gedicht des XII. jahrhunderts,
     hrsg. von Dr. K. Grass, [2] 1907, s. 15—21, 30—31.

---

552 cest: neutrum. — 564 hs. *Le mien mesfait molt iert longe retraite.*
— 570 hs *Si jo poeie jo frai p. o.* — 582 hs. *long nest la mescine.* —
588 hs. *dicest mesfait char tot iert acordance.* — 590 hs. *Gieter nus voldra
demfer par puissance.*

4.

Moral- und Lehrdichtung:

Bestiaire Philippes von Thaon
(um 1125).

1775 Vulpis de beste est nuns
que gupil apeluns.
Gupiz est mult luiriez
e forment vezïez:
quant preie volt conquere,
1780 met sei en ruge tere,
tuz s'i enpulderat,
cume mort se girat;
la gist gule baee,
sa langue hors getee.
1785 Li oisels ki la veit,
quide que morte seit,
al gupil vient volant
la u fait mort semblant;
lores le volt mangier,
1790 si le prent a bechier,
en la buche li met
e sun chief e sun bec.
Li gupiz eneslure
l'oisel prent e devure.
1795 Aiez en remembrance,
c'est grant signefïance:
li gupiz signefïe
Dïable en ceste vïe.
A gent en char vivant
1800 demustre mort semblant,

tant qu'en mal sunt entré,
en sa buche enseré;
dunc les prent eneslure,
sis ocit e devure,
1805 si cum li gupiz fait
l'oisel, quant l'at atrait.
Davit dit en verté:
„Ki ne murent pur Dé,
en main de glaive irunt,
1810 de gupil part serunt".
E Herode en verté
a gupil fut esmé.
E Nostre Sire dit
par veir en sun escrit:
1815 „Dites a la gupille
qu'el fait grant mirabille!
A la terre fait lait
des fosses qu'ele i fait".
Par terë entendum
1820 ume par grant raisun
e par fosse pechié
dunt om est engignié,
que Dïables i fait,
par quei ume a sei trait.
1825 N'en voil or plus traitier,
altre voil cumencier.

Le Bestiaire de Philippe de .Thaün
p. p. E. Walberg, Lund et Paris 1900, s. 66 f.

5.

Fabel:

Marie de France, Jsopet
(zwischen 1170 und 1190).

1 Issi avint e bien puet estre
que par devant une fenestre,

ki en une despense fu,
vola uns cors, si a veü

---

4. 1782: Zum akkusativ nach *cume* vgl. AS v. 50. — 1809 f.: vgl.
hierzu den lat. text *Intrabunt in inferiora terre, tradentur in manus gladii,
partes vulpium erunt.*

5. Die sprache der dichterin ist im wesentlichen francisch, aber mit
einzelnen anglonormannischen eigentümlichkeiten. Die orthographie des
textes ist nicht uniformiert.

5 furmages ki dedenz esteient
e sur une cleie giseient.
Un en a pris, od tut s'en va.
Uns gupiz vint, si l'encuntra.
Del furmage ot graut desirier.
10 qu'il en peüst sa part mangier;
par engin voldra essaier
se le corp purra engignier.
„A, Deus sire!“ fet li gupiz
„tant par est cist oisels gentiz!
15 El munde nen a tel oisel!
Unc de mes uiz ne vi si bel!
Fust tels sis chanz cum est sis
[cors,
il valdreit mielz que nuls fins ors.“
Li cors s'oï si bien loër

20 qu'en tut le munde n'ot sun per.
Purpensez s'est qu'il chantera:
ja pur chanter los ne perdra.
Le bec ovri, si comença:
li furmages li eschapa,
25 a la terre l'estut chaïr,
e li gupiz le vet saisir.
Puis n'ot il cure de sun chant,
que del furmage ot sun talant.

C'est essamples des orguillus
30 ki de grant pris sunt desirus:
par losengier e par mentir
les puet hum bien a gre servir;
le lur despendent folement
34 pur fals losenge de la gent.

Die Fabeln der M. de Fr., hrsg. von Karl Warnke, Bibl. Norm. III,
Ha. 1898, s. 47 ff.

Die einheimische Liederdichtung im 12. Jahrhundert.

1.

Chanson d'histoire.

1 Quant vient en mai, que l'on dit as lons jors,
que Franc de France repairent de roi cort,
Raynauz repaire devant el premier front,
si s'en passa lez lo mes Arembor,
5 ainz n'en degna le chief drecier amont.
    E Raynauz amis!

2 Bele Erembors a la fenestre au jor
sor ses genolz tient paile de color;
voit Frans de France qui repairent de cort,
10 e voit Raynaut devant el premier front:
en haut parole, si a dit sa raison.
    E Raynauz amis!

3 „Amis Raynauz, j'ai ja vĕu cel jor,
se passissoiz selon mon pere tor,
15 dolanz fussiez, se ne parlasse a vos."
„Jal mesfeïstes, fille d'empereor,
autrui amastes, si oblïastes nos."
    . E Raynauz amis!

---

1. Das gedicht ist nur in einer hs. des 13. jahrhunderts, daher in wesentlich verjüngten sprachformen überliefert. Die lautformen sind in dem obigen text nicht geändert, hingegen einige flexionsformen (so *Raynauz* für mehrfach *Raynaut*) richtig gestellt worden.

Vers 2 de roi cort: obl. für genetiv mit fehlen beider artikel (= *de la cort le roi*), vgl. Tobler, Verm. Beitr. I ² 71 f. — 8 tient paile: um daran zu arbeiten. — 14 se: im sinne von *lorsque, quand.* — passissoiz: conj. impf. wegen der abhängigkeit vom regierenden konjunktivsatz.

4 „Sire Raynauz, je m'en escondirai:
20 a cent puceles sor sainz vos jurerai,
a trente dames que avuec moi menrai,
c'onques nul home fors vostre cors n'amai.
Prennez l'emmende et je vos baiserai."
                E Raynauz amis!

5 Li cuens Raynauz en monte le degré,
gros par espaules, greles par le baudré,
blont ot le poil, menu, recercelé:
en nule terre n'ot si biau bacheler.
Voit l'Erembors, si comence a plorer.
30   E Raynauz amis!

6 Li cuens Raynauz est montez en la tor,
plorant la vit, dont l'en prist grant tendror,
si s'est assis en un lit point a flors,
dejoste lui se siet bele Erembors:
35 lors recomencent lor premieres amors.
        E Raynauz amis!

Bartsch, Altfranz. Romanzen und Pastourellen, 1870, 3 f. —
Die anfangsstrophen dreier chansons d'histoire s. unten X 5.

2.
Reverdie.

1 En mai au douz tens nouvel
que raverdissent prael,
oï soz un arbroisel
chanter le rossignolet.
5   saderala don!
    tant fet bon
    dormir lez le buissonet.

2 Si com g'estoie pensis
lez le buissonet m'assis:
10 un petit m'i endormi
au douz chant de l'oiselet.
    saderala don!
    tant fet bon
    dormir lez le buissonet.

3 Au resveillier que je fis,
a l'oisel crïai merci
qu'il me doint joie de li:
s'en serai plus jolivet.

    saderala don!
20   tant fet bon
    dormir lez le buissonet.

4 Et quant je fui sus levez,
si comenz a citoler
et fis l'oiselet chanter
25 devant moi el praelet.
    saderala don!
    tant fet bon
    dormir lez le buissonet.

5 Li rossignolez disoit
par un pou qu'il n'enrajoit
du grant duel que il avoit,
que vilains l'avoit oï.
    saderala don!
    tant fet bon
35   dormir lez le buissonet.

Bartsch, Rom. u. Past. s. 22 f.

---

1. 32 Der in der hs. fehlende vers ist von Suchier, Lit. s. 9, ergänzt.

3.

La mal mariée.

1 Pansis amerousement
de Tornai parti l'autrier.
En un pré lons un destour
vi trois dames ombroier,
5 mariees de novel:
chascune ot un vert chapel.
La moinnee a dit ansi:
„Je servirai mon mari
lealment en leu d'ami."

2 Li ainnee an ot irour,
si li dit sans atargier:
„Dame Dex vos dont mal jour!
Nos volez vos asaier?
Au cuer ne m'est mie bel."

15 Dou poing an son haterel
l'ala maintenant ferir:
„Je ferai novel ami
an despit de mon mari."

3 La moienne par baudour
20 fu vestue au tens d'esté
d'un riche drap de colour,
d'un vert qui fait a louer.
En avoit robe et mantel
et chantoit cest chant novel,
25 si ke je l'ai bien oï:
„S'on trovast leal ami,
ja n'ëusse pris mari."

Bartsch, Rom. u. Past., s. 19f.

4.

Pastourelle.

1 De Saint-Quentin a Cambrai
chevalchoie l'autre jour,
les un buisson esgardai:
touse i vi de bel atour.
5 La colour
ot freche com rose en mai.
De cuer gai
chantant la trovai
ceste chansonnete:
10 „En non Deu, j'ai bel ami,
cointe et joli,
tant soie je brunete."

2 Vers la pastoure tornai
quant la vi en son destour.
15 Hautement la saluai
et dis „Deus vos doinst bon
[jour
et honour!
Celle ke ci trové ai,

sens delai
20 ses amis serai."
Dont dist la doucete:
„En non Deu, j'ai bel ami,
cointe et joli,
tant soie je brunete."

3 Delés li seoir alai
Et li priai de s'amour.
Celle dist: „Je n'amerai
vos ne autrui par nul tour,
sens pastour,
30 Robin, ke fïancié l'ai.
Joie en ai,
si en chanterai
ceste chansonnete:
En non Deu, j'ai bel ami,
35 cointe et joli,
tant soie je brunete."

Bartsch, Rom. u. Past., s. 108f.

5.

Kreuzzugslied

(zum kreuzzuge Ludwigs VII.: 1146 oder 1147).

1 Chevalier, mult estes guarit
quant Deus a vus fait sa clamur
des Turs e des Amoraviz,
ki li unt fait tel deshenor:
cher a tort unt ses fieus saisiz,
bien en devums aveir dolur,
cher la fud Deus primes serviz
8 et reconoüs pur segnnur.
    Ki ore irat od Loovis,
    ja mar d'enfern avrat pouur,
    char s'alme en iert en pareïs
12 od les angles nostre Seignor.

2 Pris est Rohais, bien le savez,
dunt crestïien sunt esmaiét,
li mustier ars e desertét,
Deu n'i est mais sacrifïet.
Chevalier, cher vus purpensez,
vus ki d'armes estes preisiez,
a celui vos cors presentez
20 ki pur vus fut en cruiz dreciez!
    Ki ore irat od Loovis,
    ja mar d'enfern avrat pouur,
    char s'alme en iert en pareïs
24 od les angles nostre Seignor.

3 Pernez essample a Lodevis
ki plus ad que vus nen avez!
Riches est et poësteïs,
sur tuz altres reis curunez.
Deguerpit ad ed vair e gris,
chastels e viles e citez.
Il est turnez a icelui
32 ki pur nus fut 'en croiz penez.
    .Ki ore irat od Loovis,
    ja mar·d'enfern avrat pouur,
    char s'alme en iert en pareïs
36 od les angles nostre Seignor.

4 Deus livrat sun cors a Judeus
pur metre nus fors de prisun.
Plaies li firent en cinc lieus
que mort suffrit e passiun.
Or vus mande que Chaneleu
e la gent Sanguin le felun
mult li ont fait des vilains jeus:
44 or lur rendez lur guerredun!
    Ki ore irat od Loovis,
    ja mar d'enfern avrat pouur,
    char s'alme en iert en pareïs
48 od les angles nostre Seignor.

---

5. Die schreibung der hs. ist anglonormannisch (e für ie, u für o). Auch die reime zeigen verschiedentlich verletzung der flexionsform (v. 1 *guariz* f. *guarit*, 14 *esmaiez* f. *esmaiét*, 15 *desertez* f. *desertét*, 18 *preisez* f. *preisiét*, 41 *Chaneleus* f. *Chaneleu*), andrerseits aber ungenauigkeiten (29 *gris* : 31 *icelui*), sodass die kontinentalen flexionsformen eingesetzt und als ungenaue reime betrachtet werden können. — Strophe 5 weicht in verszahl, versart (z. t. siebensilbner) und reimbindung so stark ab, dass sie als unecht gelten muss. Nach Bédier sind es zwei lückenhaft überlieferte strophen.

    12 **angles:** lies *andžles*, auch *angle, angele* (2 silbig) geschrieben, wie *imagene* = *imadže*, woraus nfr. *ange, image*. — 14—16 **esmaiét—sacrifïét:** über solche reime (diphthong *ie* : *e* mit vorausgehendem *ï*) vgl. Tobler, Vrai aniel,.s. XXIII f., und Versbau ⁴ s. 146 f. — 41—42 **Chaneleu:** heidnisches volk, auch *Chanelin, Chanabel, Chanabart, Chanart* (ursprünglich Canaaniter). — **La gent Sanguin:** Sarazenen, nach dem Sarazenen *Zenghi* — *Sanguin* (Conqueste de Jerusalem, Foucon de Candie); der ähnlich lautende name *Senguin* ist germanischen ursprungs (*Senguin* < *Seguin* < *Sigvine*) und bezeichnet fränkische helden (Huon v. Bord., Lothringerepen u. a.).

5 Deus at un turnei pris
  entre enfern et pareïs,
  si mande trestuz ses amis
  ki lui volent guarantir,
  qu'il ne li seient failliz.
  Le fiz Deu al Creatur
  ad Rohais estre ad mis un jorn:
56 la serunt salf li pecceur
  ki bien ferrunt pur s'amor,
  irunt en cel besoin servir
59 pur la vengance Deu furnir.
    Ki ore irat od Loovis,
  ja mar d'enfern avrat pouur,
  char s'alme en iert en pareïs

63 od les angles nostre Seignor.

6 Alum conquere Moïsés
  ki gist el munt de Sinaï!
  As Saragins nel laisum mais
  ne la verge dunt il partid
  la Roge Mer tut ad un fais,
  quant li granz poples le seguit,
  e Pharaon revint aprés,
71 il et li suon furent perit.
    Ki ore irat od Loovis,
  ja mar d'enfern avrat pouur,
  char s'alme en iert en pareïs
  od les angles nostre Seignor.

Haupt, Berichte ü. d. Verhandlungen d. Kgl. sächs. Gesellschaft d.
Wiss. zu Leipzig, 1864, s. 131. P. Meyer, Recueil 366 f. Bédier et
Aubry, Chansons de croisades, s. 3 ff.

49—63: ohne änderungen nach der hs. wiedergegeben. — 64 ff.
Moïsés, mais, fais, aprés: die reime erklären sich durch *męis, fęis*
oder *męs, fęs*.

VI.

Das Heldenepos der Blütezeit
(12. jahrhundert).

—————

1.

Rolandslied
(1. jahrzehnt des 12. jahrhunderts).

1940   Quant paiien virent que Franceis i out poi,
       entr'els en ont e orgoill e confort,
       dist l'uns a l'altre: „Li emperere ad tort.“
       Li algalifes sist sor un cheval sor,
       brochet le bien des esperons a or,
1945 fiert Olivier deriere enmi le dos,
       le blanc osberc li ad desclos el cors,
       parmi le piz son espiét li mist fors
       e dit aprés: „Un colp avez pris fort.
       Charles li magnes mar vos laissat as porz.
1950 Tort nos ad fait, nen est dreiz qu'il s'en lot,
       car de vos sol ai bien vengiét les noz.“

       Oliviers sent que a mort est feruz,
       tient Halteclere, dont li aciers fut bruns,
       fiert l'algalife sor l'elme a or agut
1955 e flors e pierres en acraventet jus,
       trenchet la teste d'ici qu'as denz menuz,
       brandist son colp, si l'ad mort abatut,

—————————————————————————————————————

1. Text im anschluss an die ausgabe von Th. Müller. Jedoch sind die anglonormannismen der handschrift beseitigt, also $u = \varrho$ durch o, $c < c^a$ durch ch ersetzt.

    1941 Entr'els: *els* reflexiv, ebenso unten *lui* 1966, vgl. **AS** s. 274. — 1948 fort: prädikativ zum objekt 'als einen starken', wodurch der begriff *fort* mehr hervorgehoben wird als in der attributiven verbindung. Deutsch etwa: 'stark war der hieb, den ihr empfangen'. — 1950 nen est dreiz: 'nicht recht, nicht in der ordnung ist es, dass ...' = 'nicht darf, nicht soll er sich dessen rühmen'. — 1957 mort abatut: 'so hat er ihn als einen toten niedergeschlagen' = 'tot niedergeschlagen'.

E dist aprés: „Paiiens, mal aies tu!
Iço ne di, Charles n'i ait perdut!
1960 Ne a mouillier n'a dame qu'as veüd,
n'en vanteras, el regne dont tu fus,
vaillant denier que m'i aies tolut,
ne fait damage ne de mei ne d'altrui."
Aprés escrïet Rollant qu'il li aiut. Aoi.
1965 Oliviers sent qu'il est a mort nafrez,   149
de lui vengier jamais ne li iert sez,
en la grant presse or i fiert come ber,
trenchet cez hanstes e cez escuz boclers
e piez e poinz, espalles e costez.
1970 Qui lui veïst Sarrazins desmembrer,
un mort sor altre a la terre geter,
de bon vassal li poüst remembrer.
L'enseigne Charle n'i volt mïe oblïer,
Monjoie escrïet e haltement e cler,
1975 Rollant apelet son ami e son per:
„Sire compaign, a mei car vos jostez!
A grant dolor ermes hui desevrét." Aoi.
Rollanz reguardet Olivier al visage: 150
teinz fut e pers, descolorez e pales,
1980 li sans toz clers parmi le cors li raiet,
encontre terre en chieent les esclaces.
„Deus!" dist li cuens „or ne sai jo que face.
Sire compain, mar fut vostre barnages!
Jamais n'iert hom qui ton cors contrevaillet.

1959 Zum fehlen des *que* nach *di* vgl. AS s. 283. Im abhängigen satz
ne plëonastisch, wie oft, nach vorausgehendem negativen hauptsatz: sinn
also 'sage das nicht, dass Karl hier irgendeinen verlust gehabt habe'. —
1962 Vaillant denier: akkusativ des gerundiums 'das, was einen heller
wert ist — soviel als ein heller wert ist — eines hellers wert'. — 1963
ne de mei: wörtlich 'weder inbezug auf mich noch auf einen anderen'
— 'weder an mir, weder mir noch einem anderen'. — 1964 Aoi: findet
sich am ende zahlreicher strophen des Rolandsliedes, offenbar zur bezeichnung
des strophenabschlusses. — 1968 cez — cez: im afr. häufig im sinne des
blossen artikels gebraucht (vgl. die entwicklung des demonstrativs *illum*
zum artikel). — 1970 Qui lui veïst S. desmembrer: wörtlich 'wer an
ihm Sarazenenzerstückeln gesehen hätte' = 'wer ihn hätte S. zerstückeln
sehen' (vgl. die entsprechenden nfr. konstruktionen). Der relativsatz
mit *qui* wird zwar im folgenden, v. 72, durch *li* wieder aufgenommen,
könnte aber auch beziehungslos stehen als vertreter eines konditionalsatzes
(wie mhd. *swer* etc.): 'wenn einer — gesehen hätte'. — 1972 häufige um-
schreibungen: 'an einen wackern kämpfer hätte es ihn erinnern können'
= 'das bild eines wackeren kämpfers hätte er da sehen können'.

Voretzsch, Altfranz. Lesebuch.   4

1985 E! France dolce, com hui remandras guaste
de bons vassals, confondue e desfaite!
Li emperere en avrat grant damage."
A icest mot sor son cheval se pasmet. Aoi.

    As vos Rollant sor son cheval pasmét   151
1990 e Olivier qui est a mort nafrez,
tant ad sainiét, li ueil li sont troblét,
ne loinz ne pres ne poet vedeir si cler
que reconoisset nisun home mortel.
Son compaignon, com il l'at encontrét,
1995 sil fiert amont sor l'helme a or gemét,
tot li detrenchet d'ici jusqu'al nasel,
mais en la teste ne l'ad mie adesét.
A icel colp l'ad Rollanz reguardét,
si li demandet dolcement e soëf:
2000 „Sire compain, faites le vos de gred?
Ço'st ja Rollanz, qui tant vos soelt amer.
Par nule guise ne m'avez desfïét."
Dist Oliviers: „Or vos oi jo parler,
Jo ne vos vei, veied vos Damnes Deus!
2005 Ferut vos ai, car le me pardonez!"
Rollanz respont: „Jo n'ai nïent de mel,
jol vos pardoins ici e devant Deu."
A icel mot l'uns a l'altre ad clinét:
par tel amor as les vos desevrez.
2010   Oliviers sent que la mort molt l'angoisset: 152
ambdui li ueil en la teste li tornent,
l'oïe pert e la veüe tote.
Descent a piét, a la terre se colchet,
d'ores en altres si reclaimet sa colpe,
2015 contre le ciel ambesdous ses mains jointes,
si prïet Deu que pareïs li donget
e beneïst Charlon e France dolce,
son compaignon Rollant desor toz homes.
Falt li li coers, li helmes li embronchet,
2020 trestoz li cors a la terre li jostet:
morz est li cuens, que plus ne se demoret.

    1986 desfaite: Oxf. hs. *chaiete*, passt aber nicht zur assonanz. —
1996 Tot li detrenchet: *Tot* ist adverb, zu dat. *li* ergänze akk. *le*
(= *helme*), vgl. AS zu v. 87. — 2000 de gred: 'mit dank — mit willen,
mit absicht', wie deutsch mundartlich 'gern' in demselben sinn. — 2001
soelt amer: *soleir* (*solēre*) zur bezeichnung der fortgesetzt dauernden
handlung 'der euch stets so treu geliebt hat'. — 2002 desfïet: einem
kampf oder angriff hätte eine herausforderung vorangehen müssen. —
2006 mel: die regelrecht entwickelte hochtonform aus lat. *malum*, während
mal. die nebentonige, unter einfluss von *maldire*, *maleür* entstandene form
ist. — 2021 que — demoret: 'unter solchen umständen, dass er nicht

Rollanz li ber le ploret sil doloset,
jamais en terre n'orrez pluś dolent home.

Li cuens Rollanz quant mort vit son ami   153
2025 gesir adenz, contre orïent son vis,
molt dolcement a regreter le prist:
„Sire compaign, tant mar fustes hardiz!
Ensemble avons estét e anz e dis,
nem fesis mal, ne jo nel te forsfis.
2030 Quant tu ies morz, dolor est que jo vif."
A icest mot se pasmet li marchis
sor son cheval qu'hom claimet Veillantif.
Afermez est a ses estreus d'or fin,
2034 quel part qu'il alt, ne poet mïe chaïr.

2.

Ogier der Däne
(letztes viertel 12. jahrhunderts).

1   Tant fist li rois au castel de la marche,
sept ans i sist par vent et par orage.
Enserré ot Ogier de Danemarche:
falt li vitaille, ne set mais que il face,
5 ne il ne voit par ou fuiant s'en aille,
conseil n'i voit qui garison li fache.
Or voit li dux qu'il n'a mais c'un formage
et d'un sanglier un pis et une espaule.
Trestot son vivre a mis desus la table.
10 „Deus!" dist li dus „ne sai mais que je face."
Li dux s'asist sus un perun de marbre,
la se demente forment en son corage:
„Deus!" dist Ogiers „biaus Pere esperitable,
n'ai de vitaille que un seul denier vaille.

mehr bei sich ist' = 'tot ist der graf, nicht weilt er mehr unter den
lebenden'. *Demoret* mit *ǫ* für *ue* (< *demǫrat*) analogie nach den endungs-
betonten formen (*demǫrons, demǫrer*).

2026 Die hier um den gefallenen helden angestimmte totenklage ist
typisch für ähnliche fälle in den chansons de geste. Vgl. auch O. Zimmer-
mann, Die Totenklage in den altfr. Ch. d. g., B. 1899 (Eberings Berl. Beitr.).

2. Vgl. v. 8507—8613 der ausgabe von Barrois. Der text oben ist
im anschluss an die hs. von Tours gegeben, offenkundige fehler und ver-
sehen sind mit hilfe der übrigen hss. gebessert. Die sprache ist nicht
normalisiert, daher der text neben francischen auch viele picardische
und anglonormannische formen zeigt (vgl. *face — fache = fatŝe, ce — che,
chascun — cavel*, artikel *le* u. *li* für *la, peron — perun, lancier — lanchier —
lancer* u. a.). Formen wie *bers* für *ber* sind jungen ursprungs und kaum
dem archetypon zuzuschreiben.

4*

15 Chi m'a assis li rois od son barnage,
   la defors voi cent mil homes a armes,
   n'i a un seul de la mort ne me hace."
   Quatre jors fu Ogiers de Danemarche:
   n'ot que mengier, dont ce fu granz damages.
20 Ains a tel fain a poi qe il n'esrage,
   de jëuner a le vis taint et pale.
   Pitueçement a regardé ses armes,
   a porpenser se prist en suen corage:
   lancier ira a la tente de pale,
25 a son espiel ochira le roi Kalle.
        Mult se demente li bons Danois Ogiers,   2
   il regarda son bon hauberc doblier,
   sa bone sele et ansdeus ses estriés,
   Cortain s'espee, qi molt fist a prisier:
30 „Brans" dist li dux „molt vus doi avoir chier,
   sus maint paien vus ai fait essaier,
   en mainte coite m'avés ëu mestier."
   Trait le du fuerre, molt le vit flambïer.
   Or jura Deu qi tot a a jugier:
35 „Senpres au vespre quant il iert anuitié,
   m'en istrai fors au tref Kallon lanchier.
   Se m'i asaillent serjant et esquier,
   esproverai se m'i arés mestier."
   Dist il meïsmes: „Or le voil essaier."
40 Dreche l'amont, sus un peron le fiert,
   ne le vit fraindre, esgriner ne perchier,
   mais au peron fist trencher un quartier.
   „Brans" dist li dus „si m'aït Deus du ciel,
   or ne quit mie q'il ait millor sous ciel."
45 Il l'a ben terse, el fuerre l'embatié,
   a Broiefort est venus, son destrier,
   si li leva trestos les quatre piés:
   la ou n'ot clau, li bers li a fichié,
   si l'a defors rivé et reploié.
50 Tant l'ot pëu et doné a mengier,
   grant ot le col et le cavel plenier,
   il le tapa, cil jua volentiers
   come li beste qui bien conut Ogier.
   Li bers le ra a l'estaque loié.
55 sor un peron se rasiet entaillé,

---

    17 seul—hace: ergänze *qui*; *hace* analogische konjunctivform zu
haïr nach *face, place*. — 40 ff. erinnert sehr an den vergeblichen versuch
des sterbenden Roland, Durendal am fels zu zerschlagen. — 53 come:
nicht 'wie', sondern 'als' (kausal). — 55 entaillé: 'gemeisselt, behauen',
zu *peron*.

la se demente li gentis chevaliers:
ne set que feire, car il n'ot que mengier
et voit ses dras derous et depeciés,
ses cors meïsmes est molt afebloiés,
60 le vis ot pale, piauchelu et oissié.
A sa car nue sist ses haubers doblers,
parmi la maille en est li pels glaciés.
Cavels ot lons contreval vers ses piés,
mellé estoient, locu, recercelé,
65 piech'a ne furent ne lavé ne pignié.
Li esperon li gisent as nus piés.
Il voit son cors du tot afebloié,
dekaüe iert tote la force Ogier,
n'a fors le quir et les os gros et fiers.
70 Deu reclama qi tot a a jugier:
„Pere de glore, et car me consilliés,
secorés, sire, le vostre chevalier!
Chi m'a assis Kallemaigne au vis fier,
qui plus me het que home desous ciel,
75 decachié m'a ben a dis ans entiers.
En sa compagne a de gent cent milliers,
chascuns me het de la teste a tranchier.
Tant con j'ëusse a boire et a mengier,
ne me presissent en cest castel plenier:
80 la mers l'i bat et devant et derrier,
si que François n'i poeent aprochier,
assalt livrer ne perriere drechier
qui mal me face le montant d'un denier.
Si m'aït Deus, ne me sai consillier:
85 chi muir de fain et si n'ai que mengier —
(ben a sept jors que ne menga Ogiers).
Ains que me rende a Kallon au vis fier,
me lairai chi morir a destorbier.“
Ogiers se dreche maintenant sus ses piés,
90 vint a l'estaque la ou Corte pendié,
li bers la çaint a son flanc senestrier.
Puis a saisi maintenant son espiel,

---

60 piauchelu: francisch *peaucelu*, ableitung von *pellis* 'hautig'
(ohne fleisch) — 'von welker haut'. — 65 piech'a: francisch *piec'a* (= *il
y a une pièce*) 'es ist ein stück, eine zeitlang her — vor langer zeit, seit
langem'. Vgl. Tobler, VB. II 1 ff. — 77 de — tranchier: in hinsicht auf
den kopf zum abschneiden — auf den tod, vgl. v. 13. — 86: auffällig ist
der plötzliche übergang in die dritte person. Den vers hat der dichter
wohl erläuternd zum vorigen hinzugefügt, ohne zu bedenken, dass dadurch
die direkte rede unterbrochen wird.

tos les degrés avala du planchier,
par la posterne qi'st au mur batilliez,
95 s'en ist Ogiers coiement sans noisier.
Entre le rive et le mur entailliét,
la s'arestut li bons Danois Ogiers,
et voit François environ lui logiés
plus d'une liue aval le sabloner —
100 de terre vuide trover n'i petissiés
ou hon jetast un baston de pomer,
que ne caïst sus tente ou sus destrier.
Ogiers les vit, bien les dut resognier.
Il jure Deu qi tot a a jugier,
qu'il ne lairoit por tot l'or desous ciel
ne voist anuit au tref Kallon lancier:
107 si l'occirra, s'il puet, a son espiel.

Hs. von Tours, fol. 140 v ³ — 142 r ¹ª.

3.

Bertrand von Bar-sur-Aube
(um 1200).

A. Girart de Viane
(anfang und schluss).

1 Bone chançon plaist vos que ge vos die
de haute ystoire et de grant baronie?
Meillors ne puet estre dite n'oïe:
ceste n'est pas d'orgueil ne de folie,
5 de traïson ne de losangerie,
mais dou bernage que Jhesus beneïe,
dou plus tresfier qui onques fust en vie.
A Saint Denise, en la maistre abeïe,
dedans un livre de grant ancesserie,
10 trueve on escrit, de ce ne dout je mie:
n'ot que trois gestes en France la garnie.
Dou roi de France est la plus seignorie
et de richesse et de chevalerie.
Et l'autre aprés, bien est drois que je die,
15 c'est de Doon a la barbe florie,

---

3. Bertrand, obwohl in der östlichen Champagne zuhause, schreibt die francische schriftsprache. Das zweikasussystem wird, besonders im reim, schon häufig verletzt. B. dichtet, abgesehen von wenigen ausnahmefällen, nicht mehr in assonanzen, sondern in reimen (vgl. zu dieser frage Eugen Mündler, Der Übergang von der Assonanz zum Reim im afr. Volksepos, Diss. Halle 1914). Dem reim zuliebe verwendet er endlich auch die sonst nur in den westlichen mundarten üblichen verbalformen *avon, avron, dison* usw.

cel de Maiance qui tant ot baronie.
En son lignage ot gent fiere et hardie,
de tote France ëussent seignorie,
se il ne fussent plain de tel felonie.
20 De cel lignage ou tant ot de boisdie,
fu Guenelons, qui par sa tricherie
en grant dolor mist France la garnie,
tout furent mort entre gent paienie
        li doze per de France.
25 Oï avez dire en mainte chançon   2
que de la gent qui fut de Guenelon,
furent traï maint chevalier baron,
fier et hardi et de molt grant renom.
Tuit seignor furent de France le reion:
30 senz elz n'ëust orgueil ne traïson.
Mais por orgueil, por voir le vos dison,
ert trabuchiés en terre maint haut hom
aussi com furent, de verté le savon,
del ciel li angele qui por lor mesprison
35 trebuchié furent en infernatïon,
ou il n'avront jamais se dolor non.
Del ciel perdirent la sainte mansïon
par lor orgueil et par lor folison,
et aussi firent li parent Guenelon,
40 qui tant estoient riche de grant renon,
se il ne fussent si plain de traïson.
De cel lignage, qui ne fist se mal non,
        est la seconde geste.
La tierce geste, qui molt fist a proisier,   3
45 fu de Garin de Monglaive le fier.
De son lignage puis je bien tesmoignier
que il n'i ot ne coart ne lanier,
ne traïtor ne felon losangier.
Ainz furent sage et hardi chevalier
50 et combatant et nobile guerrier.
Ainz roi de France il ne voldrent boisier,
lor droit seignor se penoient d'aidier
et de s'enor en toz sens essaucier.
Crestïenté faisoient avancier
55 et Sarrazins confondre et essillier.
Quatre fils ot cil Guarins al vis fier,
onques ne furent si hardi chevalier,

---

21 Guenelons: germ. *Wenilo* > *Guenle*, obl. *Guenelon*, analog.
rektus mit *s Guenles-Guenes*, aus dem obl. neugebildet *Guenelons*. — 45
Monglaive: Garins herrschaft, sonst *Monglane* genannt.

mien escïent que en un jor entier
lor grant bonté ne porroie nóncier.
60 Li premiers filz, mentir ne vos enquier,
ce fu Ernalz de Biaulande le fier,
li autre aprés, si com j'oi tesmoignier,
Milles de Puille, qui tant fist a proisier,
li tierz aprés fut de Genes Renier,
65 et li quarz fut danz Girarz le guerrier.
De meillors princes ne puet on ja plaidier,
de mauvestié n'orent jor reprovier.
Mais ainz qu'il furent adoubé chevalier,
— tant furent juene et bachelier legier —
70 Garin lor pere avint grant encombrier,
que Sinagos, un paien aversier,
qui Alixandre avoit a justisier,
toute la terre lor ala chalengier,
ardoir en feu, preer et essillier.
Defors les portes n'ot vaillant un denier.
Or les secoure cil qui tot puet jugier!
77   Car or lor croist grant poine.

6318 Oï avez de Girart le baron   199
Comment il est acordez a Karlon.
6320 Au chief del terme que nommé vos avon,
en ala Karles en Espagne el reion
sus Sarrazins, cui li cors Deu mal don,
qui sa terre orent mise a destructïon.
Molt bien avez oïe la chançon
6325 comment il furent traï par Guenelon:
morz fu Rollanz et li autre baron
et li vint mile cui Deus face pardon,
qu'en Roncesvals ocist Marsilïon.
Mais d'els ici atant vos laisseron
6330 et de Girart de quoi chanté avon,
et de Renier et d'Hernaut le proudon
et d'Olivier qui 'st Rollant compaignon.
Del fil Hernaut si aprés vos diron:
c'est d'Aymeri qui tant par fut proudon,
6335   le seignor de Narbone.

Le Roman de Girard de Viane par Bertrand de Bar-sur-Aube,
Reims 1850 (Collection des poëtes de Champagne antérieurs
an seizième siècle p. p. Tarbé) s. 1—3, s. 181.

6322 li cors Deu: = Deus, vgl. Tobler, Vm. Beitr. I² 31 f. Weitere
beispiele für umschreibung mit *cors* oben V 1 22, V 5 19, Rol. 1989 u. später.

B. Aymeri de Narbonne.

1295 Charles li rois n'i fist plus demoree,
arrier s'en vait en France la loee,
avecques lui en a sa gent menee.
A Aymeri a Nerbone donee,
et avec lui lessa en la contree
1300 mil chevaliers de molt grant renomee,
qui garderont la fort citét loee,
et desfandront vers la gent desfaee.
Or lor doint Dex qu'ele soit bien gardee,
car au prendre a molt esté redoutee!
1305 A treze contes fu ainçois presantee,
et tuit li treze l'orent bien refusee.
Mes cil la prist qui ait bone duree:
c'est Aymeris a la chiere membrec,
qui en fist puis, c'est verité provee,
1310 maint fort estor et mainte grant mellec
vers Sarrazins, la pute gent desvee.
Si desfandi bien vers eus la contree
qu'il n'en perdi demie ne denree,
ainz a tant terre vers paiens conquestee
1315 que partout fu de lui la renommee:
des pors d'Espangne jusqu'a la mer betee
estoit l'ensengne Aymeri redoutee.
Mes aprés ce, sanz nule demoree,
li vint novele qui pas ne li agree:
1320 dedanz Nerbone li fu dite et contee
qu'Hernaus, ses peres, avoit vie finee,
sa mere ausin, la contesse ennoree.
Quant il se sot, dolor en a menee,
mes il voit bien qu'il n'i a recovree.
1325 Une abaïe a por eus estoree,
ou il ot puis mainte messe chantee.
N'orent plus d'oirs, c'est verité provee,
fors Aymeri a la chiere menbree:
en heritage li remest la contree
1330 qui fu Hernaut a la fiere pensee.
Molt ot grant terre et riche et asazee
cuens Aymeris, et gent molt redoutee —
or li covenist fame.

1313 demie ne denree: 'nicht den wert eines pfennigs oder hellers'. *Denier* 'denar' ist ursprünglich der silberdenar (vgl. KR 27), der 240. teil eines pfundes (*livre*), *denree* der wert eines denars, *demie* die hälfte davon.

       Adont li loënt li petit et li grant:　　　　40
1335 „Aymeris sire, por Deu ōnipotant,
    car prenez fame, n'alez plus atandant,
    dont ëussiez, biaus sire, aucun enfant
    qui del païs fust après vos tenant.
    S'estes sanz oir, ce sera dolor grant,
1340 joie en avront Sarrazin et Persant."
    Dist Aymeris: „Par le cors saint Amant,
    je n'en sai nule en cest siecle vivant,
    qui aferist a moi ne tant ne qant,
    ou ne me soit molt pres apartenant.
1345 Si m'eïst Dex, le pere tout puisant,
    se ge n'ai tele qui molt soit avenant
    et qui soit sage et de parage grant,
        je n'avrai ouan fame.
    „Seignor baron" ce a dit Aymeri　　　　41
1350 „je n'en sai nule en France n'en Berri,
    ne jusqu'a Rome, vraiement le vos di,
    qui ne me soit parente et ge a li."
    — „Sire" dist Hugues au coraje hardi
    „merveilles oi, par Deu qui ne menti!
1355 Je an sai une, par foi le vos afi,
    ainz de mes euz ausin bele ne vi:
    le vis a gent et le cors eschevi,
    mes, par ma foi, ele est molt loinz de ci,
    c'est Hermenjart au gent cors seignori.
1360 De Pavie est la dame que ge di,
    fille a un roi dont vos avez oï:
    Desïer fu cil qui l'engenoï,
    rois Bonifaces est ses freres ausi.
    A Pavie est la dame que ge di,
1365 après lor pere sont del regne sessi.
    Maint haut baron et maint conte hardi

1343 ne tant ne quant: 'weder soviel noch wieviel' = 'auch nicht im geringsten', nach negativem satz wie hier 'auch nur im geringsten'. — 1345 Si m'eïst Dex: beteuerungsformel, sonst si m'aiut Deus! 'so wahr mir Gott helfe!' Eïst erklärt sich als analogische form des conj. imperf.: aidast > aidist (vgl. plur. aidissons, -eiz) > eidist > eïst > eïst. — 1359 Hermenjart: deutsch Irmingard, mit unorganischem h (aber nicht konsonantischem: v. 1373), wie Ermelina > Hermeline. Vgl. Kalbow, Die germ Personennamen des altfr. Heldenepos, Halle 1913, s. 144. — 1365 sont-sessi: das perfekt zum reflexiven präsens, wie = il se mesfait 'er vergeht sich' — il est mesfaiz 'er hat sich vergangen', il se vante — il iert vantés 'er wird sich gerühmt haben', il s'esloigne — il est esloigniez (neben s'est esloigniez). Vgl. Tobler, Vrai aniel v. 166, Verm. Beitr. I² 146.

l'ont puis requise, por voir le vos affi,
mes ainz n'en volt un seul prendre a mari.
L'autrier venoie de requerre merci
1370 des dous apostres qui Deu furent ami,
ce est saint Pere et saint Pol autresi.
Parmi Pavie un soir m'en reverti:
cele Hermenjart au gent cors eschevi
trovai seant desoz un arc volti,
1375 quinze puceles avoit ensemble o li.
Demenda moi dont j'estoie norri,
et·ge li dis: „De la terre Aymeri.“
Por vostre amor la dame me chieri
et ennora hautement et servi,
1380 car bien avoit de vos parler oï.“
Respont li cuens: „La seue grant merci,
bon gré l'en sai, par le cors saint Remi!
Or en sai tant, par Deu qui ne menti,
se ge ne l'ai, tel plait m'avez basti,
1385 dont il morront mil home fervesti
      por l'amor la pucele.
   En non Deu, Hugues, vos la m'avez loee,   42
et maint autre homme la m'ont pieç'a nommee.
Mes, par celui qui mainte ame a sauvee,
1390 ne par la foi que ge ai presantee
Charlon de France a la barbe mellee,
se ge ne l'ai, chier sera conparee,
car mainte tor en ert acraventee
et mainte vile et arse et enbrasee
1395 et de maint cors en ert l'ame sevree!
S'ele ne m'est volentiers presantee,
Lonbart avront jusqu'a pou la mellee,
car ge irai, l'oriflanbe levee,
jusqu'a Pavie la fort citét loee.
1400 Se la pucele m'est volentiers donee,
de mon païs sera dame clamee,
et s'ele m'est escondite et veee,
por voir vos di molt ert chier conparee,
     einçois que ge m'en parte!“
1405 — „Sire“ dist Hugues, li preuz et li senez,   43
De Bargelone, qui molt fu redoutez
„se il vos plest, ja issi nel ferez.
Miendre conseils vous en sera donez,
si le feroiz, se croire me volez.

1381 La seue grant mercit: 'vermöge ihrer grossen huld', vgl.
oben s. 34, v. 24, sowie unten les lor mercis (Ivain 511). — 1398 oriflanbe:
gewöhnlich orieflambe (aurea flamma), das reichsbanner Karls d. Gr.

1410 Se il vos plest, biaus sire, or m'entendez!
Bailleroiz moi soissante homes armez,
a cleres armes, a destriers abrivez.
Bien soit chascuns vestuz et acesmez,
et de coraje hardiz et adurez.
1415 Des plus hauz homes que vos avoir porrez,
en vostre terre et aillors les querez!
Chascuns soit cuens o princes o chasez!
N'a si haut home en trestoz ces regnez,
qui tost ne viengne a vos, se le mendez,
1420 ja mar soit il de riens vostre fievez.
Tant estes vos et cremuz et doutez
que par amors iront la ou vodrez.
Quant les avroiz a Nerbone asenblez,
droit a Pavie au roi les trametez!
1425 Ja ne fera tel tans ne tex orez
que n'i soions ainz quinze jorz passez.
Se Boniface est el palés trovez,
bien li sera vos mesages contez.
Cele pucele qui tant a de biautez,
1430 requerrons nos avant par amistez,
et s'il la vee, que il soit tant osez,
nos l'anmenrons, et si en ait mal grez.
Einçois en ert maint escuz estroëz,
et maint haubers desrouz et despanez,
1435 et maint Lonbars ocis et desmenbrez." —
Aymeris l'ot, si s'en est ris assez:
„Hugues" fet il „bon conseil me donez.
Se vos ce faites que vos me devisez,
a toz jorz mes seroiz de moi amez,
1440 si vos donrai dous chastiax lez a lez,
dont vos seroiz serviz et ennorez." —
„Sire" dist Hugues „cinc cenz merciz et grez!
La dame avroiz einçois dous mois pasez
1444   ceanz dedanz Nerbone."

1420 ja mar soit il ... fievez: 'sei er auch zum unheil irgendwie
euer lehnsmann' — 'sei er auch noch so wenig euer lehnsmann'.

VII

Geschichtliche Dichtung im 12. Jahrhundert.

1.

Kreuzzugsdichtung:

Richard der Pilger, Lied von Jerusalem
(um 1130).

(Im vorausgehenden ist die einnahme und die verteidigung von Antiochia erzählt, als dessen oberbefehlshaber Bohemund von Tarent zurückbleibt. Bischof Adhemar von Le Puy weilt als päpstlicher legat im heere.)

1 Le cité ont rendue le conte Buiemont.
   Il va ens el castel qui fu en son le mont,
   puis a le tor saisie, s'i a mis garnison,
   a joie se deduisent li gent Nostre Segnor.
5 Aprés cele leece orent molt grant tristor,
   car li vesques del Pui ne vit mais quinze jors:
   devenus est malades, au cuer est angoissos.
   Devant soi a mandé les nobiles barons:
   Adan le fil Michiel, Tangré et Buiemont
10 et le conte Normant et Robert le Frison
   et le duc Godefroi qui cuer ot de lïon,
   le conte de Saint Gille atot ses compaignons
   et dant Huon le Maine frere au roi Phelipon.
   Plus tost qu'il onques pot les a mis a raison:
15 „Oiez, bon crestïïen, franc chevalier baron!
   De par Jhesu de glore vos fać anontïon:
   se n'estïes mais cent de fils Nostre Segnor,

---

   1. Das in assonanzen verfasste, zahlreiche pikardische eigentümlichkeiten zeigende stück darf noch als das werk Richards des Pilgers gelten, dessen dichtung uns sonst nur in der reimenden überarbeitung Graindors von Douai bekannt ist.

   12 atot: aus *a tot,* zum adverb ('damit') und zur präposition, daher unveränderlich geworden (*atot la robe, atot sa gent,* vgl. Tobler, AWb. *atot*). — **16 fać:** pik., = frc. *faz (fais* ist analogisch).

prendrïés Jhrl'm a joie et a baudor.
Or est venus li termes que nos departirons,
20 et fois et carités si remaigne entre vos!"
Il a levé sa main, si les a segniés tos.
L'arme s'en est alee et li cors remest sols,
li angele l'enporterent a grant processïon.
Ainc por roi ne por conte, por fil d'empereor,
25 ne fu tels li services com al vesque ot le jor
de moines et de prestres et d'abés qui i sont,
et ont lites les saumes del sautier environ,
et faites lor proieres et dites orisons,
et commanderent l'arme del nobile baron.
30 De la presse qu'il firent, li suaires deront.
Les piés li vont baisier li pelerin baron.
Molt fu riche l'ofrande c'om i dona le jor,
por çou qu'il sevent bien qu'il ert saintismes hom
si a bien maintenu l'ost Deu Nostre Seignor,
35 ainc tant com il vesqui n'i orent se bien non.
Or prïons Damedeu por son saintisme nom
k'il maintiegne tos cels qui lui vengier iront.
    Le saint evesque enportent li gent qui Deu servirent,   2
et clerc et moine et prestre illuec se revestirent:
40 a crois, a filatires, a estavels de cire,
les encensiers aportent, si vont le messe dire,
ens el mostier saint Piere qui estoit en la vile,
al cor del maistre autel l'evesque i enfaïrent,
en meïsme le fosse u li lance fu prise
45 dont Damedex fu mors quant il sofri martire.
No baron crestïien illuec se departirent:
Buiemons est remés, s'a le cité saisie.
Et li dus Godefrois est issus de la vile,
il passe Ravenel, un castel fort et rice,
50 venus est a Rohais, une cité garnie.
Quant ses frere le vit, s'en maine grant leïce,
bien conroie le duc atot sa baronie.

---

18 Jhrl'm: dreisilbig (*Jhersalem, Jrusalem, Jursalem*) wegen des
versmasses. — 27 lites: die neben *lëu — lëue* seltener gebrauchte partizip-
form (vgl. unten Wace v. 9), lautgerechtes ergebnis von lat. *lectum, -am* (vgl.
prov. *eslit eslig*). — les saumes: *saume* sowie *psaume* in der regel, gemäss
der etymologie, mask., vereinzelt aber auch fem. (so bei Froissart).
Fremdwörtlichkeit und endung bringen das geschlecht ins wanken, selbst
wörter wie *miracle* und *cantique* erscheinen im MA gelegentlich als feminina.
— 49—74 Ravenel — le Mare: ortschaften, die auf dem wege von
Antiochia nach Jerusalem liegen, nur Rohais (Edessa) liegt ausserhalb.
Lambare ist Elbara, la Lice Laodicäa (an der küste südlich Antiochia), le
Mare Marrha (11. Dezbr. 1098 erobert).

Li quens Raimons s'en va a le Tamelerie,
a force et a poëste assaillirent la vile.
55 Uns Turs s'en est issus, si a ses armes prises.
Or assalent la vile, si prendent le vitaille. 3
Uns Turs s'en est issus, si a prises ses armes,
et sist sor un ceval, les piés ot blans tos quatre,
de devant al topet ot fremee une cartre.
60 Si a tant cevalciét qu'il a porpris l'angarde.
Dans Rainals de Belvais le sien escu enbrace,
si vait ferir le Turc que mie ne l'espargne:
tant com hanste li dure, l'abat mort en l'erbage,
et a pris le destrier, a l'ost Deu s'en repaire.
65 François en furent liét, cevalerie a faite.
Rainals a pris le brief, s'a fait lire le cartre:
ço dist qu'il iert de Mieque, si conduist son barnage,
si vint por tornier et as François conbatre.
François prisent Lambare, un bon evesque i misent. 4
70 Cui caut quant il l'i misent, quant il n'i laisent mie?
Car a cel jor avoient molt poi de conpaignie,
car del duc Godefroi n'i avoient il mie.
Il laisierent Lanbare, si passent a le Lice,
et vinrent a le Mare u grant paine sofrirent.
75 Cinc semaines i furent ains qu'ëussent la vile.
D'asnes et de cevals lor i convint a vivre
et d'autres bestes mues, nel mescreés vos mie!
Auquant mangüent Turs, tels i a quis ocïent.
Une nuit va en fuere dans Raimons de Saint Gille,
80 si mena avoec lui les fieres conpaignies
ki cerquent les montaignes par dalés le marine.
As trençans de lor armes vont querant dont il vivent.
Or oiez quel vertu illuec fist Nostre Sire
de toz nos crestïens que paien i ocisent:
85 crois ont contre les cuers et devant les poitrines,

---

70 misent — n'i laisent: es wird ein bischof von Lambare ernannt,
aber nicht in L. gelassen, da es an militärischen schutz für ihn fehlt. —
77 bestes muës: schon lat. *bestia muta et sine voce*, im gegensatz zum
menschen. Vgl. Philippe von Thaon, Bestiaire 887 ff. (von der ameise):
*Quant ceste muë beste — nus mustre si bel estre, — li om meïsmement —
en deit prendre esperment*, und ebenda 2123 ff. (vom adler): *Et quant Deus
tal essample — nus mustre senz dutance — en muë creature, — si com
dit escripture, — om le deit mult mielz faire, — si com dit Bestiaire. —*
78 mangüent Turs: geschichtlich. Der chronist Foucher von Chartres
berichtet: *Plerique nostrum exasperati rabie famis absciderunt de natibus
Sarraceni jam mortui frustum unum vel duo.* — 78—90 gisarmes: auch
jusarme und *guisarme*, von ahd. *gêtîsarn* (jäteisen), eine art hiebwaffe.

vermelles comme sanc, ce lor fist Nostre Sire.
Çou estoit une cose u il forment se fïent.
    Li gens le roi Tafur ne fu pas effreee: 5
il ne portent o els ne lance ne espee,
90 mais gisarmes molues et maçues ferees.
    Li rois porte une faus qui molt fu bien tenpree:
n'a paien si armé en tote la contree,
se li rois le consiut de la faus aceree,
k'il nel porfende tot des ci qu'en la coree.
95 Molt vont bien de sa gent les compaignes serrees,
s'ont lor sas a lor cols a cordele torsee,
si ont les costés nus et les pances pelees,
et les mustels rostis et les plantes crevees.
    Par quel terre qu'il voisent, molt gastent le contree,
100 car ço iert li conpaigne qui plus ert redotee.

La Chanson d'Antioche p. p. Paulin Paris (Romans des douze
pairs de France XI. XII), P. 1848 II s. 546—48. Paul Meyer,
    Recueil d'anciens textes s. 265—68.

2.
Reimchronik:
Wace, Geste des Normanz
(1160—74).

III. Teil.

1 Pur remembrer des ancesurs	273 Richarz ama clers e clergie,
les faiz et les diz et les murs,	chevaliers e chevalerie.
les felunïes des feluns	Par nuit errout cume par jur,
e les barnages des baruns	unkes de rien nen out pöur:
5 deit l'um les livres e les gestes	maint fantosme vit e trova,
e les estoires lire as festes.	unkes de rien ne s'esfrea;
Si escripture ne fust faite	de nule rien que il veïst,
e puis par clers litte e retraite,	280 ne nuit ne jur pöur nel prist.
mult fussent choses ubliees,	Pur ceo k'il errout par nuit tant,
10 ki de viez tens sunt trespassees.	alout la gent de lui disant
	k'autresi cler par nuit veeit
	cum uns autres par jur faisoit.

92—94 satzordnung: die typische anordnung der sätze, wenn von
einem hauptsatz (A) ein nebensatz ersten grades (a) und von diesem ein
nebensatz zweiten grades (α) abhängt: A α a. Vgl. z. b. unten Wace 286
bis 88. Ähnliches im mhd. (Paul, Mhd. Gram. § 373).

    2. 1—10: Inhaltlich und grossenteils auch formell übereinstimmend
mit der einleitung des ganzen werks, v. 1—18 (ausg. Andresen I s. 11).
— 273 ff.: von Wace allem anschein nach aus der mündlichen überlieferung
geschöpft, da eine schriftliche quelle nicht nachgewiesen ist. Gemeint ist
graf Richard I. († 996), der *Richarz li vielz* des Rolandsliedes; auch in
Isembart und Gormunt tritt er auf (s. o.).

285 Custume aveit, quant il errout,
a chascun mustier k'il truvout,
se il poeit, dedenz entrout,
s'il ne poeit, defors urout.
Une nuit vint a un mustier,
290 orer voleit e Deu preier.
Luinz de sa gent alout pensant,
ariere alouent et avant.
Sun cheval aregna defors,
dedenz trova eu biere un cors:
295 juste la biere avant passa,
devant l'autel s'agenuila;
sur un leitrun ses ganz jeta,
mais al partir les oblïa.
Baisa la terre, si ura:
300 unkes de rien ne s'esfrea.
N'i aveit gueires demuré
ne gueires n'i aveit uré,
quant el mustier oï ariere
movoir le cors, cruistre la biere.
305 Turna sei por le cors veeir:
„Gis tei" dist il „ne te moveir!
Se tu es bonc u male chose,
Gis tei en pais, si te repose!"
Dunc a li quens s'urison dite —
310 ne sai se fu grande u petite —
puis dist, quant il seigna sun vis:
„Per hoc signum sancte crucis
libera me de malignis,
Domine Deus salutis!"
315 Al turner d'iluec dist itant:
„Deus, en tes mains m'alme
[cumant."
S'espee prist, si s'en turna,
et li dïables s'esdreça,
encuntre lui fu en estant,
320 braz estenduz s'estut devant,

cume s'il vousist Richart prendre
e. l'eissüe de l'us defendre.
E Richarz a le brant sachié,
le bu li a parmi trenchié,
325 travers la biere l'abati —
ne sai s'il fist noise ne cri.
Al cheval est Richarz venuz,
del cimeteire est fors eissuz,
quant de ses guanz li remembra:
330 nes vout leissier, si returna.
El chancel vint, ses guanz reprist.
Maïnt hume i a ja n'i venist.
As eglises fist cumander
e as marchiez dire e crïer
ke mais n'i ait cors sul guerpi
336 des i que l'en l'ait enfuï.

———

5317 Longue est la geste des Normanz
et a metre est grieve en
[romanz.
Se l'on demande qui ço dist,
5320 qui ceste estoire en romanz fist,
io di e dirai qui io sui:
Wace de l'isle de Gersui,
qui est en mer vers occident,
al fieu de Normendie apent.
5325 En l'isle de Gersui fui nez,
a Chaem fui petiz portez,
illoques fui a letres mis,
pois fu longues en France apris.
Quant io de France repairai,
5330 a Chaem longues conversai,
de romanz faire m'entremis,
mult en escris et mult en fis.
Par Deu aïe e par le rei
—altre fors Deu servir ne dei—

———

290 Deu preier: *Deu* ist dativ, vgl. KR 865. — 309 urison: frc. *oraison*, umgebildet nach ableitungen von der i-konjugation wie *partison, traïson, guarison.* Solche umbildungen — *venjaison>vengison; acordaison >acordison, arestaison>arestison* — begegnen sonst am häufigsten im pikardischen. — 5322 Wace-Gersui: der name *Wace* ist deutscher herkunft (d. *Wazo*). Die insel *Jersey* hiess im altertum *Caesarēa insula.* Die form *Jersui* würde eher auf *Caesareum* zurückdeuten (wie *sequitur > seut > sieut > siut > suit, tegula > teule — tieule — tiule > tuile*).

5335 m'enfu donee — Deus li rende! —
a Baieues une provende.
Del rei Henri segont vos di,
nevo Henri, pere Henri.
    Longue est l'estoire ainz
        [qu'ele fint,
5340 come Guillelmes reis devint,
e de l'enor qui li avint,
et qui sa terre aprés lui tint.
Ses faiz, ses diz, ses aventures,
que nos trovons es escriptures,
5345 fereient bien a reconter,
mais ne poon de tut parler.
Chevaliers fu proz c corteis,
par ses terres mist bones leis,

justise e pais tint fermement,
5350 ou que il pout, a povre gent.
Onques ne pout amer larron
ne compaignie de felon.
A Chaem fist dous abeïes,
ou il mist mult granz mananties;
5355 el non de Saint Estiefne fist
l'une abeïe, ou moines mist,
l'autre abeïe prist en mains
Maheut sa feme e mist no-
        [nains,
qui est de Sainte Trinité.
E por enor e por chierté
fu ele la ensepelie,
5362 si com ele ont dit en sa vie.

Maistre Wace's Roman de Rou et des ducs de Normandie,
hrsg. von Dr. Hugo Andresen, 3 bände. Heilbronn 1877—79:
II. band s. 29, 40—43, 243—45.

5337 Henri segont: gemeint ist graf Heinrich Plantagenet von Anjou,
1152 verheiratet mit Eleonore von Poitou, seit 1154 könig von England und·
herzog der Normandie, gest. 1189. — 5339 ff.: hier kommt der dichter auf
die geschichte Wilhelms I. des eroberers (1027/28—1087), seit 1035 herzog
der Normandie, seit dem siege von Hastings (1066) könig von England.
Die gründung der beiden abteien in Caen erfolgte noch vor der eroberung.
Königin Mathilde starb 2. novbr. 1083.

VIII.

Vom antiken Epos zum Roman.

Beneeits Trojaroman
(zwischen 1160 und 1170).

4637 Paris e tuit si cumpaignon
jurent la nuit a Tenedon.
Dame Heleine faiseit senblant
4640 qu'el eüst duel e ire grant,
fortment plorot, grant duel
    [faiseit,
e durement se conplaigneit,
son seignor regretot fortment,
ses freres, sa fille e sa gent,
4645 e sa lignee et ses amis,
e sa contree e son païs,
son bel seignor et sa richece
e sa biauté e sa hautece.
Ne la poeit nus conforter,
4650 quant les dames veeit plorer,
qui esteient o li ravies.

Mout amoent petit lur vies
quant lor seignors veeient pris,
auquanz navrez, plusors ocis:
4655 por poi li cuer ne lur parteient.
Ceus esgardoent e veeient,
qui lor erent seignor e pere,
oncle, nevou e fill e frere,
mais de leisir n'aveient tant
4660 qu'a eus parlassent tant ne
    [quant.
Les dames mistrent par esgart
par sei, les homes autre part.
Onques tels duels ne fu oïz
cum il faiseient, ne tels criz.
4665   Paris ne puet plus endurer:
Heleine ala reconforter,

---

1. Beneeit schreibt im wesentlichen die mundart seiner heimat, der westlichen Touraine, d. h. eine mundart, die dem schriftnormannischen sehr nahe stand. So finden wir *ei* noch als *ei* (noch nicht *oi*) bewahrt (vgl. *vei, seit, faiseit, aveir*), im imperfektum der I. konjugation die endung *ot* oder *out* (*plorot, regretot*), als betontes weibliches pronomen *el* (s. o. s. 25). Die deklination ist schon ziemlich zerrüttet, akkusativ für nominativ häufig und umgekehrt. — Der hier gegebene text aufgrund des in Mailand befindlichen codex Ambrosianus nach einer im Romanischen Seminar Halle vorhandenen abschrift. Die orthographie ist beibehalten, nur gelegentliches *ie* für *e < a* (*tiel, reconfortier*) durch *e, -eit -eient* bei imperf. der 1. konj. durch *-ot -oent, farai* durch *ferai* ersetzt, sonstige abweichungen von der hs. vermerkt. Man vergleiche den kritischen text bei Constans I 239—46.

Vers 4642: hs. *doucement.* — Vers 4659: hs. *E de l.*

s'entente meteit chascun jor
en li reconforter del plor.
Tot dreit a li en est venuz,
4670 mais merveilles s'est irascuz:
„Dame" fait il „ce que sera
ne si fait duel qui soferra?
E ce ne faut ne jor ne nuit.
Cuidez que mout ne nos enuit?
4675 Dur cuer avreit e reneié
qui vos ne ferïez pitié.
Niule riens qui vos ot plorer,
ne puet de joie remenbrer.
Avoi! Dames, confortez vos!
4680 Quar par la fei que je dei vos,
plus avreiz joie en cest païs
e plus avreiz de vos plaisirs
que vos n'avïez es contrees
dont l'on vos a ça amenees.
4685 Cil se deivent bien esmaier
qui tenu sunt en chaitivier.
Vos n'i sereiz de riens tenues,
ne a celz ne sereiz tolues
qui vos aiment ni que amez:
4690 quar toz delivres les avrez.
Celes qui lor seignors ont ci
ne s'aucune i a son ami,
si l'avra tot quite e delivre:
en ceste terre porreiz vivre
4695 a grant joie e a grant baudor,
ne vos iert faite desenor,
tot por l'amor ma dame Heleine.
N'i soferreiz dolor ne peine,
ele sole vos en guarra
4700 que ja torz faiz ne vos sera.
E au voleir de son plaisir
ferai tote Troie obeïr:
cist regnes iert en sa bailie,
bien en avra la seignorie.
4705 Ja mar avront poor de rien
cil a cui el voudra niul bien.
Riches mananz les porra faire,
ja nus ne l'en fera contraire.
A la plus povre qui ci est,
4710 porra doner, se bon li est,

plus en un jor c'onques n'en ot
ne la plus riche aveir ne pot.
Confortez vos, ne plorez mie!"
Chascune d'els merci li crie,
4715 as piez li chieent les plusors,
qu'il ait merci de lur seignors,
qui sunt destreit e en lïens.
„Toz en ferai" fait il „vos biens
e le pleisir de la reïne."
4720 Ele parfundement l'encline:
„Sire" fait el „s'estre poüst,
ja ne vousisse qu'ensi fust,
mais quant ice vei e entent
qu'il ne puet estre autrément,
4725 si nos convendra a sofrir,
peist o place, vostre plaisir.
Dex li doinst bien quil nos fera
e qui encor nos portera:
aumosne en porra grant aveir."
4730 „Dame" fait il „vostre voleir
sera si faiz e aconpliz,
come de vostre boche iert diz."
Parmi la main destre l'a prise,
sor un feutre de porpre bise
4735 sunt alé il dui conseillier,
si li comencë a preier:
„Dame" fait il „ce sachiez bien,
onques n'amai mais niulle rien,
onc mais ne soi que fu amer,
4740 onc mais ne m'i voil atorner.
Or ai mon cuer si en vos mis,
e si m'a vostre amors espris,
que de tot sui aclins a vos:
leial ami, leial espos
4745 vos serai mais tote ma vie,
d'ice seiez seüre e fie.
Tote riens vos obeïra,
e tote riens vos servira.
Se vos ai de Grece amenee,
4750 plus bele e plus riche encontree
verreiz assez en cest païs,
ou toz iert faiz vostre plaisirs.
Tot ce voudrai que vos voudreiz,
e ce que vos comandereiz."

4689: hs. *quels*. — 4693: *tot* fehlt hs. — 4696: *Ja n. v. i. fait d.* hs. —
4697: *En p.* hs. — 4714: *Ch. deles m. c.* hs. — 4715: *cheient* hs. — 4725: *Sil* hs.

4755 „Sire" fait el „ne sai que dire,
mais assez ai e duel e ire,
n'en puet aveir niulle riens plus.
Car je vei bien, se je refus
vostre plaisir, poi me vaudra.
4760 Por ce sai bien qu'il m'estovra,
voile o ne voille, a consentir
vostre buen e‿vostre plaisir,
quant desfendre ne me porreie.
De dreit neient m'escondireie,
4765 ne puis faire, ce peise a mei.
Se me portez henor e fei,
vos l'avreiz sauf lonc ma valor."
Donc ne se puet tenir de plor,
mout l'a Paris reconfortee,
4770 e merveilles l'a henoree,
mout la fist la nuit gent servir,
ce puis bien dire sanz mentir.
  Renomee qui tost s'espant,
ne se tarja ne tant ne quant.
4775 Par tote Grece a reconté
come le temple orent robé,
cum Paris e sa cumpaignie
ot Heleine prise e ravie:

tot a conté, tot a retrait
4780 ensi cum il l'aveient fait.
Mout en furent Grezeis irié,
a Menelau l'ont ja nuncié
qu'il aveit la femme perdue:
Paris la li aveit tolue,
4785 a Troie l'en aveit menee,
ja poeit estre en sa contree.
Mout fu Menelax angoissous,
dolenz e tristes e plorous.
Mout fu destreiz, mout l'en pesa,
4790 ariere a Parte s'en torna.
Nestor en amena o sei,
qui mout l'amot par bone fei:
de sa honte et de son damage
li pesa mout en son corage.
4795 Menelaus son message prent,
si l'a tramis delivrement
a un frere qui il aveit,
qui mout buens chevaliers esteit,
n'aveit en Grece plus vaillant
ne plus riche ne plus sachant:
Agamemnon iert apelez,
4802 icist fu a Parte mandez.

Codex Ambrosianus D 55 fol. 33 b¹⁹ — 34 c⁴.

4758: hs. *se je descli e je refus*. — 4789 hs. *pensa*.

Crestien von Troyes.

1.

Cligés.

575 ALIXANDRES aimme et desire
celi qui por s'amor sospire;
mes il ne set ne ne savra
de ci a tant qu'il an avra
maint mal et maint enui sofert.
580 Por s'amor la reïne sert
et les puceles de la chanbre;
mes celi don plus li remanbre,
n'ose aparler ne aresnier.
S'ele osast vers lui desresnier
585 le droit que ele i cuide avoir,
volantiers li feïst savoir;

mes ele n'ose ne ne doit.
Et ce que li uns l'autre voit
ne plus n'osent dire ne feire,
590 lor torne mout a grant contreire,
et l'amors an croist et alume.
Mes de toz amanz est costume
que volantiers peissent lor iauz
d'esgarder, s'il ne pueent miauz,
595 et cuident, por ce qu'il lor plest,
ce don lor amors croist et nest,
qu'eidier lor doie, si lor nuist:
tot aussi con cil plus se cuist,

---

1. Crestiens sprache ist die der westlichen Champagne. Charakteristisch sind für diese hauptsächlich folgende punkte: Vulglat. ǫ bleibt haupttonig *o* vor *r* oder feminin-*e*, also *enor, dolor* — *sole* gegen *preu, neveu* — *seus* (solus). Haupttonig *ai* bleibt im auslaut, wird *ei* in offener innensilbe, *ę* in geschlossener silbe, also *ai* (habeo), *ferai* — *feite* (factam) — *fet* (factum), *et* = *ait* (habeat); nebentonig *ai* > *ei*, wie *meison, reison*. Wie *en* zu *an* wird auch *e* + *ñ* zu *a*, also *enseigne* > *ensaigne, vegne* (veniam) > *vaigne*. Geschlossenes *e* vor *l* wird zu *oi*; *ę* + *l* (oder *l*) + *s* (*z*) hingegen zu -*auz*: also *soloil, consoil, mervoille*, aber rectus *solauz, consauz*, ebenso *auz* (illos), *çauz*. Aus *ę* oder *ǫ* + *l* oder *l* vor konsonant entsteht -*iau*-: also *biaus* (bellus) gegen obl. *bel, miauz* (melius), *viaut* (*volet) neben *vuelt, diaut* (dolet) *iauz* (oculos). *l* vor konsonant wird im allgemeinen *u* (*maus, miauz, consauz, iauz*), fällt aber nach *i, ü, ǫ*: *periz, fiz, nus, cos, fos* gegen *nule, fole*, auch *tes, ques* gegen *tele, quele*. Unbetontes *on, l'on* (< homo) wird zu *en* geschwächt und von da nach der allgemeinen regel zu *an, l'an* (man). Die lateinische endung -*ētis* erscheint im konj. praes. und im ind. fut. lautgemäss als -*oiz* (nicht *ez* = lateinisch -*atis*), also *parloiz, parleroiz*; lateinisch *potuissem* als *poïsse, poïsses, poïst* usw. (gegen francisch *poüsse*).

Vers 597 *si* = und doch, vgl. unten 665.

qui au feu s'aproche et acoste,
600 que cil qui arrieres s'an oste.
Adés croist lor amors et monte;
mes li uns a de l'autre honte,
si se çoile et cnevre chascuns,
que il n'i pert flame ne funs
605 del charbon qui est soz la çandre.
Por ce n'est pas la chalors mandre,
einçois dure la chalors plus
dessoz la çandre que dessus.
Mout sont andui an grant angoisse;
610 que por ce que l'an ne conoisse
lor complainte ne aparçoive,
estuet chascun que il deçoive
par faus sanblant totes les janz.
Mes la nuit est la plainte granz,
615 que chascuns fet a lui meïsmes.
D'Alixandre vos dirai primes,
comant il se plaint ét demante.
Amors celi li represaute
por cui si fort se saut grevé,
620 que en son cuer l'a ja navré,
ne nel leisse an lit reposer:
tant li delite a remanbrer
la biauté et la contenance
celi ou n'a point d'esperance,
625 que ja biens l'an doie avenir.
„Por fol" fet il „me puis tenir —
Por fol? Voiremant sui je fos,
quant ce que je pans dire n'os,
car tost me torneroit a pis.
630 An folie ai mon panser mis.
Don ne me vient il miauz celer
que fol me feïsse apeler?

Ja n'iert seü ce que je vuel.
Si celerai ce don me duel
635 ne n'oserai de mes dolors
aïe querre ne secors?
Fos est, qui sant anfermeté,
s'il ne quiert par quoi et santé
[se il la puet trover nul leu,
640 mes tes cuide feire son preu
et porquerre ce que il viaut,
qui porchace dont il se diaut].
Et qui ne la cuide trover,
por quoi iroit consoil rover?
645 Il se traveilleroit an vain.
Je sant le mien mal si grevain,
que ja n'an avrai garison
par mecine ne par poison
ne par herbe ne par racine.
650 A chascun mal n'a pas mecine:
li miens est si anracinez,
qu'il ne puet estre mecinez.
Ne puet? Je cuit que j'ai manti.
Des que primes cest mal santi,
655 se mostrer l'osasse ne dire,
poïsse je parler a mire
qui del tot me poïst eidier.
Mes mout m'est griés a aplaidier;
espoir n'i deigneroit antandre
660 ne nul loiier n'an vôldroit
[prandre.
N'est donc mervoille, se m'esmai;
car mout ai mal, et si ne sai
ques maus ce est, qui me justise,
ne sai don la dolors m'est prise.
665 Ne sai? Si faz, jel cuit savoir:

V. 626 ff. enthält eine reihe von rasch aufeinanderfolgenden, z. t. sich
kreuzenden gedanken: Alexander nennt sich zunächst selbst einen narren,
da er seine gefühle nicht laut zu gestehen wagt, was er aber unterlässt,
weil sonst der schade leicht noch grösser würde. Er macht sich dann
weiter den vorwurf, dass er seinen sinn überhaupt auf torheit gerichtet
hat und fragt sich, ob es da nicht besser wäre, die sache geheim zu halten,
als sich einen toren schelten zu lassen. Sogleich aber macht er sich den
einwand, dass er dann erst recht keine heilung für seine schmerzen finden
würde. — V. 639—642 wahrscheinlich interpoliert. — la v. 643 bezieht
sich auf 638 santé. — 658 m'est griés: subjekt der mires 'der arzt ist
mir schwierig zum anreden — es fällt mir schwer, den arzt anzureden'.
— 665 Ne sai? Si faz: Ich weiss es nicht? Ich weiss es doch. Faire

cest mal me fet Amors avoir.
Comant? Set donc Amors mal
[feire?
Don n'est il douz et de bon'eire?
Je cnidoie que il n'eüst
670 an Amor rien qui bnen ne fust,
mes je l'ai trop felon trové.
Nel set, qui ne l'a esprové,
de ques jeus Amors s'antremet.

Fos est qui devers lui se met,
675 qu'il viaut toz jorz grever les
[suens.
Par foi, ses jeus n'est mie buens,
mauvés joër se fet a lui,
car ses jeus me fera enui.
Que ferai donc? Retreirai m'an?
680 Je cuit que je feroie san,
mes ne sai, comant je le face ...

2.

Lied.

1   Amors tançon et bataille
vers son champïon a prise,
qui por li tant se travaille
qu'a desresnier sa franchise
5 a tote s'antante mise.
N'est droiz qu'a sa merci faille;
mes ele tant ne le prise
que de s'aïe li chaille.
2   Qui que por Amor m'assaille,
10 sanz loiier et sanz faintise
prez sui, qu'an l'estor m'an aille,
que bien ai la peine aprise.
Mes je criem qu'an mon servise
guerre et aïe li faille.
15 Ne vuel estre en nule guise
si frans qu'an moi n'et sa taille.
3   Nuls s'il n'est cortois et sages,
ne puet d'Amor rien aprandre;
mes tes an est li usages,

---

als sogenanntes verbum vicarium; *si* so, unter diesen umständen — trotz-
dem doch. — 668 eire: wegen etymologie und geschlecht vgl. Meyer-
Lübke, EWb 276, und Tobler, Afr. Wb *aire*.

2. Bemerkungen. V. 6 qu'a sa merci faille: subjekt *li champions*
'nicht billig ist es, dass er einen mangel habe in ihrer (d. i. der *Amor*)
gnade — dass er ihrer gnade entbehre'. — V. 9 ff.: mit dieser strophe
geht der dichter aus der 3. person (i. e. *li champions*) in die 1. über. —
13: en mon servise: dienst — lehnsdienst — minnedienst, so hier: 'bei
meinem minnedienen'. — 15—16 frans: ist im gegensatz zu *servise*
gedacht; taille bedeutet 'steuer', weiterhin 'steuergewalt', hier wie öfter
in übertragenem sinn von der liebe, vgl. z. b. Eneas 8078, wo es von
Lavinia heisst: *Bien l'a Amors mise en sa taille.*

20 dont nus ne se set deffandro,
   qu'ele vuet l'antree vandre:
   et ques an est li passages?
   Reison li covient despandre
   et metre mesure an gages.
4   Fos cuers legiers et volages
   ne puet rien d'Amor aprandre.
   Tes n'est pas li miens corages
   qui sert sanz merci atandre.
   Einz que m'i cuidasse prandre,
30 fu vers li durs et sauvages;
   or me plest, sanz reison randre,
   que ses preus soit mes damages.
5   Mout m'a chier Amors vandüe
   s'enor et sa seignorie,
35 qu'a l'antree ai despandue
   mesure et reison guerpie.
   Lor consauz ne lor aïe
   ne me soit jamais randue.
   Je lor fail de compaignie,
40 n'i aient nule atandue.
6   D'Amor ne sai nule issue,
   ne ja nus ne la me die,
   muër puet an ceste mue
   ma plume tote ma vie;
45 mes cuers n'i muëra mie.
   s'ai an celi m'atandue
   que je criem que ne m'ocie,
   ne por ce cuers ne remue.
7   Se mercis ne m'an aïe

---

21 ff. ist unter dem bilde eines eintrittszolles oder weggeldes (*passage*)
gedacht, das man in gestalt von *reison* und *mesure* entrichten oder ver-
pfänden muss, um zur wahren liebe zu gelangen (vgl. unten 35). — 26:
= v. 18. — 28 sanz merci atandre: derselbe gedanke wie oben v. 10
sanz loïier. — 29—30: subjekt zu *cuidasse* ist *Amors*, zu *fu* das voraus-
gehende *corage*. — 39—40: 'Ich fehle ihnen (i. e. *reison et mesure*) in
bezug auf genossenschaft — ich verzichte auf ihre genossenschaft'. Das
folgende abhängiger nebensatz mit fehlendem *que* oder selbständiger
wunschsatz: 'nicht mögen sie weiter erwartung darauf (d. h. auf *compaignie*)
setzen'. — 41 issue: im gegensatz zu *antree* 21 und 35. Im folgenden
ein neues bild: der in die gewalt der liebe geratene als ein im mauser-
käfig (*mue*) befindlicher jagdvogel. Äusserlich kann er sich wohl ver-
ändern, aber nicht im herzen: er hofft auf die, von welcher er den tod
fürchten muss, und doch lässt sein herz darum nicht von ihr ab.

50 et pitiez, qui est perdue,
    tart iert la guerre fenie
    que j'ai lonc tens maintenue.

J. Brakelmann, Les plus anc. chansonniers français, P. 1870—1891,
s. 44 ff. (nach der Berner hs. wie hier, jedoch sind die sprachformen
hier nach Foerster uniformiert). W. Foerster, Kristian von Troyes,
Halle 1914, s. 205 f.

3.

Ivain.

Mout fui bien la nuit ostelez,
270 et mes chevaus fu anselez
lués que l'an pot le jor veoir,
car j'an oi mout proiié le soir;
si fu bien faite ma proiiere.
Mon buen oste et sa fille chiere
275 a saint Esperit comandai,
a trestoz congié demandai,
si m'an alai lués que je poi.
L'ostel gueires esloignié n'oi
quant je trovai an uns essarz
280 tors sauvages et espaarz
qui s'antreconbatoient tuit
et demenoient si grant bruit
et tel fierté et tel orguel,
se le voir conter vos an vuel,
285 que de peor me tres arriere;
que nule beste n'est plus fiere
ne plus orguelleuse de tor.
Un vilain qui ressanbloit mor,
grant et hideus a desmesure,
290 (einsi tres leide creature,
qu'an ne porroit dire de boche),
vi je seoir sor une çoche,
une grant maçue an sa main.
Je m'aprochai vers le vilain,
295 si vi qu'il ot grosse la teste
plus que roncins ne autre beste,
chevos meschiez et front pelé,
s'ot plus de deus espanz de lé,

oroilles mossues et granz
300 autés cum a uns olifanz,
les sorciz granz et le vis plat,
iauz de choëte et nes de chat,
boche fandue come los,
danz de sangler, aguz et ros,
305 barbe noire, grenons tortiz,
et le manton aers au piz,
longue eschine, torte et boçue.
Apoiiez fu sor sa maçue,
vestuz de robe si estrange
310 qu'il n'i avoit ne lin ne lange,
ainz ot a son col atachiez
deus cuirs de novel escorchiez
de deus toriaus ou de deus bués.
An piez sailli li vilains lués
315 qu'il me vit vers lui aprochier.
Ne sai s'il me voloit tochier,
ne ne sai, qu'il voloit anprandre,
mes je me garni de defandre
tant que je vi, que il s'estut
320 an piez toz coiz, si ne se mut,
et fu montez dessor un tronc,
s'ot bien dis et set piez de lonc;
si m'esgarda et mot ne dist
ne plus qu'une beste feïst;
325 et je cuidai que il n'eüst
reison ne parler ne seüst.
Totes voies tant m'anhardi,
que je li dis: „Va, car me di,

---

3. 269 **la nuit**: akk. der zeit, 'zur nachtzeit, über nacht'. — 279 **uns
essarz**: *un* im plural = irgendwelche, einige, vgl. AS 256. — 280 **espaarz**:
herkunft und bedeutung unsicher, vielleicht 'wild' (zu *espave* herrenlos)
oder 'verschnitten' (lat. *spado*). — 288 **ressanbloit mor**: *ressembler*,
aus *re + simulare*, afr. mit akk., erst nfr., nach *être semblable* u. ä., mit dativ.

se tu es buene chose ou non!"
330 Et il me dist: „Je sui uns hon."
„Ques hon es tu?" — „l'es
    ⌈con tu voiz.
Je ne sui autre nule foiz."
„Que fes tu ci?" — „Je m'i estois,
si gart cez bestes par cest bois."
335 „Gardes? Por saint Pere de
    ⌈Rome!
Ja ne connoissent eles home.
Ne cuit qu'an plain ne an boschage
puisse an garder beste sauvage
n'an autre leu por nule chose,
340 s'ele n'est liiée ou anclose."
„Je gart si cestes et justis,
que ja n'istront de cest porpris."
„Et tu comant? Di m'an le voir!"
„N'i a celi qui s'ost movoir,
345 des qu'eles me voient venir.
Car quant j'an puis une tenir,
si la destraing par les deus corz
as poinz que j'ai et durs et forz,
que les autres de peor tranblent
350 et tot anviron moi s'assanblent
aussi con por merci criër;
ne nus ne s'i porroit fiër
fors moi, s'antr'eles s'estoit mis,
que maintenant ne fust ocis.
355 Einsi sui de mes bestes sire:
et tu me redevroies dire,
ques hon tu ies et que tu quiers."
„Je sui, ce voiz, uns chevaliers,
qui quier ce que trover ne puis;
360 assez ai quis et rien ne truis."
„Et que voldroies tu trover?"

„Avantures por esprover
ma proësce et mon hardemant.
Or te pri et quier et demant,
365 se tu sez, que tu me consoille
ou d'avanture ou de mervöille."
„A ce" fet il „faudras tu bien:
d'avanture ne sai je rien,
n'onques mes n'an oï parler.
370 Mes se tu voloies aler
ci pres jusqu'a une fontainne,
n'an revandroies pas sanz painne,
se tu li randoies son droit.
Ci pres troveras or androit
375 Un santier qui la te manra.
Tote la droite voie va,
se bien vians tes pas anploiier,
que tost porroies desvoiier,
qu'il i a d'autres voies mout.
380 La fontainne verras qui bout,
s'est ele plus froide que marbres.
Onbre li fet li plus biaus arbres,
qu'onques poïst feire Nature.
An toz tans la fuelle li dure,
385 qu'il ne la pert por nul iver,
et s'i pant uns bacins de fer
a une si longue chaainne
qui dure jusqu'an la fontainne.
Lez la fontainne troveras
390 Un perron tel, con tu verras
(mes je ne te sai dire quel,
que je n'an vi onques nul tel),
et d'autre part une chapele
petite, mes ele est mout bele.
395 S'au bacin vians de l'eve prandre
et dessor le perron espandre,

---

330 hon: ursprünglich nebentonige form von *homo* (= *on* man), hier
wie auch sonst öfter substantiv (= *huem*). — 335 Pere: aus *Petrum*,
nebenform zur regelrechten hochtonigen form *Pierre*. — 341 cestes:
analogische neubildung für älteres *cez* (vgl. vers 334). — 356 redevroies
dire: 'du solltest mir deinerseits sagen'. Diese häufige bedeutung
von *re-* in komp. ergibt sich aus der eigentlichen bedeutung 'zurück'.
Beachte auch die verknüpfung des *re-* mit dem hilfsverb. — 365 consoille:
imperativ im abhängigen wunschsatz statt des konj., häufiges anakoluth
wie auch mhd. (*ich wil dir sagen, waz du tuo* u. ä.). Vgl. Tobler, VB I² 27.
— 378—379: beide que sind kausal 'denn du könntest, weil es … gibt'.

la verras une tel tanpeste
qu'an cest bois ne remandra
[beste,
chevriaus ne dains ne cers ne
[pors,
400 nes li oisel s'an iśtront fors;
car tu verras si foudroiier,
vanter et arbres peçoiier,
plovoir, toner et espartir,
que, se tu t'an puez departir
405 sanz grant enui et sanz pesance,
tu seras de meillor cheance ·
que chevaliers, qui i fust onques."
Del vilain me parti adonques,
qui bien m'ot la voie mostree.
410 Espoir si fu tierce passee
et pot estre pres de midi,
quant l'arbre et la chapele vi.
Bien sai de l'arbre, c'est la fins,
que ce estoit li plus biaus pins
415 qui onques sor terre creüst.
Ne cuit qu'onques si fort pleüst,
que d'eve i passast une gote,
einçois coloit par dessus tote.
A l'arbre vi le bacin pandre
420 del plus fin or qui fust a vandre
onques ancor a nule foire.
De la fontainne poez croire
qu'ele boloit com eve chaude.
Li perrons fu d'une esmeraude,
425 perciez aussi com une boz,
s'i ot quatre rubiz dessoz
plus flanboianz et plus vermauz
que n'est au matin li solauz,
quant il apert an oriant.
430 Ja, que je sache, a escïant
ne vos an mantirai de mot.
La mervoille a veoir me plot
de la tanpeste et de l'orage,
don je ne me ting mie a sage;
435 que volantiers m'an repantisse

tot maintenant, se je poïsse,
quant je oi le perron crosé
de l'eve au bacin arosé.
Mes trop an i versai, ce dot;
440 que lors vi le ciel si derot,
que de plus de quatorze parz
me feroit es iauz li esparz,
et les nues tot pesle mesle
gitoient noif et pluie et gresle.
445 Tant fu li tans pesmes et forz
que çant foiz cuidai estre morz
des foudres, qu'antor moi
[cheoient,
et des arbres, qui depeçoient.
Sachiez que mout fui esmaiiez
450 tant que li tans fu rapaiiez.
Mes Deus tant me rasseüra,
que li tans gueires ne dura
et tuit li vant se reposerent:
Quant Deu ne plot, vanter
[n'oserent.
455 Et quant je vi l'er cler et pur
de joie fui toz a seür;
que joie, s'onques la conui,
fest tost oblïer grant enui.
Des que li tans fu trespassez,
460 vi sor le pin tant amassez
oisiaus (s'est qui croire m'an
[vuelle),
qu'il n'i paroit branche ne fuelle,
que tot ne fust covert d'oisiaus,
s'an estoit li arbres plus biaus.
465 Et trestuit li oisel chantoient
si que trestuit s'antracordoient,
mes divers chanz chantoit
[chascuns;
qu'onques ce que chantoit li uns,
a l'autre chanter n'i oï.
470 De lor joie me resjoï,
s'escoutai tant qu'il orent fet
lor servise trestot a tret;

---

413 c'est la fins: 'das ist sicher, ausgemacht' (Tobler). — 461 s'est
qui: 'wenn es einen gibt, der . . .' — 463 que tot ne fust covert:
subjekt ist *tot* 'das nicht alles (an dem baum) mit vögeln bedeckt ge-
wesen wäre' (F.).

qu'ains mes n'oï si bele joie
ne mes ne cuit que nus hon l'oie,
475 se il ne va oïr celi,
qui tant me plot et abeli,
que ja m'an dui por fol tenir.
Tant i fui que j'oï venir
chevaliers, ce me fu avis,
480 bien cuidai que il fussent dis:
tel noise et tel fraint demenoit
uns seus chevaliers, qui venoit.
Quant je le vi tot seul venant,
mon cheval restrains maintenant,
485 n'au monter demore ne fis;
et cil come mautalantis
vint plus tost qu'uns alerïons,
fiers par sanblant come lions.
De si haut, come il pot criër,
490 me comança a desfiër
et dist: „Vassaus, mout m'avez
[fet
sanz desfïance honte et let.
Desfiër me deüssiez vos,
s'il eüst querele antre nos,
495 ou au mains droiture requerre,
ainz que vos me meüssiez guerre.
Mes se je puis, sire vassaus,
sor vos retornera li maus
del domage, qui est paranz:
500 anviron moi est li garanz
de mon bois, qui est abatuz:
plaindre se doit, qui est batuz:
et je me plaing, si ai reison,
que vos m'avez de ma meison
505 Chacié a foudres et a pluie.
Fet m'avez chose, qui m'ennuie,
et dahez et, cui ce est bel!
Qu'an mon bois et an mon chastel
m'avez feite tel anvaïe,
510 que mestier ne m'eüst aïe
de jant ne d'armes ne de mur.

Onques n'i ot home a seür
An forteresce, qui i fust
de dure pierre ne de fust.
515 Mes sachiez bien que des or mes
n'avroiz de moi triues ne pes."
A cest mot nos antrevenimes,
les escuz anbraciez tenimes,
si se covri chascuns del suen.
520 Li chevaliers ot cheval buen
et lance roide, et fu sanz dote
plus granz de moi la teste tote.
Einsi del tot a meschief fui,
que je fui plus petiz de lui
525 et ses chevaus plus forz del mien.
Parmi le voir, ce sachiez bien,
m'an vois por ma honte covrir.
Si grant cop con je poi ferir,
li donai, qu'onques ne m'an fains,
530 el conble de l'escu l' atains,
s'i mis trestote ma puissance
si qu'an pieces vola ma lance.
Et la soe remest antiere,
qu'ele n'estoit mie legiere,
535 ainz pesoit plus au mien cui-
[dier
que nule lance a chevalier;
qu'ains nule si grosse ne vi.
Et li chevaliers me feri
si roidemant que del cheval
540 parmi la crope contre val
me mist a la terre tot plat,
si me leissa honteus et mat,
qu'onques puis ne me regarda.
Mon cheval prist e moi leissa,
545 si se mist arriere a la voie.
Et gié qui mon roi ne savoie,
remés angoisseus et pansis.
Delez la fontainne m'assis
un petit, si me reposai.
550 Le chevalier siure n'osai,

489 De si haut, come: *haut* 'muss örtlich genommen werden ...
vielleicht ist der ankommende auf der anhöhe gedacht' (F.). — 500—501:
de mon bois ist der genetivus epexegeticus zu *garanz* 'rings um mich her
ist der in meinem gefällten wald bestehende zeuge — mein wald als zeuge'.
— 543 que — ne: ohne dass, ohne zu, vgl. AS s. 282.

que folie feire dotasse.
Et se je bien siure l'osasse,
ne soi je que il se devint.
An la fin volantez me vint,
555 qu'a mon oste covant tandroie
et que par lui m'an revandroie.
Einsi me plot, einsi le fis;
mes mes armes totes jus mis
por aler plus legieremant,
560 si m'an reving honteusemant.
Quant je ving la nuit a l'ostel,
trovai mon oste tot autel,
aussi lié et aussi cortois,
come j'avoie fet einçois.
565 Onques de rien ne m'aparçui,

ne de sa fille ne de lui,
que mains volantiers me veïssent
ne que mains d'enor me feïssent
qu'il avoient fet l'autre nuit.
570 Grant enor me porterent tuit,
les lor merciz, an lor meison
et disoient qu'onques mes hon
n'iert eschapez, que il seüssent
ne qu'il oï dire l'eüssent,
575 de la don j'estoie venuz,
que n'i fust morz ou retenuz.
Einsi alai, einsi reving,
au revenir por fol me ting.
Si vos ai conté come fos
580 ce qu'onques mes conter ne vos."

Christian von Troyes, hrsg. v. W. Foerster, II, Yvain, Halle 1887,
s. 8—23. Roman. Bibliothek 5³ 1902, s. 5—16; Textausgabe 1913 s. 6—17.

---

553 que — devint: *devenir* mit refl. pron. = nfr. einfachem devenir
'was aus ihm geworden, wo er hingekommen war'. — 561 avoie fet:
faire als verbum vicarium (vgl. oben s. 71 f.), hier also = *trover*.

X.

Höfische Dichtung neben Crestien.

1.

Chanson von
Conon von Béthune.

1   Ahi, Amours! com dure departie
me covenra faire de le meillour
ki onkes fust amee ne servie!
Deus me ramaint a li, par se douchour,
5 si·voirement ke m'en part a dolour!
Las, k'ai jou dit? Ja ne m'en part jou mie!
Se li cors vait servir nostre Seignour,
li cuers remaint dou tout en se baillie.

2   Por li m'en vois sospirant en Surie,
10 car je ne doi fallir men creatour.
Ki li faura a chest besoing d'aïe,
sachiés ke il li faura a graignour!

---

1. Die wesentlichsten eigentümlichkeiten des vom dichter gebrauchten pikardischen dialektes sind die folgenden: scheidung von gedecktem *en* und *an*; entwicklung eines *e* neben *r* in futurformen wie *naisteront*; erhaltung von *c* vor *a* (*canter, cascuns*); übergang von *c* vor *e*, *i*, von *ci̯* sowie *ti̯* nach kons. zu *tš* (*chertes = certes < certā, chi = ci; douchour = dolçor, fache = face; puissanche*); fehlen des übergangslautes *d* wie in *covenra, faura = faldra*; frühzeitiger übergang von auslautendem *z > s* (*ariés, sains*); entwicklung oder bewahrung der schwachtonigen artikel- und pronominalformen *le = la, se = sa, sen = son, men = mon*; die analogischen (aus *noz, voz* gebildeten) pronominalformen *no, vo* für *nostre, vostre*.

7—8: Ein beliebter gedanke, ähnlich in desselben dichters zweitem kreuzzugslied: *Si en sui mout endroit l'ame joians, — mais dou cors ai et pitié et pesanche*. Vgl. auch Friedrich von Hausen (Minnesangs Frühling s. 47, neu bearbeitet von Fr. Vogt 1911, s. 56): *Min herze und min lip diu wellent scheiden, diu mit ein ander varnt nu manige zît* ... Weitere parallelen bei Mätzner, Afr. Lieder s. 132.

Et sachent bien li grant et li menour
ke la doit on faire chevalerie
15 ou on conkiert paradis et honour
et los et pris et l'amour de s'amie!

3   Deus! tant avons esté prou par oiseuse,
ore i parra ki a chertes iert preus.
S'irons vengier le honte doloreuse,
20 dont cascuns doit estre iriés et honteus;
car a no tens est perdus li sains leus
ou Deus sofri por nous mort angoisseuse.
S'ore i laissons nos anemis morteus,
a tous jours mais iert no vie honteuse.

4   Ki chi ne veut avoir vie anoieuse,
si voist por Deu morir liés et joieus,
ke chele mors est douche et savoreuse
dont on conkiert le regne prechïeus,
ne ja de mort n'en i morra uns seus,
30 ains naisteront en vie glorïeuse.
Ki revenra mout sera ëureus:
a tous jours mais en iert honours s'espeuse.

5   Tuit li clergié et li home d'eage
ki en aumosne et en bien fait manront,
35 partiront tuit a chest pelerinage,
et les dames chi castement vivront
et loiauté feront a chiaus ki vont;
et s'eles font par mal conseil folage,
a lasches gens et mauvais le feront,
40 car tuit li bon iront en chest voiage.

6   Deus est assis en sen saint iretage!
Ore i parra com chil le secorront
cui il jeta de le prison ombrage,
cant il fu mors en le crois ke Turc ont.
45 Sachiés: chil sont trop honi ki n'iront,
s'il n'ont poverte o vieilleche o malage;
et chil ki sain et juene et riche sont,
ne pueent pas demorer sans hontage.

7   Las! je m'en vois plorant des eus dou front
la ou Deus veut amender men corage,
et sachiés bien c'a le meillour dou mont
52 penserai plus ke ne fas au voiage!

Chansons de Conon de Béthune, éd. critique p A. Wallensköld,
Helsingfors 1891, s. 224—28 (pik.). Bédier et Aubry, Chansons
de Croisade, s. 27—37 (francisch).

2.
Chanson von
Guillaume von Ferrières.

1 Quant la saisons del dolz tens s'assegure,
 que bels estez se referme et esclaire,
 et tote riens a sa dolce nature
 vient et retrait, se trop n'est de male aire,
5 chanter m'estuet, car plus ne me puis taire,
 por conforter ma cruël aventure,
 qui m'est tornee a grant mesaventure.

2 J'aim et desir ce qui de moi n'a cure,
 las! qu'en puis je, amors le me font faire!
10 Or me hait plus que nule creature,
 et as altres la voi si debonaire!
 Deus! por quoi l'aim, quant je ne li puis plaire?
 Or ai je dit folie sens droiture,
 qu'en bien amer ne doit avoir mesure.

3 A ma dolor n'a mestier coverture,
 si sui sospris que je ne sai que faire:
 mar acointai sa tresdolce faiture
 por tel dolor et por tel mal atraire
 que ce me fait que nuls ne puet desfaire
20 fors ses gens cors, qu'envers moi est si dure,
 qu'a la mort sui, se sa guerre me dure!

4 Amors, amors, je muir et sans droiture:
 certes, ma mort vos deveroit mesplaire,
 car en vos ai mise tote ma cure
25 et mes pensers dont j'ai le jor cent paire:
 s'or vos devoit mes bels services plaire,
 si en seroit ma joie plus sëure,
 on dist pieç'a qu'il est de tot mesure.

5 Que cruëls fait li cuers qui li otroie
 moi a grever, dont ele est si certaine,
 qu'en tot le mont plus ne demanderoie
 fors que s'amor, qui a la mort me maine.
 S'ele m'ocit, molt fera que vilaine,
 et s'ensi est que por li morir doie,
35 ce est la mort dont mielz morir voldroie!

Eduard Mätzner, Altfranz. Lieder, Berlin 1853, s. 4—6, 119 ff.
Brakelmann, Les plus anciens Chansonniers français (Continuation),
Marburg 1896, s. 32.

---

2. 4 de male aire: vgl. oben s. 72 zu Cligés 668. — 11 debonaire:
aus *de bone aire*, früh zu einem wort 'gutartig' geworden, da schon afr.
die ableitung *debonaireté* vorhanden ist.

3.

Tenzone

zwischen Gace Brulé und einem grafen der Bretagne.

1   „Gasse, par droit me respondez!
de vos le me couvient oïr:
se je me sui abandonnez
loiaument a amor servir,
5 et cele me vueille traïr
a cui m'estoie abandonez,
dites moi, lequel me loëz,
ou del atendre, ou del guerpir?"

2   „Sire, n'en sui pas esgarez,
de ce sai bien le mieus choisir:
se finement de cuer amez
et loial sont vostre desir,
n'i a nïant de repentir,
mais a vostre pooir servez;
15 nuls n'iert ja tant d'amor grevez,
qu'ele ne poist cent tans merir."

3   „Qu'est ce, Gasse, estes vos
[desvez?
me volez vos afoletir?
Ceste amor, que vos me loëz,
20 devroit touz li mondes haïr.
Touz jours amer, et puis morir!
Vilainement me confortez.
Quant j'en ai les maus endurez,
lors en devroie bien joïr."

4   „Sire, por Dieu, or entendez!
A droit et raison maintenir,

cuers qui bien est enamorez,
coment puet il d'amor partir?
Nes que je puis blons devenir,
30 n'en poroit il estre tornez.
Se vos plet, de ce me crëez
qu'ami traï muerent martir."

5   „Gasse, bien sai que vos pensez,
mes amor lais a covenir;
35 ne sui pas si amesurez,
que je plus li vueille obeïr;
ne poroie plus consentir
ses felenesses cruautez,
et vos qui goutes n'i veëz,
40 ne vos en savez revenir."

6   „Sire, onc mes pues que je fui
[nez,
ne vos vi de rien esbahir;
ou la raison ne m'escoutez,
que le voir ne volez oïr.
45 Coment se puet avelenir
fins cuers et loiaus volentez?
Laidement vers amor fausez,
s'einsi vos en volez partir."

7   „Gasse, si fais quant je m'aïr:
tonz est li genz cors oblïez,
et ses dous vis fres colorez.
Ja ne quier mes que j'en sospir."

---

3. 5 Et — vueille: dieselbe konjunktivkonstruktion im weiter-
geführten bedingungssatz wie im nfr. mit *que*, aus zwei ursprünglich ge-
trennten bedingungssätzen zu erklären (*si je me suis abandonné, qu'elle
me veuille trahir* ... = 'wenn ich mich ergeben habe, gesetzt den fall,
dass sie ...' vgl. Tobler, Sitz.-Ber. d. Berliner Akad. Phil.-hist. Kl. 1901
XI 243 ff. — 7—8 lequel — del at. ou del g.: auch nfr. noch geläufige
konstruktion mit *de*, aus einer attraktion + ellipse zu erklären (*lequel des
deux, ou l'at. ou le g.* > *lequel des deux, ou de l'at. ou del g.* > *lequel, ou
de l'at. ou del g.* Vgl. auch Th. Kalepky, ZfSL 40 (1912—13) 111 ff. —
4 A — maintenir: konditional 'wenn es — aufrecht erhalten will', zum
hauptsatz gehörig. — 5 amor lais a covenir: ich lasse liebe sich aus
der angelegenheit herausziehen, überlasse es der liebe usw. ...

8   „Sire, mout a vilain loisir | se il est d'amors sormenez,
    fins amis haïz ou amez, | 56 s'il por ce la vuet relenquir.“

Chansons de Gace Brulé p. p. G. Huet, Sdat, P. 1902,
s. 28—31.

4.

Tristan:

Bérol, Tristan und Isolde in der Waldlaube.

1774 Seignor, ce fu un jor d'esté,
en icel tens que l'en aoste,
un poi aprés la Pentecoste.
Par un matin, a la rousee,
li oisel chantent l'ainzjornee,
Tristran de la loge ou il gist,
1780 çaint s'espee, tot sol s'en ist,
l'arc Qui-ne-faut vet regarder,
parmi le bois ala berser.
Ainz qu'il venist, fu en tel
[paine …
Fu ainz mais gent tant ëust
[paine?
1785 Mais l'un por l'autre ne le sent,
bien orent lor aaisement.
Ainz, puis le tens que el bois
[furent,
deus genz itant de tel ne burent,
ne, si conme l'estoire dit,
1790 la ou Berox le vit escrit,
nule gent tant ne s'entramerent
ne si griment nu conpererent.
La roïne contre lui live.
Li chauz fu granz, qui mot les
[grive.

1795 Tristran l'acole et il dit ce:
„ . . . .“ —
„Amis, ou avez vos esté?“
„Aprés un cerf qui m'a lassé:
tant l'ai chacié que tout m'en
[duel,
1800 somel m'est pris, dormir me
[vuel.“
La loge fu de vers rains faite,
de leus en leus ot fuelle atraite,
et par terre fu bien jonchie.
Yseut fu premire couchie;
1805 Tristran se couche et trait
[s'espee,
entre les deus chars l'a posee.
Sa chemise out Yseut vestue
— se ele fust icel jor nue,
merveilles lor fust mescheoit!—
1810 et Tristran ses braies ravoit.
La roïne avoit en son doi
un anel d'or del don le roi,
o esmeraudes planteïz.
Mervelles fu li dois gresliz:
1815 a poi que li aneaus n'en chiet.
Oëz com il se sont couchiét:

---

4. Die mundart des stückes ist im allgemeinen ostnormannisch. Jedoch zeigt die einzige überlieferte handschrift noch manche eigentümlichkeiten, die benachbarten oder auch entlegenern mundarten gehören (wie 1803 f. *jonchie : couchie = jonchiee : couchiee*, 1933 *lié = li*; 1793 f. *live : grive = lieve : grieve*; *tenet = tenoit* u. ä.; *nel > nu* wie *del > du*).

1781 l'arc Qui-ne-faut: die erfindung der *arc* genannten, für den fang grosser wie kleiner tiere berechneten falle wird v. 1747 ff. dem Tristan selbst zugeschrieben. — 1783—84: lücke, da das folgende Tristans rückkehr voraussetzt. — 1796: lücke. — 1800 somel m'est pris: die konstruktion wird durch beispiele verständlich wie v. 261 *Itel pitié au cor li prist*, 2114 *poor li prist*. — 1805 f.: das blanke schwert als zeichen keuschen beilagers, vgl. B. Heller, Romania 36 (1907) 37 ff., 37 (1908) 162 f.

6*

desoz le col Tristran a mis
son braz, et l'autre, ce m'est vis,
li out par dedesus geté.
1820 Estroitement l'ot acolé,
et il la rot de ses braz çainte.
Lor amistié ne fu pas fainte.
Les bouches furent pres asises,
et neporquant si ot devises
1825 que n'asenbloient pas ensenble.
Vent ne cort ne fuelle ne trenble.
Uns rais decent desor la face
Yseut, que plus reluist que
                    [glace.
Eisi s'endorment li amant,
1830 ne pensent mal ne tant ne quant.
N'avoit qu'eus deus en cel païs,
quar Governal, ce m'est avis,
s'en ert alez o le destrier,
aval el bois au forestier.
1835   Oëz, segnors, quel aventure:
tant lor dut estre pesme et dure!
Par le bois vint uns forestiers,
qui avoit trové lor fulliers
ou il erent el bois gëu.
1840 Tant a par le fuellier sëu
qu'il fu venuz a la ramee
ou Tristran out fait s'aünee.
Vit les dormanz, bien les connut:
li sans li fuit, esmarriz fut.
1845 Mot s'en vet tost, quar se
                    [doutoit:
bien sot, se Tristran s'esvelloit,
que ja n'i metroit autre ostage,
fors la teste lairoit en gage.
Se il s'en fuit, n'est pas mervelle,
1850 du bois s'en ist, cort a mervelle.
Tristran avoc s'amie dort —
par poi qu'il ne reçurent mort.
D'iluec endroit ou il dormoient,
qui, deus bones liues estoient
1855 la ou li rois tenet sa cort.
Li forestier grant erre acort,
quar bien avoit oï le ban
que l'en avoit fait de Tristran:

cil qui au roi en diroit voir,
1860 asez aroit de son avoir.
Li forestier bien le savoit:
por c'acort, il a tel esploit.
Et li rois Marc en son palais
o ses barons tenoit ses plaiz:
1865 des barons ert plaine la sale.
Li forestier du mont avale
et s'en est entré, mot vait tost.
Pensez que onc arester s'ost
des i com' il vint as degrez
1870 de la sale? Sus est montez.
Li rois le voit venir grant erre,
son forestier apele en erre:
„Sez noveles, que si tost viens?
Ome senbles qui core a chiens,
1875 qui chast sa beste por ataindre.
Veus tu a cort de nullui
                    [plaindre?
Tu senbles home qu'ait besoin,
qui ça me soit tramis de loin.
Se tu veus rien, di ton mesage.
1880 A toi nus hon veé son gage
ou chacié vos de ma forest?“
„Escoute moi, roi, se te plest,
et si m'entent un sol petit!
Par cest païs a l'on banit,
1885 qui ton nevo porroit trover,
qu'ançois s'osast laisier crever
qu'il nu preïst, ou venist dire.
Ge l'ai trové, s'en criem vostre
                    [ire:
se nel t'ensein, dorras moi mort.
1890 Je t'en merrai la ou il dort
et la roïne ensenble o lui.
Ges vi, poi a, la ou andui
fermement erent endormi.
Grant poor oi, quant la les vi.“
1895 Li rois l'entent, boufe et sospire,
esfreez est, forment s'aïre.
Au forestier dist et conselle
priveement, dedenz l'orelle:
„En qel endroit sont il? Di
                    [moi!“ —

1854 qui: zu *quidier — cuidier.* — 1855 tenet: hier und sonst in der
hs. für *tenoit* (in der aussprache *tenoẹt*).

1900 „En une loge de Morroi
     dorment estroit et enbrachiez.
     Vien tost, ja serez d'eus vengiez.
     Rois, s'or ne prens aspre ven-
                              [jance,
     n'as droit en terre, sanz
                           [doutance.“
1905 Li rois li dist: „Is t'en la fors!
     Si chier conme tu as ton cors,
     ne dire a nul ce que tu sez,
     tant soit estrange ne privez.
     A la Croiz Roge, au chemin fors,
1910 la on enfuet sovent les cors,
     ne te movoir, iluec m'atent!
     Tant te dorrai or et argent
     con tu vondras, je l'afi toi.“
     Li forestier se part du roi,
1915 a la Croiz vient, iluec s'asiet.
     Male gote les eulz li criet,
     qui tant voloit Tristran
                           [destruire!
     Mex li venist son cors conduire,
     qar puis morut a si grant honte
1920 con vos orrez avant el conte.
     Li rois est en la chanbre
                           [entrez.
     A soi manda toz ses privez,
     pus lor voia et defendi
     qu'il ne soient ja si hardi
1925 qu'il allent aprés lui plain pas.
     Chascun li dist: „Rois, est ce
                                [gas,
     a aler vous sous nule part?
     Ainz ne fu rois qui n'ait regart.
     Qel novele avez vos oïe?
1930 Ne vos movez por dit d'espie!“
     Li rois respont: „Ne sai novele,
     mais mandé m'a une pucele
     que j'alle tost a lié parler.
     Bien me mande n'i moigne per,
1935 G'irai tot seus sor mon destrier,
     ne merrai per ne escuier,
     a ceste foiz irai sanz vos.“

     Il respondent: „Ce poise nos.
     Chatons comanda a son filz
1940 a eschiver les leus soutiz.“
     Il respont: „Je le sai assez.
     Laisiez moi faire anques mes
                              [sez!“
     Li rois a fait sa sele metre,
     s'espee çaint, sovent regrete
1945 a lui tot sol la cuvertise
     que Tristrans fist, quand li ot
                              [prisse
     Yseut la bele o le cler vis,
     o qui s'en est alé fuitis.
     S'il les trove, mout les menace:
1950 ne laira pas ne lor mesface.
     Mot est li rois acoragiez
     del destruire: c'est granz
                              [pechiez.
     De la cité s'en est issuz
     e dist, mex vent estre penduz
1955 qu'il ne prenge de ceus venjance
     qui li ont fait tel avilance.
     A la Croiz vint, ou cil l'atent:
     dist li qu'il aut isnelement
     et qu'il le meint la droite voie.
1960 El bois entrent, qui mot onbroie.
     Devant le roi se met l'espie,
     li rois le sieut, qui bien se fie
     en l'espee que il a çainte,
     dont a doné colee mainte.
1965 Si fait il trop que sorquidez:
     quar, se Tristran fust esvelliez,
     li niés o l'oncle se meslast,
     li uns morust, ainz ne finast.
     Au forestier dist li rois Mars
1970 qu'il li dorroit d'argent vint
                              [mars,
     sel menoit tost a lor recet.
     Li forestier (qui vergonde ait!)
     dist que pres sont de lor
                              [besoigne.
     Du buen cheval, né de
                           [Gascoingne,

1900 Morroi: ein grosser wald in Cornwall, vielleicht der wald von
Dartmoor. Vgl. F. Lot, Romania 25 (1896) 17, und Muret im glossar zur
ausgabe. — 1910 la: = *la ou*, wie unten XII 10 9 u. 70.

1975 fait l'espie le roi decendre,
     de l'autre part cort l'estrier
                          [prendre.
     A la branche d'un vert pomier
     la reigne l'ient du destrier.
     Poi vont avant, quant ont vëu
1980 la loge por qu'il sont mëu.
        Li rois deslace son mantel,
     dont a fin or sont li tasel:
     desfublez fu, mot out gent cors.
     Du fuerre trait l'espee fors,
1985 iriez s'atorne, sovent dit
     qu'or veut morir, s'il nes ocit.
     L'espee nue an la loge entre.
     Le forestier entre soventre,
     grant erre aprés le roi acort:
1990 li rois li çoine qu'il retort.
     Li rois en haut le cop leva:
     iré le fait, si se tresva.
     Ja descendist li cop sor eus:
     ses oceïst, ce fust grans deus.
1995 Qant vit qu'ele avoit sa chemise
     et qu'entre eus deus avoit devise,
     la bouche o l'autre n'ert jostee,
     et qant il vit la nue espee
     qui entre eus deus les desevrot,
2000 vit les braies que Tristran out:
     „Dex!" dist li rois „ce que puet
                          [estre?
     Or aï vëu tant de lor estre
     Dex! je ne sai que doie faire,
     ou de l'ocire ou de retraire.
2005 Ci sont el bois, bien a lonc tens.
     Bien puis croire, se je ai sens,
     se il s'amasent folement,
     ja n'i ëusent vestement,
     entre eus deus n'i ëust espee,
2010 autrement fust cest' asenblee.
     Corage avoie d'eus ocire:
     nes tocherai, retrairai m'ire.
     De fole amor corage n'ont.
     N'en ferrai nul. Endormi sont:
2015 se par moi ierent atouchié,
     trop par feroie grant pechié,

     et se g'esvel cest endormi
     et il m'ocit ou j'oci lui,
     ce sera laide reparlance.
2090 Je lor ferai tel demostrance
     que, puis que il s'esvelleront,
     certainement savoir porront
     qu'il furent endormi trové
     et qu'en a ëu d'eus pité,
2025 que ja nes vuel noient ocire,
     ne moi ne gent de mon enpire.
     Ge voi el doi a la reïne
     l'anel a pierre esmeraudine
     que li donnai (mot par est
                          [buens),
2030 et g'en rai un qui refu suens:
     osterai li le mien du doi.
     Uns ganz de vair ai je o moi,
     qu'el aporta o soi d'Irlande.
     Le rai qui sor la face brande,
2035 que li fait chaut, en vuel covrir.
     Et qant vendra au departir,
     prendrai l'espee d'entre eus
                          [deus
     dont au Morhot fu le chief...
        Li rois a deslïé les ganz:
2040 vit ensenble les deus dormanz,
     le rai qui sor Yseut decent
     covre des ganz mot bonement.
     L'anel du doi defors parnt:
     souef le traist, qu'il ne se mut.
2045 Primes i entra il enviz:
     or avoit tant les dois gresliz
     qu'il s'en issi sanz force fere;
     mot l'en sot bien li rois fors
                          [traire.
     L'espee qui entre eus deus est,
2050 souef oste, la soue i met.
     De la loge s'en issi fors,
     vint au destrier, saut sor le dos.
     Au forestier dist qu'il s'en fuie,
     son cors trestort, si s'en
                          [conduie.
2055 Vet s'en li rois, dormant les let,
     a cele foiz n'i a plus fait.

     2003—4: zur konstruktion vgl. oben s. 82 zu Gace Brulé 7—8. —
2038 chief: hs. *chief vbos* oder *lbos*.

Reperiez est a sa cité.
De plusorz parz out demandé
ou a esté et ou tant fut.

2060 Li rois lor ment, pas n'i connut
ou il ala ne qui il quist
2062 ne de faisance que il fist.

Béròul, Le Roman de Tristan p. p. E. Muret, P. 1903 (Sdat),
s. 52—65; P. 1913 (Classiques fr. du m. â.), s. 55—64.

5.
Roman von Guillaume de Dôle
(zwischen 1199 und 1201).

*Der deutsche kaiser Konrad (Corras) hat von dem ruhm Wilhelms
von Dôle und der schönheit seiner schwester Lienor gehört und seinen
knappen Nicole zu Guillaume gesandt, um ihn durch einen brief an den
hof einzuladen. Der dichter schildert Nicoles aufenthalt bei Wilhelm.*

1103 Li serjans, qui ne fu pas mois,
fu en la sale revenuz.
Mis sire Guillame est issuz
de la chambre, et si com-
[pagnon.
Li vallez vint en la meson,
toz seuls ala rïant vers lui:
„Mauvés solaz vos ai fet hui“
1110 fet il „mes ç'a esté par vos.
Més tant ai esploitié que nos
mouvrons le matin au serain.
Venez en“ fet il „main a main,
si vos moustrerai mon tresor.“
1115 Sa mere et bele Lïenor .
le maine en la chambre veoir.
Or sachiez de fi et de voir
que il en a mout fet por lui,
que jamés n'entrera puis hui
1120 en chambre a dame n'a pucele
ou il voie nule si bele. .
Il la salue, et ele lui.
Puis s'assieent ambedui,
et cele s'assist delez euls,

1125 qui mout avoit blons les cheveuls
et s'ert mout simple et petit
[cointe.
Desor une grant coute pointe
ouvroit sa mere en une estole:
„Vez“ fet il „biaus amis Nicole,
1130 quel ovriere il a en ma dame.
C'est une mervellouse fame
et set assez de cest mestier:
fanons, garnemenz de moustier,
chasubles et aubes parees
1135 out amdeus maintes foiz
[ouvrees.“
„Frere, c'est aumosne et deduis,
ses met as povres moustiers
[vuis
de guarnemenz et de richece.
Que Dex me doint joie et leece
1140 et de moi et de mes enfanz!
Ce li sui ge toz jors proianz.“
Fet cil: „ci a bone oroison.“ —
„Dame“ fet il „une chançon
car nos dites, si ferez bien.“

1103 Li serjans: des kaisers bote Nicole. — 1125 blons les
cheveuls: zum schönheitsideal bei mann und frau gehörte blondes haar,
gemäss dem typ der damals in Frankreich herrschenden kriegerkaste. Man
denke an die blonde kaisertochter in der Karlsreise (KR 402), an den
blonden Raynalt der Chanson d'hist. (oben s. 44), an die blonde Isolde, an
Nicolete (s. unten XIII 3) und vgl. dazu die zahlreichen beispiele bei Léon
Gautier, La Chevalerie ³ s. 205, 374, und J. Loubier, Das Ideal der männ-
lichen Schönheit bei den afr. Dichtern des XII. und XIII. Jahrhs., Diss.
Halle 1890.

1145 Ele chantoit sor tote rien,
et si le fesoit volentiers.
„Biaus filz, ce fu ça en arriers
que les dames et les roïnes
soloient fere lor cortines
1150 et chanter les chançons
    [d'istoire." —
„Ha! ma tresdouce dame, voire,
dites nos en, se vos volez,
par cele foi que me devez!" —
„Biau filz, mout m'avez
    [conjuree,
1155 ja ceste foiz n'ier parjuree,
tant com ge le puisse amender."
Lors commença seri et cler:

   Fille et la mere se sieent a
      [l'orfrois,
   a un fil d'or i·font les ories croiz.
1160 *Parla la mere, qui le cuer ot*
      [cortois
   Tant bon' amor fist bele Aude
      [en Doon!

   „Aprenez, fille, a coudre et a
      [filer
   et en l'orfrois les ories crois
      [lever!
   L'amor Doon vos covient
      [oublier." —
1165 *Tant bon' amor fist bele Aude en*
      [Doon!

   Quant el ot sa chançon
      [chantee:
„Certes mout s'est bien aqnitee"
fet cil „ma dame vostre mere." —
„Certes, Nicole, biau doz frere,
1170 bien seroit la chose atiree,
se ma suer s'estoit aquitee."
Ele s'en sosrit belement,

et si set bien certainement
qu'el n'en puet en nule maniere
1175 eschaper, se por la proiere
en veut riens fere de son frere.
„Ma bele fille" fet la mere
„Il vos estuet feste et honor
fere au vallét l'empereor." —
1180 „Ma dame, bon voeil le ferons."
Lors commença ceste chançon:

   Siet soi bele Aye as piez sa
      [male maistre,
   sor ses genouls un paile
      [d'Engleterre,]
   et a un fil i fet coustures beles.
1185 *Hé! Hé! amors d'autre païs,*
   mon cuer avez et lïé et souspris.

   Aval la face li courent
      [chaudes lermes,
   qu'el est batue et au main et
      [au vespre,
   por ce qu'el aime soudoier ·
      [d'autre terre.
1190 *Hé! Hé! amors d'autre païs,*
   mon cuer avez et lïé et souspris.

   Quant el ot chanté haut et bien:
Or ne me demandez plus
      [rien!" —
„Non ferai ge, ma bele suer,
1195 se la franchise de vo cuer
ne vos en fet dire par grace.
Ja ne voudrez que je n'en
      [face." —
„Par cest covent dirai encore"
fet cele qui la trece ot sore
1200 et blonde sor le blanc bliaut.
Lors commença seri et haut:

   La bele Doe siet au vent,
   souz l'aubespin Doon atent,

1147—50: die sitte war also zur zeit des dichters ausser brauch ge-
kommen, aber noch wohl bekannt. Die folgenden drei chansons d'histoire
sind uns nur hier überliefert (in Bartschs Romanzen u. Pastourellen nr. 14,
12, 15), ein hinweis darauf, wie viele von diesen alten dichtungen uns
sonst verloren gegangen sein mögen. Vgl. zu den einzelnen liedern G. Paris
in Servois' ausgabe s. XCII ff.

plaint et regrete tant forment
1200 *por son ami qui si vient lent:*
„Diex! quel vassal a en Doon!
Diex! quel vassal! Dex! quel
[baron!
Ja n'amerai se Doon non.

Com ez chargiez, com ez floriz!
1210 *A toi me mist plet mes amis,*
mes il ne veut a moi venir.
Dex! quel vassal a en Doon!
Dex! quel vassal! Dex! quel
[baron!
Ja n'amerai se Doon non."

1215 Qnant ele ot ceste parfenie:
„Or seroit ce sanz cortoisie"
fet ele „qui plus me querroit."
Dit li vallez: „Vos avez droit"
qui estoit a l'empereor.
1220 „Or avez le gré et l'amor

et l'acorde de voz amis."
Le remanant del jor ont pris
en deduiant jusqu'au souper.
Ainz que cil qui n'ot point de per,
1225 s'en alast en la sale arriere,
la mere prist une aumosniere,
et la suer un fermail trop bel,
qn'el a doné au damoisel
et por son frere et por s'onor
1230 et por l'amor l'empereor.
Il lor en rent cinq cenz merciz
et dit que bien li ert meriz
ciz biaus presenz, s'il auques
[vit.
Et se pense c'ainc mes ne vit
1235 si bons enfanz ne tele mere:
si le savra li emperere.
Jl prent congié a bele chiere
si s'en vont en la sale arriere,
1239 ou li soupers ert atornez ...

Le Roman de la Rose ou de Guillaume de Dôle
p. p. G. Servois, P. 1893 (Sdat), s. 34—38.

1209f.: anrede an den *aubespin*. — 1215 c e s t e: elliptisch f. *ceste raison, ceste parole*. Vgl. Erec 3569 *Ceste vos iert mout chier vendue*. — 1221 hs. *Et la querele et voz amis* (der herausgeber vermutet: *Et le congié de vos amis*).

XI.

Märchen und Schwänke des 12. Jahrhunderts.

1.

Lai:

Marie de France, Bisclavret
(zwischen 1160 und 1170).

1   Quant des lais faire m'entremet,
ne vueil oublïer Bisclavret.
Bisclavret a nun en Bretan,
Garulf l'apelent li Norman.
5 Jadis le poeit hum oïr
e sovent suleit avenir,
hume plusur garulf devindrent
e es boscages maisun tindrent.
Garulf, ceo est beste salvage:
10 tant cum il est en cele rage,
humes devure, grant mal fait,
es granz forez converse e vait.
Cest afaire les ore ester,
del Bisclavret vus vueil cunter.

15   En Bretaigne maneit uns ber,
merveille l'ai oï loër.
Beals chevaliers e bons esteit
e noblement se cunteneit.
De sun seignur esteit privez
20 e de tuz ses veisins amez.
Femme ot espuse mult vaillant

e ki mult faiseit bel semblant.
Il amot li e ele lui.
Mes d'une chose est grant enui,
25 qu'en la semaine le perdeit
treis jurs entiers qu'el ne saveit
que deveneit ne u alout,
ne nuls des soens nïent n'en sout.
Une feiz esteit repairiez
30 a sa maisun joius e liez,
demandé li a e enquis:
„Sire" fait el „bealz dulz amis,
une chose vus demandasse
mult volentiers, se jeo osasse.
35 Mes jeo criem tant vostre curut
que nule rien tant ne redut."
Quant il l'oï, si l'acola,
vers lui la traist, si la baisa.
„Dame" fait il „or demandez!
40 Ja cele chose ne querez,
se jo la sai, ne la vus die."
„Par fei" fet ele „or sui guarie.
Sire, jeo sui en tel esfrei

---

1. Zur sprache der dichterin vgl. oben s. 41.

2 Bisclavret: aus bretonisch *bleiz lauaret* redender wolf (vgl. Warnke, ausgabe s. XII anm.). — 4, 7, 9 garulf: in den hss. auch *garwalf, garwaf, garual,* mit mhd. *werwolf,* spätags. *werwulf* und mittellat. *guerulfus* auf germ. *wërwulf* = mannwolf zurückzuleiten; nfr. *loup-garou* ist eine verdeutlichungsform wie südd. wasch-lafohr (*lavoir*) und schandellicht (*chandelle*).

les jurs quant vus partez de mei.
45 El cuer en ai mult grant dolur
e de vos perdre tel poür,
se jeo nen ai hastif cunfort,
bien tost en puis aveir la mort.
Kar me dites u vus alez,
50 u vus estes e conversez!
Mun escïent que vus amez,
e se si est, vus meserrez.
„Dame“ fet il „pur Deu merci!
Mals m'en vendra, se jol vus di,
55 kar de m'amur vus partirai
et mei meïsmes en perdrai.“
Quant la dame l'a entendu,
ne l'a nïent a gab tenu.
Suventes feiz li demanda.
60 Tant le blandi et losenja
que s'aventure li cunta,
nule chose ne li cela.
„Dame, jeo devienc bisclavret.
En cele grant forest me met
65 al plus espes de la gualdine,
s'i vif de preie e de ravine.“
Quant il li aveit tut cunté,
enquis li a e demandé
s'il se despueille u vet vestuz.
70 „Dame“ fet il „jeo vois tuz nuz.“
„Di mei pur Deu, u sunt voz
[dras?“
„Dame, ceo ne dirai jeo pas.
Kar se jes ëusse perduz,
e de ceo fusse aparcëuz,
75 bisclavret sereie a tuz jurs.
Ja nen avreie mes sucurs,
des i qu'il me fussent rendu.
Por ceo ne vueil qu'il seit sëu.“
„Sire“ la dame li respunt
80 „jeo vus eim plus que tut le mund.
Nel me devez nïent celer
ne mei de nule rien duter,
ne·semblereit pas amistié.
Qu'ai je forfait, pur quel pechié
85 me dutez vus de nule rien?

Dites le mei! Si ferez bien.“
Tant l'anguissa, tant le suzprist,
ne pout el faire, si li dist.
„Dame“ fet il „delez cel bois,
90 lez le chemin par unt jeo vois,
une viez chapele i estait,
ki mainte feiz grant bien me
[fait.
La est la piere cruese e lee
suz un buissun, dedenz cavee.
95 Mes dras i met suz le buissun,
tant que jeo revienc a maisun.“
La dame oï cele merveille,
de pöur fu tute vermeille,
de l'aventure s'esfrea.
100 En maint endreit se purpensa
cum ele s'en pëust partir:
ne voleit mes lez lui gisir.
Un chevalier de la cuntree,
ki lungement l'aveit amee
105 e mult preiee e mult requise
e mult duné en son servise
— ele ne l'aveit unc amé
ne de s'amur asëuré —
celui manda par sun message,
110 si li descovri sun curage.
„Amis“ fet ele „seiez liez!
Ceo dunt vus estes travailliez,
vus otrei jeo senz nul respit,
ja n'i avrez nul cuntredit.
115 M'amur e mun cors vus otrei:
vostre drue faites de mei!“
Cil l'en mercie bonement
e la fïance de li prent,
e el le met a sairement.
120 Puis li cunta cumfaitement
sis sire ala et qu'il devint.
Tute la veie que il tint,
vers la forest li enseigna:
pur sa despueille l'enveia.
125 Issi fu Bisclavret traïz
e par sa femme mal bailliz.
Pur ceo qu'um le perdeit sovent,

---

51 Mun escïent que: 'meines wissens', wohl durch eine kreuzung
von *mon escïent* mii *sai que* zu erklären.

quidouent tuit comunalment
que dunc s'en fust del tut alez.
130 Asez fu quis e demandez:
mes n'en porent mie trover,
si lor estut laissier ester.
La dame a cil dunc espusee
que lungement aveit amee.
135   Issi remest un an entier,
tant que li reis ala chacier.
A la forest ala tut dreit
la u li Bisclavret esteit.
Quant li chien furent descuplé,
140 le Bisclavret unt encuntré.
A lui cururent tutejur
e li chien e li venëur,
tant que pur poi ne l'ourent pris
e tut deciré e mal mis.
145 Des que il a le rei choisi,
vers lui curut querre merci,
il l'aveit pris par sun estrié,
la jambe li baise e le pié.
.Li reis le vit, grant pöur a,
150 ses cumpaignuns tuz apela:
„Seignur" fet il „avant venez!
Iceste merveille esguardez,
cum ceste beste s'umilie!
Ele a sen d'ume, merci crie.
155 Chaciez mei tuz cez chiens ariere,
si guardez que hum ne la fiere!
Ceste beste a entente e sen.
Espleitiez vus! Alum nus en!
A la beste durrai ma pes:
160 kar jeo ne chacerai hui mes."
    Li reis s'en est turnez a tant.
Li Bisclavret le vet siwant,
mult se tint pres, n'en volt partir,
il n'a cure de lui guerpir.
165 Li reis l'en meine en sun chastel:
mult en fu liez, mult li est bel,
kar unkes mes tel n'ot vëu.
A grant merveille l'ot tenu,
e mult le tint a grant chierté.
170 A tuz les suens a comandé

que sur s'amur le guardent bien
e ne li mesfacent de rien,
ne par nul d'els ne seit fernz;
bien seit abevrez e pëuz.
175 Cil le guarderent volentiers,
tuz jurs entre les chevaliers
e pres del rei s'alout culchier.
N'i a celui ki ne l'ait chier:
tant esteit fraus e de bon aire,
180 unkes ne volt a rien mesfaire.
U que li reis dëust errer,
il n'out cure de desevrer;
ensemble od lui tuz jurs alout,
bien s'aparceit que il l'amout.
185   Oëz aprés cument avint!
A une curt que li reis tint,
tuz les baruns aveit mandez,
cels ki furent de ses chasez,
pur aidier sa feste a tenir
190 e lui plus bel faire servir.
Li chevaliers i est alez,
richement e bien aturnez,
ki la femme Bisclavret ot.
Il ne saveit ne ne quidot
195 qu'il le dëust trover si pres.
Si tost cum il vint al palais
e li Bisclavret l'aperceut,
de plain eslais vers lui curut:
as denz le prist, vers lui le trait.
200 Ja li ëust mult grant laid fait,
ne fust li reis ki l'apela, •
d'une verge le manaça.
Dous feiz le volt mordre le jur.
Mult s'esmerveillent li plusur,
205 kar unkes tel semblant ne fist
vers nul hume que il vëist.
Ceo dïent tuit par la maisun
qu'il nel fet mie senz raisun:
mesfait li a, coment que seit,
210 kar volentiers se vengereit.
A cele feiz remest issi,
•tant que la feste departi,
et li barun unt pris cungié,

---

141 tutejur: 'den ganzen tag', fem., unter einfluss von *tote nuit*,
zumal im franz. *nuit et jour* das fem. *nuit* voransteht.

a lur maisun sunt repairié.
215 Alez s'en est li chevaliers
mien escïent tut as premiers,
que li Bisclavret assailli:
n'est merveille, s'il le haï.
Ne fu puis guaires lungement
220 — ceo m'est a vis, si cum
[j'entent —
qu'a la forest ala li reis,
ki tant fu sages e curteis,
u li Bisclavret fu trovez,
e il i est od lui alez.
225 La nuit quant il s'en repaira,
en la cuntree herberja.
La femme Bisclavret le sot,
avenantment s'apareillot.
Al demain vait al rei parler,
230 riche present li fait porter.
Quant Bisclavret la veit venir,
nuls huem nel poeit retenir:
vers li curut cum enragiez.
Oëz cum il s'est bien vengiez!
235 Le nes li esracha del vis:
que li pëust il faire pis?
De tutes parz l'unt manacié,
ja l'ëussent tut depescié,
quant uns sages huem dist al rei:
240 „Sire" fet il „entent a mei!
Ceste beste a esté od vus;
n'i a ore celui de nus
ki ne l'ait vëu lungement
e pres de lui alé suvent.
245 Unkes mes hume ne tucha
ne felunie ne mustra,
fors a la dame qu'ici vei.
Par cele fei que jeo vus dei,
alkun curuz a il vers li
250 e vers sun seignur altresi.
Ceo est la femme al chevalier
que tant solïez aveir chier,
ki lung tens a esté perduz,

ne sëumes qu'est devenuz.
255 Kar metez la dame en destreit,
s'alcune chose vus direit,
pur quei ceste beste la het.
Faites li dire s'el le set!
Meinte merveille avum veüe
260 ki en Bretaigne est avenue."
Li reis a sun cunseil crëu,
le chevalier a retenu,
de l'altre part la dame a prise
e en mult grant destresce mise.
265 Tant par destresce e par pöur
tut li cunta de sun seignur,
coment ele l'aveit traï
e sa despueille li toli,
l'aventure qu'il li cunta
270 e que devint e u ala;
puis que ses dras li ot toluz,
ne fu en son païs vëuz;
tresbien quidot e bien creeit
que la beste Bisclavret seit.
275 Li reis demande sa despueille.
U bel li seit u pas nel vueille,
arière la fet aporter,
al Bisclavret la fist doner.
Quant il l'orent devant lui mise,
280 ne s'en prist guarde en nule
[guise.
Li prozdum le rei apela,
cil ki primes le cunseilla:
„Sire, ne faites mie bien.
Cist nel fereit pur nule rien,
285 que devant vus ses dras reveste
ne mut la semblance de beste.
Ne savez mie que ceo munte:
mult durement en a grant hunte.
Eu tes chambres le fai mener
290 e la despueille od lui porter,
une grant piece l'i laissuns!
S'il devient huem, bien le
[verruns."

243—44: 'keiner ist, der ihn nicht lange beobachtet hätte und nicht
oft in seine nähe gekommen wäre' (Tobler). Über die weglassung des
hilfsverbs *estre* nach vorausgegangenem *avoir* und umgekehrt vgl. Tobler,
Verm. Beitr. I² 107 f.

Li reis mëismes l'en mena
e tuz les hus sur lui ferma.
295 Al chief de piece i est alez,
dous baruns a od lui menez.
En la chambre entrerent tuit trei.
Sur le demeine lit al rei
truevent dormant le chevalier.
300 Li reis le curut enbracier,
plus de cent feiz l'acole e baise.
Si tost cum il pot aveir aise,
tute sa terre li rendi,
plus li duna que jeo ne di.
305 La femme a del païs ostee

e chaciee de la cuntree.
Cil s'en ala ensemble od li,
pur qui sun seignur ot traï.
Enfanz en a asez ëuz,
310 puis unt esté bien cunëuz
e del semblant e del visage:
plusurs des femmes del lignage,
c'est veritez, senz nes sunt nees
e si viveient esnasees.
315   L'aventure qu'avez oïe,
veraie fu, n'en dutez mie!
De Bisclavret fu fez li lais
pur remembrance a tuz dis mais.

Die Lais der Marie de France
hrsg. von Karl Warnke, Bibl. Norm. III ² 1900, s. 75—85.

2.

Tierschwank:

III. Renartbranche: der Fischdiebstahl.

1 Seigneurs, ce fu en cel termine
que li douz temps d'esté decline
et yvers revient en saison,
e Renars fu en sa maison.
5 Mais sa garison a perdue:
ce fu mortel desconvenue.
N'a que donner ne qu'achater,
ne s'a de quoi reconforter.
Par besoing s'est mis a la voie.
10 Tot coiement, que l'en nel voie,
s'en vet parmi une jonchere
entre le bois et la rivere,
si a tant fait et tant erré
qu'il vint en un cemin ferré.
15 El cemin se cropi Renarz,
molt coloie des totes parz.

Ne set sa garison ou querre:
car la fain li fait molt grant
[guerre.
Ne set què fere, si s'esmaie.
20 Lors s'est couchiez lez une haie:
iloc atendra aventure.
Atant ez vos grant alëure
marcheans qui poissons menoient
et qui devers la mer venoient.
25 Herens fres orent a plenté:
car bise avoit auques venté
trestote la semeine entere.
Et bons poissons d'autre manere
orent asés granz et petiz,
30 dont lor paniers ont bien enpliz.
Que de lamproies que d'anguilles,

---

2.   Die branche ist ihren charakteristischen zügen nach pikardisch.
Vgl. oben s. 79 zu Conon de Béthune.

V. 8 Ne s'a de q. r.: zur stellung des objektpronomens vgl. AS s. 275.
Vgl. auch unten v. 17 die vorausnahme des substantivischen objekts. —
31 Que — que: adverbial gebraucht 'teils — teils, sowohl als auch', aber
wie der vergleich mit ital. *che — che, chi — chi* (der eine — der andere usw.)
lehrt, vom relativ abzuleiten (hier wie dort durch eine ellipse zu erklären)

qu'il orent acaté as viles,
fu bien chargie la charete.
Et Renars qui tot siecle abete,
35 fu bien loins d'aus une arcie.
Quant vit la carete cargie
des anguiles et des lamproies,
muçant fuiant parmi ces voies
court au devant por aus decoivre,
40 qu'il ne s'en puissent aperçoivre.
Lors s'est cochés enmi la voie.
Or oiez con il les devoie!
En un gason s'est voutrilliez
et come mors aparelliez.
45 Renars, qui tant d'onmes
       [engingne,
les iex cligne, les dens rechigne,
et tenoit s'alaine en prison:
oïstes mais tel traïson?
Ilecques est remés gisans.
50 Atant es vous les marcheans:
de ce ne se prenoient garde.
Li premiers le vit, si l'esgarde,
si apela son compaignon:
„Vez la ou goupil ou gaignon!"
55 Quant cilz le voit, si li crïa:
„C'est li gorpilz: va, sel pren, va!
Filz a putain, gart ne t'eschat;
or saura il trop de barat,
Renars, s'il ne nous let
       [l'escorce."
60 Li marcheans d'aler s'esforce
et ses compains venoit aprés
tant qu'il furent de Renart pres.
Le goupil trovent enversé,
de toutes pars l'ont renversé,
65 n'ont ore garde qu'il les morde.
Prisent le dos et puis la gorge.
Li uns a dit que trois sols vaut,
li autres dist: „Se diex me saut,
ainz vaut bien quatre a bon
      [marchié.
70 Ne sommes mie trop chargié:

getons le sus nostre charrete!
Vez con la gorge est blanche
      [et nete!"
A icest mot sont avancié,
si l'ont ou charretil lancié
75 et puis se sont mis a la voie.
Li uns a l'autre fait grant joie
et dient: „N'en ferons ore el,
mais anquennit en nostre hostel
li reverserons la gonnele."
80 Or leur plaist auques la favele.
Mais Renars ne s'en fait fors
      [rire,
que moult a entre faire et dire.
Sur les paniers se jut adens,
si en a un ouvert aus dens
85 et si en a (bien le sachiez)
plus de trente harans sachiez.
Auques fu vuidiez li paniers.
Moult par en menja volentiers,
onques n'i quist ne sel ne sauge.
90 Encore ainçois que il s'en auge
getera il son ameçon,
je n'en sui mie en souspeçon.
L'autre panier a assailli:
Son groing i mist, n'a pas failli
95 qu'il n'en traïst trois res d'an-
      [guilles.
Renars, qui sot de maintes guiles,
son col et sa teste passe oultre
les hardillons, puis les acoutre
dessus son dos que tout s'en
      [cueuvre.
100 Des or pourra bien laissier oeuvre.
Or li estuet enging pourquerre,
comment il s'en vendra a terre:
ne trueve planche ne degré.
Agenoillé s'est tout de gré
105 por veoir et por esgarder,
con son saut pourra miex garder.
Puis s'est un petit avanciez:
des piez devant s'est tost lanciez

33—35 cargie: lies *cargíe* (*kargíe*), pik. form f. *cargíée* (francisch *chargiee* = *tšardžiee*), desgl. *arcie* = *arkie*, franc. *archíée*, vgl. oben s. 35 v. 53. — 82 entre — et: vgl. AS s. 207 zu v. 78.

de la charrete enmi la voie.
110 Entour son col porte sa proie.
Et puis quant il a fait son saut,
aus marcheans dist: „Diex vous
[saut!
Cilz tantes d'anguiles est nostres
et li remanans si soit vostres!"
115 Li marcheans quant i l'oïrent,
a merveilles s'en esbahirent,
si s'escrïent: Voiz le gourpil!"
Si saillirent ou charretil,
ou il cuderent Renart prendre,
120 mais il nes voult pas tant atendre.
Li uns des marcheans esgarde,
a l'autre dist: „Mauvaise garde
en avons prise, ce me semble."
Tuit fierent lor paumes ensemble.
125 „Las" dist li uns „con grant
[damage
avons ëu par nostre outrage!
Moult est'ion fol et musart
andui qui creïon Renart.
Les paniers a bien alachez
130 et si les a bien souffachiez,
car deus rez d'anguiles enporte.
La male passïon le torde!"
„Ha" font li marcheant „Renart,
tant par estes de male part.
135 Mal bien vous puissent elles
[faire!"
„Seigneur, n'ai soing de noise
[faire.

Or direz ce que vous plaira —
Je sui Renart qui se taira."
Li marcheant vont aprés lui,
140 Mais il nel bailleront mais hui,
car il a tant isnel cheval.
Onc ne fina parmi un val
dusques il vint a son plessié.
Lors l'ont li marcheant lessié,
145 qui por mauvés musart si
[tiennent.
Recreant sont, arriere viennent.
Et cilz s'en vait plus que le pas
qui ot passé maint mauvais pas,
si vint a son chastel tout droit,
150 ou sa maisnie l'atendoit,
qui assez avoit grant mesese.
Renars i entre par la hese.
Encontre lui sailli s'espouse,
Hermeline la jone touse,
155 qui moult estoit courtoise et
[franche,
et Percehaie et Malebranche,
qui estoit ambedui frere,
cil saillirent contre leur pere,
qui s'en venoit les menus saus
160 gros et saoulz, joiens et baus,
les anguilles entour son col.
Mais qui que le tiegne pour fol,
aprés lui a close sa porte
pour les anguilles qu'il aporte.

Le Roman de Renart p. p. E. Martin, 3 bde.
Str. u. Paris 1882—87, I 131—136.

135 Mal bien: *mal* substantiv, *bien* adverb. — 137 que vous plaira: *que* akk., ergänze *dire*. — 141 isnel cheval: im tierepos häufiges bild für rasches laufen u. dergl. Vgl. Jacob Grimm, Reinhart Fuchs, B. 1834, s. XXXIX f., dazu U. Leo, Die erste Branche des Roman de Renart (Rom. Mus. 17), Greifswald 1918, s. 22 ff. — 147 plus que le pas: mehr, rascher als im schritt. — 153 espouse: pik. sonst *espeuse*, vgl. oben s. 80, v. 32, und unten s. 99, v. 89. — 154 Hermeline: d. *Ermelina*, mit unorganischem *h*, vgl. oben s. 58, v. 1359. — 156 Percehaie —Malebranche: symbolische, also wohl vom dichter geprägte oder ein-geführte namen.

3.

Rahmenerzählung und Schwank:

Castoiement d'un pere a son fieus
(ende des 12. jahrhunderts).

Prolog:

81 Pierres Anfons qui fist le livre,
   moustra qu'il devoit sens
                    [escrivre:
   car tout avant Dieu merchïa,
   com il son livre commencha,
85 del bien et del entendement
   que il a doné a se gent.
   Aprés moustra dont traiteroit,
   pour quoi et comment le feroit.
   Puis fist envers Dieu s'orison
90 si com drois estoit et raison.
   Et quant il ot fait sa proiere,
   si commencha en tel maniere.
   Uns sages hons jadis estoit
   qui a son fil souvent disoit:
95 „La crieme Dieu et la justise
   soit, biax fiex, ta marcheandise!
   Saches tu que pour gaaignier
   ne t'estuet aillours traveillier!"
   Uns autres redist ensement
100 que, qui crient Dieu tout vraie-
                    [ment,
   de toutes coses est cremus
   ne ne puet estre confondus;
   et qui nel croit, che l'en avient
   que toutes coses doute et crient;
105 et qui le crient, si le chierist,
   et qui l'aime, a lui obeïst.

   Uns autres dist a son enfant:
   „Fiex, de Dieu amer fai semblant,
   mais che n'est pas cose creable,
110 se li cuers n'i est acceptable.
   Car chil qui est verais amans,
   sans faintise est obeïssaus,
   et Socratés sovent disoit
   a ses clers quant il lor lisoit:
115 ,Ne soiés pas obeïssant
   a Dieu ensamble et estrivant.'
   Et chil dïent: ,Maistre,
                    [comment?
   De che n'entendons nous noient.'
   ,Lessiés ester ypocrisie,
120 se mener volés netevie!'
   Ypocrite est qui fait semblant
   qu'il soit vers Dieu obeïssant,
   tant com il est devant le gent,
   et par derrier n'en fait noient.
125 Un autre i a qui en devant
   et derrier est obeïssant
   pour che qu'il vuelt estre lüés
   de toutes gens et honerés.
   Et autre gent encore sont
130 qui jëunes et aumosnes font
   et parmainent en orison
   et quant on les voit et quant non,
   et se on demandant lor vait

3. Die mundart ist nach schreibung, silbenmessung (148 dreisilbiges *averés*, 149 = *rendera*) und reim (*en* und *an* geschieden) pikardisch. Vgl. oben X 1, XI 2.

81 Pierre Anfons: Petrus Alphonsi, der verfasser der lat. vorlage, der Disciplina clericalis. — 129 gent — sont: *gent* als kollektiv mit plural, so auch unten XII 4, 34 u. ö. — 130 jëunes: könnte zweisilbiges *junes* sein, da der verlust des hiatus-*e* vereinzelt schon früh begegnet und allgemeiner gerade in den nördlichen mundarten beginnt (Suchier, ZrP 2, 281f., vgl. noch Tobler, Vrai aniel XXVII, und Versbau 50ff.). Aber *sëurs* 161, *alëure* VII 13, *veüe* 15 sprechen dagegen, daher *qui jëune(s) et aumosnes font* zu lesen ist, mit unterdrückung des *s* und elision des *e* (vgl. Tobler, Versbau 71f.).

se le bien fisent qu'il ont fait,
135 ne dïent oïl ne nenil.
    ‚Mais Diex le set, sire‘ font il.
    Sil font pour itant que on die
    que il mainent honeste vie,
    ne ne se vont glorefïant
140 del bien que il font, ne vantant.
    Poi a orendroit gent en vie
    qui soient net d'ypocrisie.
    Mais qui a cheste se tenroit
    et d'autre mal se garderoit,
145 s'en porroit venir a pardon.“
    Seignours, par boine entensïon
    faites le bien que vous ferés,
    et bon loier en averés

que Diex del chiel vous rendera,
150 et li siens loiers miex vaura
    que ne fait li los de la gent
    qui alés est en un moment.
    Li los de chest siecle poi vaut
    qui ensamble commenche et faut.
155 Diex nous doinst itel los aquerre
    qui le chiel gouverne et le
                              [terre!
    Qui a Dieu se vuelt bien tenir,
    n'est riens qui le puisse honir;
    qui fermement s'i prent et tient,
    toute proprïetés li vient.
    Sëurs aille, sëurs reviegne,
162 n'ait paour qu'il li mesaviegne!

VII. De la male fame.

1 Uns prodons fu qui avoit prise
    femme de mal engien apriso.
    Li prodons une vigne avoit
    ou mult grant entente metoit,
5 mult l'aloit sovent regarder
    et provignier et atorner.
    Quant il i fu alés un jour,
    ele manda son lecheour.
    Chil vint, quant ele l'ot mandé,
10 et fist de li se volenté.
    Li prodons, qui as chans estoit,
    qui de tout che mot ne savoit,
    s'en acourut grant alëure,
    car blechié l'ot par aventure
15 uns rains en l'oil, que le veüe
    ot de chel oil toute perdue.
    Quant vint a l'ostel, si trova
    les huis fremés, si apela
    com hons qui en avoit mestier.
20 Chil ne se sorent conseillier,
    car li vasals ne puet fuïr,
    ne il ne savoit ou tapir.

Chele n'osa plus demourer,
    l'uis est alee deffermer.
25 Li lechierres remest el lit
    ou il avoit fait son delit;
    au plus que il peut, se tapi
    et des dras del lit se covri.
        Quant li maris fu ens entrés
30 „Dame“ fait il „l'uis reclöés
    et mon lit tost m'apareilliés!
    Car je sui auques deshaitiés.“
    „Sire“ fait el „pour dieu merchi,
    pour quoi vous hastés vous issi?
35 Mais dites moi premierement
    ou che vous avint et comment!“
    „Dame“ fait il „jel vous dirai:
    hui main quant en me vigne entrai,
    uns rains me feri en mon oil.
40 Molt sui blechiés et mult me doil,
    n'en puis veïr nule clarté,
    si bien cuit que je l'ai crevé.“
    „Lasse“ fait ele „que ferai?
    Biau sire, un mult biau carne sai

---

146 boine: *boin* für *bon* — *buen* erscheint mehrfach nicht nur in
ofr. mundarten, welche den nachlaut *i* kennen, sondern auch anderwärts,
selbst in francischen texten (Suchier, GrGr I² 764f., Afr. Gram. s. 74). —
VII 44 carne: francisch *charme*, lat. *carmen*, aus einem der lothr.-burg.
dialekte, welche *mn* zu *n* entwickeln; dazu *carner* 45 ff.

45 dont je vous carnerai le sain:
vous pöés estre tout chertain
que ja li mals ne s'i ferra,
puis que il carnés estera;
car de l'un en l'autre se prent,
50 qui par carne ne le deffent."
Chil cuide bien que voir li die,
qui ne sot pas tant de boisdie.
A terre en son devant se couche,
et puis li clot l'ueil et le bouche,
55 si fist samblant que li carnast,
pour che que chil tost s'en alast
dont ele estoit mult entreprise,
li tenoit clos par grant franquise:
tant li fu clos et tant carnés
60 que chil del lit s'en est alés.
Quant el sot qu'il fu eslongiés,
„Sire" fait ele „or vous drechiés,
et si en soiés tout chertain
de chel oil que vous avés sain,

65 ne ja ne sera adesés
del mal qui en l'autre est entrés.
Et se vos plaist a reposer,
or pöés bien el lit aler."
Che dist li fiex: „Ischele
[espeuse
70 estoit voirement engigneuse:
par grant engien fu delivree
de che dont estoit encombree.
A grant pourfit li tourneroit
qui tes flabiaus auques savoit.
75 Pere, se diex vous beneïe,
ne vous atargiés encor mie,
dites moi plus, vostre merchi,
car onques mais rien n'en oï
qui plus me plëust a oïr."
„Biax fiex, il doivent bien plaisir,
car grant bien i puet on entendre,
82 qui de bon cuer i vuelt entendre."

Le Castoiement d'un pére a son fieus . . . édition nouvelle basée
sur le mscr. 730 de Maihingen p. p. Michael Roesle, Progr. Kgl.
Luitpoldkreisrealschule München 1897/98, s. 2f., 15.

52 boisdie: auch *boisie, boise,* von germ. **bausi,* ahd. *bôsi* 'bös'; das
d von *boisdie* erklärt sich durch einwirkung des bedeutungs- und laut-
ähnlichen *voisdie,* vgl. Tobler, S.-B. der Kgl. pr. Ak. d. Wiss. 1904, XLIII, 4ff.
— 53 subjekt die frau, *son* auf den mann zu beziehen. — 69 espeuse:
die lautgerechte entwicklung von *sponsa,* auch oben X 1 32 bei Conon
de Béthune. Vgl. AS s. 181 zu *amor.*

XII.

Die Epigonenliteratur des 13. Jahrhunderts.

1.

Geistliche erzählende Literatur:

Gautier von Coincy, Les Miracles de Nostre Dame
(um 1223).

Du clerc qui mist l'anel ou doi Nostre Dame.

1 Tenez silence, bele gent!
Un miracle qui est moult gent,
dire vous vueil et reciter,
pour les pecheeurs esciter
5 a soudre ce qu'a Dieu prometent.
Trop laidement tuit cil s'endetent
et si se tüent et afolent
qui riens prometent, quant ne
[solent
a Dieu n'a sa tresdouce Mere.
10 Mon livre dit et ma matere
que devant une viez eglise
une ymaige orent les gens mise
por l'eglise qu'il refaisoient.
Au pié de l'ymage metoient
15 leur aumosne li trespassant.
Souvent s'aloient amassant
les joennes gens en cele place
a la pelote et a la chace.
Un jour joaient une grant flote
20 de clerçonnez a la pelote
devant le portian de l'esglise
ou cele ymage estoit assise.
Un des clerçons jouait moult bel,

qui en sa main tint un anel
25 que s'amie li out donné.
Amours l'out tant enfriçonné,
por grant chose ne vousist mie
que li enneaus qui fut s'amie,
fust ne perduz ne peçoiez.
30 Vers l'eglise s'est avoiez
pour l'anel metre en aucun lieu
tant que partis se soit du gieu.
Que qu'il pensoit en son courage,
regardez s'est, si voit l'ymage
35 qui estoit fresche et nouvele.
Quant l'a veüe si tresbele,
devant lui s'est agenoilliez —
devotement a yex moilliez
l'a enclinee et saluee.
40 En pou de tens li fu muee
la volenté de son courage.
„Dame" fet il „tout mon aage
d'ore en avant vous servirai.
Quar onques mais ne remirai
45 dame, meschine ne pucele
qui tant me fust plaisant ne bele.
Tu es plus bele et plus plaisanz

---

1. [19] joaient: zweisilbig, da verlust des dumpfen *e* in diesen formen
früh einsetzt. Vgl. Tobler, Versbau 43 ff., 46 f.

que cele n'est, cent mile tans,
qui cest anel m'avoit donné.
50 Je li avoie abandonné
tout mon courage et tout mon
[cuer.
Mais por t'amour vueil geter puer
li et s'amour et ses joians.
Cest anel ci qui moult est biaus,
55 te vueil donner par fine amor
par tel convent que ja nul jor
n'aurai mais amie ne fame
se toi non, bele douce Dame "
L'anel qu'il tint bouta lors
[droit
60 ou doi l'ymage qu'out tout droit.
L'ymage lors isnelement
ploia son doi si fermement,
que nus ne l'en pëust retraire,
s'il ne vousist l'anel defaire.
65 Moult out li enfes grant freeur,
en haut s'escrie de peeur.
En la grant place ne demeure
grant ne petit qui n'i aqueure,
et il leur conte tout a fait
70 quant que l'ymage out dit et fait.
Chascuns se saigne et s'en
[merveille,
chascuns li loe et li conseille
c'un tout seul jor plus n'i atende,
mais lest le siecle et si se rende
75 et serve Dieu toute sa vie
et Madame sainte Marie,
qui bien li monstre par son doit
que par amors amer la doit,
n'autre amie ne poit avoir.
80 Mais il n'out pas tant de savoir
qu'il li tenist sa convenance:
ains la mist si en oublïance
que peu ou nïent l'en souvint.
Un jour ala, li autre vint,
85 li clerçons crut et amenda.
L'amour s'amie li benda
si fort les yex qu'il n'i vit goute.
La Mere Dieu oublïa toute,
si fut tresfous qu'il ne s'i crut,
90 d'amer cele ne se recrut
cui li aneaus avoit esté.

Son cuer i out si aresté,
que por lui lessa Nostre Dame,
si l'espousa e prist a fame.
95 Les noces fist moult riches faire,
car il estoit de grant afaire,
de grant parage et de grans
[gens . . .
La douce Dame debonnaire,
qui plus douce est que miel en
[ree,
100 lors droit a lui s'est demoustree . .
Au clerc sembloit que Nostre
[Dame
le doit monstroit atout l'anel
qui merveilles li seoit bel,
quar li doiz est polis et droiz.
105 „Ce n'est mie" fait ele „droiz
ne loiauté que tu me fais.
Laidement t'ies vers moi meffaiz:
vesci l'anel a ta meschine
que me donnas par amor fine,
110 et si disoies que cent tans
iere plus bele et plus plaisans
que plus bele que tu sëusses.
Loial amie en moi ëusses,
se ne m'ëusses deguerpie:
115 la rose lesses por l'ortie
et l'eglentier por le sëuz.
Chetis, tu es si decëuz,
que le fruit lesses por la fueille,
la lamproie por la setueille.
120 Por le venin et por le fiel
lesses la ree et le douz miel."
Li clers qui moult s'esmer-
[veilla
de la visïon, s'esveilla.
Esbahiz est en son courage:
125 lez lui cuide trouver l'ymage,
de toutes pars taste a ses mains
ne n'i treuve ne plus ne mains.
Adonc se tient pour decëu
quant a sa fame n'a gëu.
130 Mais il n'en puet venir a chief,
ains s'est endormis de rechief.
La Mere Dieu isnelement
li reparut ireement,
chiere li fist moult orgueilleuse,

135 Orrible, fiere et dedaigneuse.
Bien semble au clerc et est avis
ne li daingne tourner le vis,
ains fait semblant qu'ele le hace,
si le ledenge et le menace
140 et dit assez honte et laidure,
souvent l'apele tans, parjure
et foimenti et renoié.
„Bien t'ont deable desvoié
et avuglé" fait Nostre Dame
145 „quant tu por la chetive fame
m'as renoiee et deguerpie
por la pullente pullentie."
Li clers saut sus tout esbahis,
bien soit qu'il est mors et trahis,
150 quant courroucié a Nostre Dame.
Se tant ne quant touche a sa
[fame,
bien soit qu'il est mors et peris.
„Conseilliez moi, Sainz Esperis!"
ce dit li clerc tout en plorant
155 „Quar se ci vois plus demourant,
perduz serai tout sanz demeure."
Du lit saut sus, plus n'i demeure.
— si l'espira la bele Dame

qu'ains ne soilla n'omme ne
[fame —
160 ains s'en fuï en hermitage
et prist habit de moniage.
La servi Dieu toute sa vie
et ma dame Sainte Marie.
Ne vout on siecle remanoir
165 avec s'amie a la manoir,
que il avoit par amour mis
l'anel ou doi com vrais amis.
Du siecle tout se varia:
a Marie se marïa.
170 Moine et clerc qui se marie
a ma dame Sainte Marie,
moult hautement s'est marïez.
Mais cil est trop mesmarïez
et tuit cil trop se mesmarïent
175 qui as Marïons se marient.
Par marïons, par marïees
sont moult dames desmarïees.
Pour Dieu ne nous mesmarïons,
lessons Maros et Marïons,
si nous marïons a Marie
181 qui ses amis es ciex marie.

Gautier de Coincy, Les Miracles de la Sainte Vierge
p. p. M. l'abbé Poquet, Paris 1857, sp. 355—60.

2.

Geistliche Lyrik:

Rustebuef, C'est de Nostre Dame.

1 Chanson m'estuet chanter de la meillor
qui onques fu ne qui james sera.
Li siens douz chanz garit tote dolor,
bien est gariz cui ele garira.
5   Mainte ame a garie,
huimais ne dot mie
que n'aie bon jor,
quar sa grant dosor
9   n'est nus qui vos die.

149, 152 *soit*: = *set*, vgl. oben v. 79 *poit* = *poet* und X 4 1855 *tenet*
f. *tenoit*. — 169 ff. Wortspiele mit *Marie — marier — Marion* ('Mariechen',
als weltlicher name). Vgl. die dritte strophe des folgenden liedes.

2 Molt a en li cortoisie et valor,
   bien et bonté et charité i a.
   Com fols li cri merci de ma folor:
   foloié ai, s'onques nus foloia.
     Si plor ma folie
15   et ma fole vie,
     et mon fol senz plor
     et ma fole error,
     ou trop m'entroblïe.

3 Quant son douz non reclaiment pecheor
20 et il dïent son Ave-Maria,
   n'ont puis dote du maufé tricheor,
   qui molt dote le bien que Marie a.
     Quar qui se marie
     en tele Marie,
25   bon mariage a:
     marïons nos la,
     si avrons s'aïe.

4 Molt l'ama cil qui de si haute tor
   com li ciel sont descendi jusque ça.
30 Mere et fille porta son creator,
   qui de noiant li et autres crïa.
     Qui de cuer s'escrie
     et merci li crie,
     merci trovera:
35   ja nus n'i faudra
     qui de cuer la prie.

5 Si com l'en voit le soleil tote jor
   qu'en la verriere entre et ist et s'en va,
   ne l'enpire, tant i fiere a sejor,
40 aussi vos di que onques n'enpira
     la virge Marie:
     virge fu norrie
     virge Dieu porta
     virge l'aleta,
     virge fu sa vie.

Rustebuefs Gedichte, hrsg. von Adolf Kressner,
Wolfenbüttel 1885, s. 200 f.

---

2. **37 tote jor**: vgl. oben s. 92. — 37—41: in anderem zusammenhang
gebraucht Crestien das bild von der durch die sonne nicht verletzten glas-
scheibe im Cliges 725 ff.: *Autretel est de la verriere: — ja n'iert tant forz
ne tant antiere, — que li rais del soleil n'i past, — sans ce que de rien
ne la quast ...*

3.

Moraldichtung:

Wallonisches Poeme moral

(anfang des 13. jahrhunderts).

Ke grant pechiez est de donneir as juglors et as lecheors.

515   Sainz Polz dist ke li hom se doit bien travilhir;
par oevre qui bone est, li list bien gaanier
dont il ceaz puist ki sunt bessignos, adrecier.
Bien ganiet ki si ganiet, dont altrui vult aidir.

516   Mais cui doit hom aidier et cui doit om doneir?
Celui qui seit as tables et a escas joueir,
ke maintenant en puist a la taverne aleir,
ki bien sachet les uns et les altres gabeir?

517   Ceaz qui sevent les jambes encontremont jeter,
qui sevent tote nuit rotrüenges canteir,
ki la mainie funt et sallir et danceir,
doit hom a iteil gent lo bien Deu aloweir?

518   Kant k'il funt, cant k'il dïent, tot turne a lecherie.
Pardoneiz moi cest mot, se j'ai dit vilonie,
n'en puis mais, car mut funt pis ke je ne vos die;
c'est une gens ke Deus at dempneie et maldie.

519   Ensi ke l'atre gent ne vont il ne ne rïent:
Or sallent, or vïelent, or braient et or crïent.
Trestot turne a pechiét cant k'il funt, cant k'il dïent;
ce sunt cil qui les anrmes destruient et ocïent.

520   D'un mot ke je dirai, ne vos correciez mie:
il resemblent la truie, ki de boe est cargie;
s'ele vient entre gent, de son greit u cacie,
tuit ont del tai lor part a cui ele est froïe.

521   De si fait afaire est lor constume et lor vie.
Ki en eaz soi delitent, senz pechiét ne sunt mie;

---

3. Die mundart des gedichts gehört dem osten des wallonischen gebietes an. Zum wallonischen im allgemeinen vgl. Eulalia, Jonas, Leodegar, Hohes Lied. Im besonderen ist hier hervorzuheben: freies *a* > *ei* (*iteil, greit, vaniteit, doneir, canteir, doneit, apeleit, dampneie*), *-iee : ie* (*mainie, cargie, cacie, froïe*, vgl. auch oben X 1, XI 2 33—36), aber auch sonst *ie : i* (*travilhir, aidir, laissir, pechir*, vgl. oben X 4 1792—94); *c̯a̱* = *c* (*canteir, cargie, cacie* neben *ch*); *l*^{kons.} verstummt (*atre, maz, eaz = eals = els, ceaz, mut*); art. *lo* neben *le*.

515 **gaanier — ganiet**: *gaagnier* dreisilbig und zweisilbig gemessen. — 517 **aloweir**: *aloër* mit übergangslaut (vgl. *pooir > povoir*), aber 516 *joueir*. — 525 **üiwet**: sonst *aïuet* (< *adjutat*). Das zeichen *w* kann *w, vu, vo* bedeuten.

mais cil ki les en lowent, cil funt la derverie,
car cum plus lor done hom, plus funt de deablie.

522   Ce c'um sovent lor donet, nes lait lo mal laissir;
mais tot cil qui lor funt par lor avoir pechir,
sachiez ke plainement en avront lor lowier,
car del mal ke cil funt, il en sunt parcenier.

523   Ki a teile gent donent, n'ont ne sens ne savoir,
car en granz maz les funt et en pechiét chaoir;
et a Deu respondront, bien lo sachiez par voir,
de ce k'en vaniteit ont doneit son avoir.

524   Tot est perdut de quant c'um donne en vaniteit,
mais ce k'om done as povres, tot est a Deu doneit,
car li bon povre sunt membre Deu apeleit:
ki Deu membres honoret, il at Deu honoreit.

525   Deus at l'aveir a l'omme par lui servir presteit,
par orguil et mal faire ne li at pas doneit.
Qui povres en äiwet, mut sert bien Deu en greit,
mult aimet Deus teil homme et sovent l'a mostreit.

Poème moral, hrsg. von W. Cloëtta, Rom. Forschungen 3
(1887) 1 ff., s. 230—32.

4.

Heldenepos:

Adenet le Roi, Berte aus grans piés
(um 1275).

1   A l'issue d'avril, un tans douc et joli,
que herbeletes pongnent et pré sont raverdi
et arbrissel desirent qu'il fussent parflori,
tout droit en cel termine que je ici vous di,
5 a Paris la cité estoie un venredi:
pour ce qu'il ert devenres, en mon cuer m'assenti
k'a Saint Denis iroie por priier Dieu merci.
A un moine courtois c'on nonmoit Savari,
m'acointai telement, Damedieu en graci,
10 que le livre as estoires me moustra, et g'i vi
l'estoire de Bertain et de Pepin aussi,

523, 525 par: *por* wird hier oft mit *par* verwechselt.

4. Adenet aus Brabant dichtet auch in dieser vorgerückten zeit noch
in der mundart seiner heimat (in ihren wesentlichen zügen mit dem
pikardischen übereinstimmend). Der wechsel zwischen männlich und
weiblich ausgehenden laissen wird durch das ganze gedicht durchgeführt,
das erste beispiel einer 'règle d'alternance des rimes' (ebenso in seinem
Bueve de Commarchis). — Zu Pippins löwenkampf vgl. die sage s. 12.

1 douc: *douc* = francisch *douz*, ebenso 13 *aprentić* (< *-icium*, sonst
aprentif, < *-ivum*).

conment n'en quel maniere le lïon assailli.
Aprentic jongleour et escrivain mari
ont l'estoire faussee, onques mais ne vi si.
15 Ilueques demorai de lors jusqu'au mardi,
tant que la vraie estoire emportai avoec mi
si conme Berte fu en la forest par li,
ou mainte grosse paine endura et soufri:
l'estoire iert si rimee, par foi le vous plevi,
20 que li mesentendant en seront abaubi,
et li bien entendant en seront esjoï.
A cel tans dont vous ai l'estoire conmencie   2
avoit un roi en France de moult grant seignorie,
qui moult fu fel ot fiers et de grant estoutie:
25 Charles Martiaus ot non, mainte grant envahie
fist Gerart et Foucon e ceaus de lor partie:
mainte ame en fu de cors sevree et departie,
et maint hauberc rompu, mainte targe percie,
mainte tour abatue, mainte vile essillie.
30 Puis en fu la pais si et faite et establie
qu'il furent bon ami sans mal et sans envie.
Aprés vinrent li Wandre, une gent maleïe,
qui furent moult grant gent, plain de mescreandie:
puis furent lor gent morte et trestoute essillie.
35 D'autre chose vous ai la matere accueillie:
entour la Saint Jehan que la rose est florie,
fu rois Charles Martiaus en sa sale voutie,
a Paris la cité o grant chevalerie.
Ainc n'ot que deus enfans, n'est drois c'on m'en desdie:
40 l'uns ot non Carlemans, moult fu de bone vie,
quatre ans fu chevaliers, plains fu de courtoisie,
et puis se rendi moines dedens une abeïe;
l'autres ot non Pepins, par Dieu le fill Marie,
cinc piés ot et demi de long, plus n'en ot mie,
45 mais plus hardie chose ne fu onques choisie.
El jardin le roi ot mainte table drecie,
au mengier sist li rois et sa gente maisnie,
d'autre part sist Pepins o la bachelerie.
Leens ot un lïon norri d'ancesserie,

---

17 par li: eigentlich, 'durch sich selbst — ohne fremde hilfe', dann
verallgemeinert 'allein' (ebenso *par lui, par moi* u. a.). — 26 Gerart et
Foucon: gemeint sind Girart von Roussillon und sein parteigänger Foucon
im epos Girart von Roussillon. — 44 cinc piés ot et demi: nach dem
gewöhnlichen französischen fussmass (= 0,324 m) hätte Pippin hiernach
1,78 m gemessen. Vermutlich stammt Adenets ausgabe aus einer lat.
quelle, in welcher der römische *pes* (= 0,30 m) zugrunde gelegt war.

50 de plus crueuse beste ne fu parole oïe.
Sa cage ot derrompue et toute depecie,
et son maistre estranglé qui fu de Normendie.
Par le jardin, ou ot maint ente bien feuillie,.
s'en venoit li lïons conme beste enragie:
55 deus damoisiaus a mors, estrais de Lombardie,
qui aloient joant seur l'erbe qui verdie.
Charles Martiaus saut sus, que il plus ne detrie,
sa fenme enmaine o lui, ne l'i a pas laissie,
n'en i a un tout seul, n'ait la table guerpie.
60 Quant Pepins l'a vëu, de maltalent rougie,
dedens une chambre entre, n'ot pas chiere esmaric,
un espiel i trouva, fierement le paumie,
vers le lïon s'en va, ou soit sens ou folie.
     Quant Pepins tint l'espiel, n'i volt plus demorer,   3
65 vers le lïon s'en va, n'ot talent d'arrester:
apertement li va Pepins tel cop donner,
devant en la poitrine bien le sot aviser.
L'espiel jusqu'a la crois li fait el cors coler.
Parmi le cors li fait le froit acier passer,
70 mort l'abat sor la terre, puis ne pot relever.
Chascuns i acorut la merveille esgarder,
Charles Martiaus meïsmes keurt son fill acoler,
et sa mere enconmence de la joie a plorer:
„Biaus tresdous fils" fait ele „conment osas penser
75 que si hideuse beste osas ains adeser?"
„Dame" ce dist Pepins „on ne doit pas douter
chose que on ne puist a nul blasme atorner."
78 Vint ans avoit Pepins, ainsy l'oï esmer.

Li Roumans de Berte aus grans piés par Adenés li Rois
p. p. Aug. Scheler, Brüssel 1874, s. 1—4.

5.

Reimchronik:

Philippe Mousket, Chronique rimee
(um 1245 abgeschlossen).

1968 Ensi fu Pepins li gentius	Feme manda, ce dist l'estore,
de toute France fais baillius.	sa fille li transmist rois Flore,

72 **keurt**: analogische stammabstufung (für *cort* — *corrons*), nach dem muster von *plorons* — *pleuret*, *noons* — *neuet*, auch (da seit anfang 13. jahrhs. *eu* und *ue* in *ö* zusammenfallen) *morons* — *muert*, *demorons* — *demueret*. Vgl. oben s. 101 v. 68, unten XII 1 68 *aqueure*.

5. Philippe Mousket aus Tournai schreibt die mundart seiner hennegauischen heimat, daher neben vielen mit dem pikardischen überein-

ki noble estoit et biele et fine.
Od li en vint une mescine,
pour çou que la roïne sierve,
1975 mais s'anciele estoit et la sierve.
Pepins a la dame espousee,
grant fieste en ot par la contree,
et quant ce vint a l'aviesprir,
qu'ele se diut aler gesir,
1980 la dame ki forment douta
Pepin, pour çou que grant vit a,
od lui fist en son liu gesir
sa sierve, et s'en fist son plaisir.
Et saciés que trop s'adama,
1985 quar Pepins la sierve enama,
et la sierve prist la roïne,
si la tramist en la gaudine.
Li roi par son consel l'osta,
en la foriest le commanda
1990 mener et livrer a exil.

Mais li sergant furent gentil:
pitiét en orent pour le tort,
si ne l'ont pas livree a mort.
Parfond el bos laissie l'orent,
1995 repairié sont plus tost que
　　　　　[porent.
Li forestiers ala kacier,
si trouva la dame el ramier,
a son ostel menee l'a.
Sa feme moult grant joie en a,
2000 et la dame les siervi bién,
c'onques de soi ne parla rien.
Entretant ot Pepins ensi
deus fius, c'est Rainfroit et
　　　　　[Heldri,
de la sierve, et puis si avint
que Pepins el bos kacier vint,
ciés le forestier s'enbati,
2007 u sa feme reut puissedi.

Chronique rimée de Philippe Mouskés p. p. le baron de Reiffenberg,
Brüssel 1836 (Collection de chroniques belges) I 81—83.

6.

Höfischer Roman:

Durmart le Galois
(erste hälfte des 13. jahrhunderts).

Durmart hat sich, nach leichtsinnigen jünglingsjahren, mit seinem vater, könig Jozefens von Wales, versöhnt. Zu Pfingsten wird zu ehren seiner ritterwerdung ein grosses fest gefeiert.

921 Li douz mois de mai est entrés,
de biaz jors est enluminés,
li rosiers florist et li glais,
molt est cis tens jolis et gais.
925 La flors de lis naist et blanchoie,
li roseignoz maine grant joie.
Li rois Jozefens fait mander
tos sés barons et assembler,
a sa cort assemblent et vienent

930 tot cil qui de lui terre tienent.
La roïne pas ne s'oblie,
car les dames somont et prie
et les pucelles de parage,
mainte en i ot cortoise e sage.
935 Totes celes de son païs
i sunt venues, ce m'est vis,
tot droit al jor de Pentecoste.
La gens s'asemblet et ajoste

---

stimmenden zügen *ie* für *ę* in gedeckter stellung (*biele* < *bella, sierve* < *serva, anciele* = francisch *ancęle, foriest* = frc. *forest,* auch in vortonige silbe übertragen: *aviesprir, siervi*). Der kurzatmige auszug aus dem Bertaepos übergeht die meisten namen: Ungarn, Bertas Heimat, Blancheflour, ihre mutter, Aliste, ihre dienerin, Symon, den förster.

6. 930 tot: = *tuit,* pik. Vgl. auch 943 *joncie (jonkie,* = frc. *jonchiee)*

a la Blanche Cité en Gales.
940 Totes sunt joncies les sales
de roses et de flors de lis
et de frez jons novels coillis;
n'i a chambre ne soit joncie
et richement apparillie;
945 de la cité fu li marchiés ·
de fresche herbe trestos jonciés
et les rues tot atresi.
Cel jor i ot maint giu basti.
Moult fu la cors grans et
    [planiere,
950 gens i ot de mainte maniere,
de bachelers et de barons
i fu molt grande la foisons.
La ot mainte robe envoisie,
mainte d'orfroi, mainte trechie,
955 mainte vaire, mainte d'ermine.
La cors ne sembla pas frarine:
mil chevaliers i ot et plus,
bien acesmés et bien vestus
et mil que dames que pucelles
960 vestues de robes novelles.
Ains que Durmars fuist adobés,
s'est il en son cuer porpensés
qu'ordenes de chevalerie
doit estre de grant saignorie.
965 A un eveske confessa,
Sains Esperis li consilla,
de celle chose molt bien fist.
Li contes me tesmoinge et dist
que lors fu chevaliers novels
970 lui centisme de jovencels.
Alé sunt a la haute messe,
la presse fu grans et espesse
des chevaliers qui messe oïrent.
Durmart regardent et remirent,
975 et trestot cil qui l'esgardoient,
li uns a l'altre le disoient
qu'onques en la crestïenté
n'ot home de si grant bialté.
Chauces avoit d'un noir samis,
980 d'uns dras de soie fu vestis
batus a or, forrés d'ermine,

la penne ert fresche et clere et
    [fine,
et li colierz fu sebelins,
fermal ot d'or a clers rubins,
985 sa chainture si ert de soie,
chascuns membres i reflamboie
qui d'or i est mis et fermés:
molt est Durmars bien acesmés
et molt semble bien chevaliers.
990 Les dames ont les cuers ligiers
de lui esgarder et veoir,
chascune le vossist avoir.
Quant l'autre messe fu
    [chantee,
del mostier s'en est retornee
995 tote la grans chevalerie.
La fors ot une praerie
qui devant la cité estoit,
molt grans raiugies i avoit
d'arbres plantés haus e foillis,
1000 chascuns ert de novel floris.
Mais ne sai pas dire le numbre
des gens cui il rendissent umbre.
Desore chantent li oisel,
Dex fist le tens et cler et bel,
1005 vers est li prez et plains de flors
qui sunt de diverses colors,
par lius i avoit fontenelles
qui molt furent cleres et beles,
li lius estoit molt delitables.
1010 Drecies i estoient tables
et desos les arbres assises,
et quant les napes furent mises,
lors vëissiés l'eve doner,
dames et chevaliers laver.
1015 Quant ont lavé, seoir s'en vont,
li seneschal lor mestier font,
trestot cil qui servir devoient,
sachiés que pas ne s'en
    [faignoient.
Desos les arbres sunt assis
1020 duc et conte, prince et marchis,
rens i avoit grans et planiers
de dames et de chevaliers

---

und ähnliche pik. formen. — 959 que — que: vgl. XI 2 31. — 970 lui
centisme: er als der hundertste, 'selbhundert'.

et de molt cointes damoiseles.
La servoient deus cent puceles,
1025 jones, blondes et eschevies,
totes en purs les cors vesties,
et dusqu'a deus cent chevalier,
jone bacheler et legier
o les pucelles vont servir.
1030 Et si vos di sens escharnir
que a chascun mes aporter
les oïssiés en halt chanter
chanson d'amor bien envoisie.
La fu joie bien essaucie,
1035 la n'ot estrivé ne tencié,
assez i ot but et mangié.
La ne vit om nului foler,
ne l'un desor l'atre boter.
Et si vos di trestot por voir:
1040 li uns pot l'atre bien veoir
des rens et de celes qui sisent,
et aprés mangier s'entremisent
li serjant des napes oster.
Dont i oïssiés atemprer
1045 mainte harpe, mainte vïelle,
molt fu la joie grans e belle.

'Tot li escuier vont monter,
cel jor vëissiés boorder
mil damoiseaz frans e gentiuz.
1050 Tant dure la feste et li giuz
qu'il est plus de none passee.
Une grande noire nuee
commença le jor a torbler,
et si fist semblant de toner.
1055 Li rois que l'on tenoit a sage,
ne vot pas atendre l'orage,
a sa gent dist: „Tost en alons,
en nostre cité nos metons!
Quar li acesmé s'en plaindroient
1060 de cest oré, s'il l'atendoient.
Sor deus molt riches palefrois
la roïne monte et li rois.
Lors montent dames et puceles
et chevalier et damoiseles,
1065 trestot s'enforcent por l'oré.
Voirs est que tant se sunt hasté
que par la maistre porte entre-
[rent
1068 en la cité que pres troverent.

Li Romans de Durmart le Galois hrsg. von Edmund Stengel
(Bibl. des Lit. Ver. in Stuttgart 116, Tübingen 1873) s. 27—30.

7.

Schwank (Fablel):

Rustebuef, Li Testamenz de l'asne.

Qui vuet au siecle a honor vivre
et la vie de cels ensuivre
qui beent a avoir chevance,
molt trueve au siecle de nuisance,
5 qu'il a mesdisanz davantage,
qui de ligïer li font damage,
et si est toz plains d'envïeus.
Ja n'iert tant bians ne gracïeus,

se dis en sont chiez lui assis,
10 des mesdisanz i aura sis,
et d'envïeus i aura nuef.
Par derrier nel prisent un oef
et par devant li font tel feste,
chascuns l'encline de la teste.
15 Coment n'avront de lui envie
cil qui n'amandent de sa vie,

1035 f.: 'dort gab es nicht gestrittenes und gescholtenes, in menge
gab es da gegessenes und getrunkenes — wurde gegessen nnd getrunken'.
Vgl. oben Tristan s. 87 v. 2058 *out demandé* 'es wurde gefragt'.

7. 10: anakoluth, statt eines von v. 8 abhängigen nebensatzes mit
que — ne.

quant cil l'ont qui sont de sa
　　　　　　　　　[table,
qui ne li sont ferm ne estable?
Ce ne puet estre, c'est la voire.
20 Je le vos di por un provoire
qui avoit une bone eglise,
si ot tote s'entente mise
a lui chevir et fere avoir:
a ce ot torné son savoir.
25 Assez ot robes et deniers
et de blé toz plains ses greniers,
que li prestres savoit bien vendre
et por la vendue s'atendre
de Pasques a la Saint Remi,
30 et si n'ëust si bon ami
qui en pëust riens nee trere,
s'on ne li fet a force fere.
Un asne avoit en sa meson,
mes tel asne ne vit mes hom,
35 qui vint ans entiers le servi,
mes ne sai s'onques tel serf vi.
Li asnes morut de viellesce,
qui molt aida a la richesce.
Tant tint li prestres son cors
　　　　　　　　　[chier,
40 qu'onques nel lessast acorchier,
et l'enfoï ou cemetiere.
Ici lerai ceste matiere.
L'evesques ert d'autre maniere,
que covoiteus ne eschars n'iere,
45 mes cortois et bien afetiez,
que s'il fust ja bien deshetiez
et veïst preudome venir,
nus nel pëust el lit tenir.
Compaigne de bons crestïens
50 estoit ses droiz fisicïens:
toz jors estoit plaine sa sale,
sa maignie n'estoit pas male.
Mes quanque li sires voloit,
nus de ses sers ne s'en doloit.

55 S'il ot mueble, ce fut de dete,
quar qui trop despent, il s'endete.
Un jor grant compaignie avoit
li preudons qui toz biens savoit,
si parla l'en de ces clers riches
60 et des prestres avers et chiches
qui ne font bonté ne honor
a evesque ne a seignor.
Cil prestres i fu emputez
qui tant fu riches et montez.
65 Aussi bien fu sa vie dite,
com s'il la vëissent escrite,
et li dona l'en plus d'avoir
que trois n'en pëussent avoir,
quar l'en dit trop plus de la
　　　　　　　　　[chose
70 que l'en n'i trueve a la parclose.
„Ancor a il tel chose fete
dont granz monoie seroit trete,
s'estoit qui la mëist avant"
fet cil qui vuet servir devant
75 „et s'en devroit grant guerredon."
„Et qu'a il fet?" dit li preudon.
„Il a pis fet qu'uns Bedüyn,
qu'il a son asne Baudüyn
mis en la terre beneoite."
80 „Sa vie soit la maleoite"
fet l'evesques „se ce est voirs,
honiz soit il et ses avoirs!
Gautier, fetes le nos semondre
Si orrons le prestre respondre
85 a ce que Roberz li met sore.
Et je di, se Diex me secore,
se c'est voirs, j'en aurai l'amende."
„Je vos otroi que l'on me pende,
se ce n'est voirs que j'ai conté,
90 si ne vos fist onques bonté!"
Il fut semons, li prestres vient.
Venuz est, respondre covient
a son evesque de cest cas

---

29 la Saint Remi: wie oben s. 106 v. 36 *la Saint Jehan* durch ellipse
— für *la feste Saint Remi* — entstanden. — 78 Baudüyn: *Baudouin*
(d. *Baldewin*) ist der altherkömmliche name des esels in der älteren
tierdichtung, *Bernart l'archeprestre* im Roman de Renart sicher erst
jüngeren ursprungs; zu *Baudouin* gehört nfr. *baudet*.

dont li prestres doit estre quas.
95 „Faus desleaus, Dieu anemis,
ou avez vos vostre asne mis?“
dist l'evesques „molt avez fet
a sainte eglise grant mesfet:
onques mes nul si grant n'oï,
100 que avez vostre asne enfoï
la ou on met gent crestïene!
Par Marie l'Egyptïene!
S'il puet estre chose provee
ne par la bone gent trovee,
105 je vos ferai metre en prison,
qu'onques n'oï tel mesprison.“
Dit li prestres: „Biaus tresdolz
[sire,
tote parole se let dire.
Mes je demant jor de conseil
110 qu'il est droiz que je me conseil
de ceste chose, s'il vos plet,
non pas que je i bee en plet.“
„Je vueil bien, le conseil aiez,
mes ne me tieng pas apaiez
115 de ceste chose, s'ele est voire.“
„Sire, ce ne fet pas a croire.“
Lors se part li vesques du
[prestre,
qui ne tient pas le fet a feste.
Li prestres ne s'esmaie mie,
120 qu'il set bien qu'il a bone amie:
c'est sa borse, qui ne li faut
por amende ne por defaut.
Que que fois dort, li termes vient.
Li termes vient, et cil revient:
125 vint livres en une corroie
toz ses et de bone monoie
aporta li prestres o soi,
n'a garde qu'il ait faim ne soi.
Quant l'evesques le voit venir,
130 de parler ne se pot tenir:
„Prestres, conseil avez ëu,

qui avez vostre senz bëu?“
„Sire, conseil oi je, sanz faille,
mes a conseil n'afiert bataille.
135 Ne vos en devez merveillier
qu'a conseil doit on conseillier.
Dire vos vueil ma conscïence,
et s'il i afiert penitance,
ou soit d'avoir, ou soit de cors,
140 adonc si me corrigiez lors!“
L'evesques si de lui s'aproche,
que parler i pot boche a boche,
et li prestres lieve la chiere,
qui lors n'ot pas monoie chiere.
145 Desoz sa chape tint l'argent,
ne l'osa mostrer por la gent.
En conseillant conta son conte:
„Sire, ci n'afiert plus lonc conte.
Mes asnes a lonc tenz vescu,
150 molt avoie en lui bon escu.
Il m'a servi, et volentiers,
molt loiaument vint ans en-
[tiers,
se je soie de Dieu assous.
Chascun an gaagnoit vint sous,
155 tant qu'il a espargnié vint livres.
Por ce qu'il soit d'enfer delivres,
les vos lesse en son testament.“
Et dist l'evesques: „Diex l'ament
et si li pardoint ses mesfez
160 et toz les pechiez qu'il a fez!“
Ensi com vos avez oï,
du riche prestre s'esjoï
l'evesques, por ce qu'il mesprist,
a bonté fere li aprist.
165 Rutebues nos dist et enseigne:
qui deniers porte a sa besoingne,
ne doit doter mauves lïens.
Li asnes remest crestïens,
qu'il paia bien et bel son les.
170 Atant la rime vos en les.

Rustebuefs Gedichte, hrsg. von Adolf Kressner, Wolfenbüttel 1885,
s. 109—13. Montaiglon et Raynaud, Recueil des fabliaux des 13e et
14e siècles, Bd. 4 (1887) 215—20.

8.

Chanson von

Thiebaut von Champagne.

(2. viertel des 13. jahrhunderts).

1 Ainsi com l'unicorne sui,
qui s'esbahit en regardant,
quant la pucelle va mirant:
tant est liee de son anui,
5 pasmee chiet en son giron,
lors l'ocit on en traïson.
Et moi ont mort de tel semblant
Amors et ma dame, por voir:
mon cuer ont, nel puis point
[ravoir.

2 Douce dame, quant je vos vi
et vos conus premierement,
mes cuers alloit si tressaillant
qu'il vos remest, quant je m'en
[mui.
Lors fut menés sans raençon
15 en vo douce chartre, en prison,
dont li piler sont de talent;
et li huis en est de bel voir,
et li anel de bon espoir.

3 De la chartre a la clef Amors,
20 et si i a mis trois portiers:
Biau Semblant a nom li premiers,
et Bonté en est fait seignors,
Dangier ont mis a l'uis devant,
un ord felon, vilain, puant,

25 qui molt est maus et pautonniers.
Cil trois sont ruiste et hardi:
molt tost ont un amant saisi.

4 Qui porroit soffrir les tres-
[tors
et les assauts de ces huissiers?
30 Onques Rolans ne Oliviers
ne vainquirent si grans estors.
Il vainquirent en combattant,
cist vainquent en humilïant.
Soffrir en est gonfanoniers.
35 En cest estor, dont je vos di,
n'a nul confort fors de merci.

5 Dame, je ne redot rien plus
fors que ne faille a vos amer.
Tant ai apris a endurer
40 que je sui vostre tout par us.
Et se il vous en pesoit bien,
n'en puis partir por nule rien,
que je n'aie le remembrer
et que mes cuers ne soit adés
45 dedans la chartre et de vos pres.

6 Dame, quant je ne sai guiller,
merci seroit de raison mes
48 de sostenir si greveux fes.

Chansons de Thibault IV., comte de Champagne et de Brie,
roi de Navarre (Poètes de la Champagne antérieurs au
13e siècle p. p. Tarbé), Reims 1851, s. 4—6.

---

8. 1 com l'unicorne: der fang des einhorns (*Monosceros griu
est, — en franceis un-cor est* Best. 417f.) wird von Philippe v. Thaon in
seinem Bestiaire 393 ff. ausführlich beschrieben. — 13: vgl. oben s. 79 Conon
de Béthune. — 21ff. Biau Semblant, Bonté, Dangier: personifi-
kationen schon völlig im stile des Rosenromans. — 31 vainquirent
—estours: vgl. oben s. 24 zu v. 1343.

9.
Motett
aus der Bamberger handschrift.

a.

Amours qui vient par mesage,
ne porroit longues durer,
pour coi ne li vuill mander,
a la blondete, la sage,
5 la grant doulour ne la rage
qu'ele mi fait endurer.
  Souvent souspirer
m'estuet et mout grant malage
le mius que je puis passer,
10 si n'i sai comment aler
dire li tout mon courage
et toute ma volenté.
Hé! se cil mals ne m'assouage,
14 je sui a la mort livrés.

b.

15 Toute soule passerai
  le bois ramé,
puis que je n'i ai trové
mon tresdous loial ami,
en cui j'avoie tout mis
20   mon pensé.
Et il m'avoit creancé
qu'il venroit aveque mi
  el vert boscage,
si ne me tieng mie a sage,
25 quant tote sole i entrai.
He! las! dous Dieus! que ferai?
  Je ne sai,
mais soulete m'en rirai
  tot le rivage,
30 puis que compaingnie n'ai.

c.

Notum.

Die altfranz. Motette der Bamberger Handschrift hrsg. von Albert
Stimming (Gesėllschaft f. roman. Lit. 13), Dresden 1906, s. 75f.

10.
Historisches Lied auf
Ludwigs IX. Erkrankung und Kreuznahme
(1244/45).

1   Touz li monz doit mener joie
  et estre bien envoisiez:
  li rois de France est croisiez
  pour aler en cele voie,
5 la ou cil pas ne s'emploie
  ki tient de touz ses pechiez.
  Saus est ki en la mer noie.
  Trop me tarde que j'i soie
  la Deus fu crucefïiez.
10 N'a nul qui aler n'i doie.

2   Ne savez pas l'aventure
  pour quoi li rois est croisiez.
  Il est loiaus et entiers
  et s'est proud'oms a droiture.
15 Tant com ses roiaumes dure,
  est il amez et proisiez.
  Sainte vie, nete, pure,
  sanz pechié e sanz ordure,
  meine li rois, ce sachiez,
20 k'il n'a de mauvaistié cure.

9: a und b geben die texte zu den beiden oberstimmen, c den lat.
text zur grundstimme.

10. Das in anglonormannischen lautformen überlieferte gedicht ist von
Stimming aus guten gründen in francischer mundart hergestellt worden.

9 1a: = *la ou*, wie unten v. 70, oben s. 85, v. 1910. Weitere beispiele
gibt Stimming zu der stelle hier.

3   Il out une maladie,
    ki longement li dura,
    par quel raison se croisa,
    kar bien fu l'epedemie,
25 k'em quidoit k'il fust sanz vie:
    aucuns dist k'il trespassa.
    Dame Blanche l'eschevie,
    ki'st sa mere et s'amie,
    mout durement s'escrïa:
30 „Fiz, tant dure departie!"

4   Tuit quiderent voirement
    ke li rois fust trespassez:
    uns dras fu sour lui jetez,
    et plouroient durement,
35 entra i toute sa gent,
    onc teus deus ne fu menez.
    Li quens d'Artois voirement
    dist au roi mout doucement:
    „Beaus, douz frere, a moi parlez,
40 si Jesus le vous consent."

5   Adont li rois souspira,
    dist: „Beaus frere, douz amis,
    li evesques de Paris
    or tost si me croisera,
45 kar longement esté a

outre mer mes esperiz.
Et li miens cors s'i ira,
si Deu plaist, et conquerra
la terre sus Sarrazins:
50 bien ait ki m'i aidera!"

6   Tuit furent joiant et lié,
    quant il oïrent le roi,
    et si se tindrent tuit coi,
    fors sa mere au cors deugié,
55 doucement l'a embracié
. . . .
„Je vous dorrai de deniers
chargiez karante somiers,
bonement le vous otroi
60 a doner a soudoiers."

7   Chascuns a ceste nouvele
    doit estre bien abaudiz.
    Kar, aissi com m'est avis,
    ele est avenanz et bele.
65 Mout sera en haute sele
    chevauchanz en paraïs,
    ki respandra sa cervele
    ou son sanc ou sa bouele
    en la terre ou el païs
70 la Deus nacquit de l'ancele.

Wilhelm Meyer und Albert Stimming, Wie Ludwig IX. d. H. das Kreuz nahm. Nachrichten d. K. Ges. d. Wiss. zu Göttingen. Phil.-hist. Kl. 1907, s. 246—57.

24 kar bien fu: Stimming vermutet *si fors fu*. Vielleicht *kar tel fu*. — 45 f.: nach dem bericht des mönchs Richer von Sens (MG. SS. 25, 304) hatte der erkrankte könig eine vision, die ihm die bedrängnis der Christen durch die Sarazenen im hl. Lande zeigte. — 49 sus Sarrazins: zu *sus* und *sor* im sinne von 'gegen, zum schaden von' beispiele bei Stimming. — 56: fehlt in der hs.

XIII

Neue Kunstformen im 13. Jahrhundert.

1.

Geschichte in Prosadarstellung:

Geoffroi de Villehardouin, De la Conqueste de Constantinople
(1. jahrzehnt des 13. jahrhunderts).

Nach der ersten eroberung Konstantinopels durch die kreuzfahrer wird der junge Alexis an stelle seines vaters Isaac am 1. August 1203 zum kaiser gekrönt. Um reibungen mit der bevölkerung zu vermeiden, nehmen die kreuzfahrer in der vorstadt Galata quartier. Alexis stellt an der spitze eines heeres das ansehen des kaisertums in verschiedenen teilen des reiches wieder her.

1   207. Ensi demora l'empereres Alexis mult longuement en l'ost
ou il fu issuz, trosque a la saint Martin; et lors revint en Constantinoble
ariere. Mult fu granz joie de lor venue, que li Grieu et les dames de
Costantinoble alerent encontre lor amis a granz chevauchies, et li
5 pelerin ralerent encontre les lor, dont il orent mult grant joie. Ensi
s'en rentra l'empereres en Constantinoble el palais de Blaquerne, et li
marchis de Monferat et li altre baron s'en repairierent en l'ost.

208. L'empereres, qui mult ot bien fait son afaire et mult cuida
estre au desseure, s'enorgueilli vers les barons et vers cels qui tant de
10 bien li avoient fait, ne. ne les ala mie veoir en l'ost si com il soloit
faire. Et il enveoient a lui, et prioient que il lor fëist paiement de lor
avoir, si con il lor avoit convent. Et il les mena de respit en respit,
et lor faisoit d'ores en altres petiz paiemenz et povres, et en la fin
devint noienz li paiemenz.

---

1. ·6 li marchis de Monferrat: markgraf Bonifaz II. von Monferrat,
der führer des kreuzheeres, auch als gönner der trobadors — so Peire
Vidals und Raimbauts von Vaqueiras, der ihm auch auf dem kreuzzug folgte
— bekannt, 1207 im kampf gegen die Bulgaren gefallen. — 12 lor avoit
convent: vgl. unten *tenir que vos lor avez convent*, anderwärts auch *en*
convent 'jemandem gegenüber etwas als zusage haben — versprochen
haben'.

209. Li marchis Bonifaces de Monferrat, qui plus l'avoit des 15
autres servi et mielz ere de lui, i ala mult suvent et li blasmoit le tort
que li avoit vers els, et reprovoit le grant servise que il li avoient fait,
que onques si granz ne fu faiz a nul home. Et il les menoit par respit,
ne chose qu'il lor creantast ne tenoit, tant que il virent et conurent
clerement que il ne queroit se mal non. 20

210. Et pristrent li baron de l'ost un parlement, et li dux de
Venise, et distrent qu'il conossóient que cil ne lor tendroit nul covent,
et si ne lor disoit onques vòir; et que il envoiassent bons messages por
requerre lor convenance, et por reprover lou servise que il li avoient
fait; et se il le voloit faire, prëissent le, et s'il nel voloit faire, des- 25
f'iassent le de par als, et bien li dëissent qu'il pourchaceroient le lor
si come il poroient.

211. A cel message fu esliz Coenes de Betune et Geoffrois de
Vile-Hardoin li mareschaus de Champaigne, et Miles li Braibanz de
Provins; et li dux de Venise i envoia trois hals homes de son conseil. 30
Ensi monterent li message sor lor chevax, les espees çaintes, et
chevaucherent ensemble trosque al palais de Blaquerne. Et sachiez que
il alerent en grant peril et en grant aventure, selon la traïson as Gres.

212. Ensique descendirent a la porte et entrerent el palais, et
troverent l'empereor Alexi et l'empereor Sursac son pere seanz en deus 35
chaieres lez a lez. Et delez aus seoit l'empereris, qui ere fame al pere
et marastre al fil, et ere suer al roi de Hungerie, bele dame et bone.
Et furent a grant plenté de haltes genz, et mult sembla bien corz a riche
prince.

213. Par le conseil as autres messages mostra la parole Coenes 40
de Betune, qui mult ere sages et bien enparlez: „Sire, nous somes a
toi venu de par les barons de l'ost et de par le duc de Venise. Et
saches tu que il te reprovent le grant servise que il t'ont fait, con la
gens sevent et cum il est apparisant. Vos lor avez juré, vos et vostre
peres, la convenance a tenir que vos lor avez convent, et vos chartes 45
en ont. Vos ne lor avez mie si bien tenue com vos dëussiez.

214. Semont vos en ont maintes foiz, et nos vos en semonons,
voiant toz vos barons, de par als, que vos lor taignoiz la convenance
qui est entre vos et als. Se vos le faites, mult lor ert bel; et se vos
nel faites, sachiez que des hore en avant il ne vos tienent ne por 50
seignor ne por ami, ainz porchaceront que il auront le leur en totes les
manieres que il porront. Et bien vos mandent il que il ne feroient ne
vos ne altrui mal, tant que il l'äussent desf'ié; que il ne firent onques

---

28 esliz: vgl. oben s. 62 zu v. 27 *lites*. — Coenes de Betune:
Conon von Béthune, der lyriker (oben s. 79 f.). — Geoffrois de Vile-
hardouin: der verfasser der 'Conqueste', der seit 1191 den titel 'marschall
von Champagne' führte. — 53 äussent: ebenso unten 98, vgl. dazu ost-
franz. formen wie *awist, awissent,* part. pf. *äut.* Villehardouins stamm-

traïson, ne en lor terre n'est il mie acostumé que il le facent. Vos
55 avez bien oï que nos vos avons dit, et vos vos conseilleroiz si con vos
plaira."

215. Mult tindrent li Gre a grant mervoille et a grant oltrage ceste
desfïance, et distrent que onques mais nus n'avoit esté si ardiz qui
osast l'empereor de Constantinople desfïer en sa chambre mëismes.
60 Mult fist as messages malvais semblant l'empereres Alexis, et tuit li
Grieu qui maintes foiz lor avoient fait mult biel.

216. Li bruis fu mult granz par la dedenz, et li message s'en
tornent et vienent a la porte et montent sor lor chevaus. Quant il
furent defors la porte, n'i ot celui qui ne fust mult liez: et ne fu mie
65 granz mervoille, que il erent mult de grant peril eschampé? Que mult
se tint a pou que il ne furent tuit mort ou pris. Ensi s'en revindrent
a l'ost, et conterent as barons si con il avoient esploitié. Ensi comença
la guerre, et forfist qui forfaire pot, et par mer et par terre. En maint
leu assemblerent li Franc et li Grieu; onques, Dieu merci! n'assemble-
70 rent ensemble que plus n'i perdissent li Grieu que li Franc. Ensi, dura
la guerre grant piece, trosque enz el cuer de l'iver.

217. Et lors se porpenserent li Grieu d'un mult grant enging:
qu'il pristrent dix sept nes granz, ses emplirent totes de granz merrienz
et d'esprises et d'estopes et de poiz et de toniaus, et attendirent tant
75 que li venz venta de vers aus mult durement. Et une nuit, a mie nuit,
mistrent le feu es nes et laissierent les voiles aler al vent; et li feus
aluma mult halt, si que il sembloit que tote la terre arsist. Et ensi
s'en vienent vers les navies des pelerins, et li criz lieve en l'ost, et
saillent as armes de totes parz. Li Venisien corrent a lor vaissiaus, et
80 tuit li autre qui vaissials i avoient, et les comencent a rescore dou feu
mult viguerosement.

218. Et bien tesmoigne Joffrois li mareschaus de Champaigne, qui
ceste ovre dita, que onques sor mer ne s'aiderent genz mielz que li
Venisien firent; qu'il saillirent es galies et es barges des nes, et pre-
85 noient les nes totes ardanz a cros, et les tiroient par vive force devant
lor anemis fors del port, et les metoient el corrant del Braz, et les
laissoient aler ardant contreval le Braz. Des Grex i avoit tant sor la

---

schloss lag in der östlichen Champagne, in der gegend von Brienne, im
allgemeinen aber bedient er sich aber der francischen mundart (*ot, orent,
ëust* usw.)

73—74 merrienz — esprises: schon lat. *materia* kann 'nutzholz,
bauholz' bedeuten, davon **materiamen* — *mairien, merrien* — nfr. *mairain,
merrain; esprise* zu *esprendre* entzünden, part. *espris* brennend. — 78
navies: meist kollektiv als sg. *navie* 'flotte', aus *navïgium* (**navei*), durch
kreuzung mit **navïlium* (*navile*, unten 122, *navire*). — 83 dita: *ditier*
(*dïctare*) kann wie lat. *dictare* 'diktieren' heissen, bedeutet aber meist
'verfassen' (auch schon lat.).

rive venuz que ce n'ere fins ne mesure; et ere li criz si granz que il
sembloit que terre et mers fondist. Et entroient es barges et en sal-
vacions, et traioient as noz qui rescooient le feu, et en i ot de bleciez. 90

219. La chevalerie de l'ost, erraument qu'ele ot oï le cri, si
s'armerent tuit; et issirent les batailles as champs, chascune endroit
soi, si con ele ere hebergie; et il douterent que li Greiu ne les venissent
assaillir par devers les champs.

220. Ensi soffrirent cel travail et cele augoisse trosque a cler jor. 95
Mais par l'aïe de Dieu ne perdirent noient li noz, fors que une nef
de Pisans qui ere plaine de maarchandise: icele si fu arse del feu. Mult
orent esté en grant peril cele nuit: que se lor naviles fust ars, il äussent
tot pardu, que il ne s'en pëussent aler parterre ne par mer. Ice
guerredon lor volt rendre li empereres Alexis del service qu'il li 100
avoient fait.

221. Et lors virent li Gré qui erent issi mellé as Frans, qu'il
n'i avoit mais point de la pais, si pristrent conseil priveement por lor
seignor traïr. Il i avoit un Gré qui ere mielz de lui que tuit li autre,
et plus li avoit fait faire la mellee as Frans que nus. Cil Grieus avoit 105
a non Morchuflex.

222. Par le conseil et par le consentement as autres, un soir, a
la mie nuit, que l'empereres Alexis dormoit en sa chambre, cil qui
garder le devoient (Morchuflés demainement et li autre qui avec lui
estoient), le pristrent en son lit et le gitterent en une chartre, en prison. 110
Et Morchuflés chauça les hueses vermoilles par l'aïe et par le conseil
des autres Grex, si se fist emperëor; aprés le coronerent a Sainte
Sophie. Or oiez, se onques si orrible traïsons fu faite par nule gent.

223. Quant ce oï l'emperere Sursac que ses fils fu pris et cil
fu coronez, si ot grant paor, et li prist une maladie qui ne dura mie 115
longuement, si moru. Et cil emperere Morchuflex si fist le fil que il
avoit en prison, deus foiz ou trois empoisoner, et ne plot Deu que il
morust. Aprés ala, si l'estrangla en murtre; et quant il l'ot estranglé,
si fist dire partot que il ere morz de sa mort; et le fist ensevelir con
empereor honorablement, et metre en terre; et fist grant semblant que 120
lui pesoit.

---

89 salvacions: muss hier kleine schiffe oder kähne (vielleicht ur-
sprünglich 'rettungsbote') bedeuten. — 106 Morchuflex (109 Morchuflés):
beiname des aus vornehmer familie stammenden Alexis Ducas. Später
muss er, von den kreuzfahrern belagert, aus Konstantinopel fliehen. —
111 les hueses vermoilles: huese bezeichnet, wie ursprünglich auch das
germ. grundwort hŏsa, ein fuss und unterschenkel bis zum knie bedeckendes
kleidungsstück aus leder (hueses de vaches in Crestiens Wilh. v. Engl. 1632),
also hohe stiefel oder gamaschen (daher auch chaucier les hueses), während
die eigentliche hose, vom leib bis zum knie und weiter, die braie ist (kelt.
braca, mhd. bruoch, vgl. oben Tristan v. 1810). Die hueses vermoilles
waren ein abzeichen der kaiserlichen würde in Byzanz.

224. Mais murtres ne puet estre celez. Clerement fu s̃eu pro-
chainement des Grieus et des François que li murtres ere si faiz con
vos avez oï retraire. Lors pristrent li baron de l'ost et li dux de
125 Venise un parlement, et si i furent li evesque et toz li clergiez. A
ce s'accorda toz li clergiez (et cil qui avoient le commandement de
l'apostoile, le mostrerent as barons et as ͺpelerins) que cil qui tel
murtre faisoit, n'avoit droit en terre tenir; et tuit cil qui estoient
consentant, estoient parçonnier del murtre; et oltre tot ce, que il
130 s'estoient sotrait de l'obedience de Rome.

225. „Pourquoi nos vos disons" fait li clergiez „que la bataille
est droite et juste; et se vos avez droite entention de conquerre la
terre et metre a l'obedience de Rome, vos arez le pardon tel cum
l'apostoiles le vos a otroié, tuit cil qui confés i morront." Sachiez
135 que ceste chose fu granz confors as barons et as pelerins.

> Geoffroy de Ville-Hardouin, La Conquête de Constantinople
> avec la continuation de Henri de Valenciennes p. p. Natalis
> de Wailly, Paris 1872, s. 120—130 (in der älteren ausgabe von
> Paulin Paris: Joffroy de Villehardouin et Henri de Valenciennes,
> Paris 1838, s. 66—72).

2.

Prosaroman:

Perlesvaus

(2. viertel des 13. jahrhunderts).

*Gauvain ist bei einem ersten versuch in die Gralsburg zu gelangen
zurückgewiesen worden, weil er dazu das schwert besitzen müsse, mit welchem
Johannes der täufer enthauptet wurde. Er gewinnt das schwert, kommt
zur Gralsburg zurück, wird eingelassen und vor den 'rois peschieres'
geführt:*

1 Misires Gauvains vint devant le roi, si le salue. Et li rois li fet
mout grant joie et dit que bien soit il venuz. „Sire" fet misires Gauvains
„je vos presant l'espee de quoi Jehanz fu decolez." — „Gran merciz!"
dit li rois „certes, je savoie bien que vous l'aportiez. Ne vos ne austres
5 ne pouist entrer çoianz sans l'espee, et, se vos ne fussiez de grant valor,
vos ne l'éussiez pas conquise." Il prant l'espee, si la met a sa bouche
et a son viaire, si la beisse mout doucement et an fet mout grant
joie. Et une damoisele vint seoir a son chevez, a qui il baille l'espee
a garder; deus autres seoient a ces piez qui l'esgardent mout duce-
10 mant. „Conmant est vostre nons?" dit li rois. — „Sire, je ai non

---

2. Der text zeigt keine ausgeprägten mundartlichen eigenheiten
(ausser etwa *antré* = *entré*, *ques* = *quels* u. a..), wohl aber eine reihe um-
gekehrter schreibungen: *ces* = *ses* (da *ce ci* = *tse tsi* schon zu *se si* ge-
worden waren), *austre* = *autre*, *faust* = *faut*; als umgekehrte schreibung
ist wohl auch *çoianz* = *çaianz ceanz* zu betrachten.

Gauvain." — „Ha, misires Gauvains" fet il „ceste clarté qui ça dedenz
est, nos vient de Dieu por l'amor de vos. Quar, toutes les foiees que
chevaliers se vient herbergier çoianz en cest chastel, s'apert ele ainsint
feitement con vous veez orandroit. Et je vos fëisse plus grant joie
que je vos faz, se je me pëusse aidier. Mes je sui chëuz an lengour 15
des cele oure que li chevaliers se herberja çoianz dont vos avez oï
parler: par une soule parole que il deloia a dire, me vint ceste
langour. Si vos pri por Dieu qu'il vos an souviegne, car vos devriez
estre mout joieus, se vos m'aviez mis an santé. Et ves ci la fille ma
seur, a qui l'en tost sa terre et ses erités si qu'ele ne la peut ravoir 20
se par son frere non, qu'ele va quere; si nos a l'en dit que c'est li
mieudres chevaliers del mont, mes nos n'an poons savoir veraies
nouveles." — „Sire" fet la damoisele a son oncle le roi „merciez mon-
seignor Gauvain de l'annor qu'il fist a ma dame ma mere, quant il vint
an son ostel! Il remist nostre terre an pes et conquist la garde del 25
chastel tresqu'a un an; il mist les cinc chevaliers ma dame ma mere
avec nous. Or est li anz passez, si ert la gerre si grant renouvelee,
se Diex ne nos secort et je ne truis mon frere, que tant avons perdu."
— „Damoisele" fet misires Gauvains „je vos aidai a mon pooir et
ferai encore, se je an estoie. Et vostre frere verroie je plus volentiers 30
que tous les chevaliers del monde. Mes je n'an puis savoir veraies
nouveles, fors tant que je fui an un hermitage ou il avoit un roi
hermite, et me dist que je ne fëisse pas noise, car li mieudres cheva-
liers del monde estoit la dedanz deshaitiez, et me dist qu'il a non
Par-lui-fez. Je vi conraer son cheval a un vallet devant la chapele 35
et ces armes et son escu mestre au souleil." — „Sire" fet la damoisele
„mes freres n'a pas non Par-lui-fez, ainz a non Perllesvax an droit
bauptesme, ne ne set l'an plus bian chevalier, ce dïent cil qui l'ont
vëu." — „Certes" fet li rois „je ne vi onques plus bel de celui qui ça
dedanz vint, ne mieuz sanblant d'estre bons chevaliers, et je sai de 40
voir ques i est il, car autremant ne pëust il estre antré çoianz. Mes
je n'oi pas bon gerredon de son ostage, puisque je ne puis aidier moi
ne autrui. Misires Gauvain, por Dieu, car vos souveigne de moi
anuit! Car je ai mout grant fiance an vostre valor." — „Certes, sire,
se Dieu plest, je ne ferai ja chose ça dedanz de quoi je doie estre 45
blamez."

Atant en fu menez misires Gauvains en la sale et treuve doze
chevaliers anciens, touz chanuz, et ne sanbloient pas estre de si grant
aage con il estoient; car chacuns avoit cenz anz ou plus, et si ne
sanbloit pas que chacuns an ëust quarante. Il ont assis monseignor 50
Gauvain au mangier a une mout riche table d'ivoire et s'asieent tuit
environ lui. „Sire" fet li mestres des chevaliers „souveigne vos de ce
que li bons rois vos a prié et dit anuit, si l'avroiz!" — „Sire" dit
misires Gauvains „Dieu an souveigne!" Atant aporte l'an lardez de

---

20 ses erités: Potvin *déserite*. — 39: Der besuch von Perlesvaus (Perce-
val) auf der Gralsburg wird im prosaroman nur andeutungsweise berichtet.

55 cerf et venoison de cengler et autre mes a grant foison. Et fu, desus
la table, la riche veisselemente d'argent et les granz coupes d'or
couvesclees et li riche chandelabre ou les grosses chandeles ardoient.
Mes la grant clartez qui la dedanz aparoit, esconssoit la lour.

Atant ezvos deus damoiseles qui issent d'une chapele, et tient
60 l'une en ces mains le sentime Graal, et l'autre la lance de quoi la
lance seigne dedanz. Et vet l'une dejouste l'autre an la sale ou li
chevaliers et misires Gauvains manjoient, si lor an vint si douce odour
et si seintime qu'il an oublïent le mangier. Misires Gauvains esgarde
le Graal, et li sanble qu'il avoit un calice dedanz dont il n'iert geires
65 a icest tens. Et voit la pointe de la lence dont li sans vermeil chiet
dedanz, et li sanble qu'il voit deus angeles qui portent deus chandelabres
d'or espris de chandeles. Et les damoiseles passent pardevant mon-
seignor Gauvain et vont an une autre chapele. Et misires Gauvains
est panssis, si li vient une si grant joie que ne li manbre se de Dieu
70 non an sa panssee. Li chevalier sont tuit mat et dolant an lor cuers
et regardent monseignor Gauvain. Atant ezvos damoiseles qui issent
fors de la chanbre et reviennent devant monseignor Gauvain, et il
li sanble qu'il voit trois angles la ou il n'en avoit devant vëu que deus,
et li sanble qu'il voit anmi le Graal la forme d'un anfant. Li mestres
75 des chevaliers semont monseignor Gauvain. Misires Gauvains esgarde
devant lui et voit cheoir trois goutes de sanc desus la table. Il fu
touz esbahiz de l'esgarder et ne dist mot.

Atant passent outre les damoiseles, et li chevalier sont tuit
esfraé et regardent li un l'autre. Et misires Gauvains ne pot oster
80 ces euz des trois goutes de sanc et, quant il les vost beissier, si li
eschivent, dont il est mont dolanz, car il ne peut mestre sa main ne
chose qui de lui fust, a atouchier i. Atant ezvos les deus damoiseles
qui reviennent devent la table, et senble a monseignor Gauvain qu'il
an avoit trois, et esgarde contremont et li sanble estre li Graaus touz
85 an char, et voit par deseure, ce li est avis, un roi couronné, clofichié
an une croiz, et li estoit li glaives fichiez el costé. Misires Gauvains
le voit, si an a grant pitié, et ne li souvient d'autre chose que de la
doulor que cil rois soufre. Et li mestres des chevaliers le resemont
de dire et li dist que, s'il atant plus, que ja mes n'i recouverra.
90 Mesires Gauvains se test, qui pas n'antant le chevalier, et regarde
contremont. Mes les damoiseles s'an revont en la chapele et reportent
le seiutinme Graal et la lance, et li chevalier font oster les napes et
sont levez de mangier et antrent an une autre sale et leissent mon-
seignor Gauvain tout seul. Et il regarde tout anviron et voit les huis
95 touz clos et fermez, et esgarde aus piez de la sale et voit anviron
deus chandelabres ardans entor l'eschequier et voit les eschés assis,
dont li un sont d'argent, et li autre d'or. Misires Gauvains s'asiet au

---

60 de quoi la lance: der herausgeber vermutet einen kopisten-
fehler für *de quoi la pointe.*

jeu et cil d'or jouerent contre lui et le materent deus foiz. A la
tierce foiee, quant il se cuida revengier et il vit qu'il an ot le poior,
il depeça le jeu. Et une damoisele ist fors d'une chambre et fet 100
prandre a un vallet l'eschequier et les echés, si les an fet porter. Et
misires Gauvains, qui traveilliez estoit d'errer por venir la ou il est
ore venuz, s'andormi desus la couche jusqu'au matin que il fu ajorné
et oï un cor souner moult ancrement.

Atant s'est armez et vost aler prandre congié au roi Pescheor, 105
mes il trova les huis si verroillez qu'il n'i peut antrer. Et voit moult
bel servise feire an une chapele, il est mout dolanz de ce qu'il ne peut
oïr la messe. Une damoisele vient an la sale, si li dist: „Sire, or
povez oïr le servise et la joie que l'an fet por l'espee que vos presan-
tastes au bon roi, et mout dëusssiez estre liez an vostre cuer, se vos 110
fussiez dedanz la chapele. Mes vos an avez perdue l'antree par mout
peu de parole, car li leus de la chapele est si seintefiez par les seintes
reliques qui dedanz sont, que ja home ne prouvoire n'i enterra des le
sanmedi a midi tresqu'a lundi aprés la messe." Et il ot les plus douces
voiz et les plus biax servises qui onques fust fez en chapele. Misires 115
Gauvains ne respont mot, ainz est touz esbahiz. Et la damoisele li
dist: „Sire, Diex soit garde de vostre cors, car il m'est avis qu'il ne
faust an vos que ce que vos ne voussistes dire la parole dont cist
chastiax fust an joie." Atant s'an part la damoisele, et misires
Gauvains ot le cor soner autre foiz et ot une voiz huchier mout fort: 120
„Qui de çoianz n'est, si s'an voist! Car li pont sont abeissié et la
porte ouverte, et li lions est an sa cavee. Et aprés couvendra le
pont relever por le roi de Chastel Mortel qui gerroie cest chastel, et
c'est la chose de quoi il morra."

Atant ist misires Gauvains de la sale et treuve son cheval tout 125
apresté au perron et ces armes. Il ist fors et treuve les ponz granz
et larges, et s'an vet grant alëure : ......

Perceval le Gallois ou le Conte du Graal p. p. Ch. Potvin,
I. Le roman en prose, Mons 1866, s. 86—90.

3.

Mischform:

Die Cantefable von Aucassin und Nicolete
(erstes viertel des 13. jahrhunderts).

12. Or dïent et content et fabloient.

Aucassins fu mis en prison, si com vos avés oï et entendu, 1
et Nicolete fu d'autre part en le canbre. Ce fu el tans d'esté, el
mois de mai, que li jor sont caut, lonc et cler, et les nuis coies et
series. Nicolete jut une nuit en son lit, si vit la lune luire cler par
une fenestre, et si oï le lorseilnol canter en garding, se li sovint 5

---

3. Die mundart ist pikardisch, vgl. oben zu X 1, XI 2, 3, XII 4, 5.

d'Aucassin sen ami, qu'ele tant amoit. Ele se comença a porpenser
del conte Garin de Biancaire, qui de mort le haoit, si se pensa qu'ele
ne remanroit plus ilec; que, s'ele estoit acusee, et li quens Garins le
savoit, il le feroit de male mort morir. Ele senti que li vielle dormoit,
10 qui aveuc li estoit. Ele se leva si vesti un blïaut de drap de soie,
que ele avoit mout bon, si prist dras de lit et touailes, si noua l'un
a l'autre, si fist une corde si longe come ele pot, si le noua au piler
de le fenestre, si s'avala contreval el gardin, et prist se vesture a
l'une main devant et a l'autre deriere, si s'escorça por le rousee qu'ele
15 vit grande sor l'erbe, si s'en ala aval le gardin.

    Ele avoit les caviaus blons et menus rećerćelés et les ex vairs
et rians et la faće traitiće et le nés haut et bien assis et les levretes
vremelletes, plus que n'est cerise ne rose el tans d'esté, et les dens
blans et menus, et avoit les mameletes dures, qui li souslevoient sa
20 vesteüre, aussi con će fuissent deus nois gauges, et estoit graille par-
mi les flans qu'en vos dex mains le peüsciés enclorre, et les flors des
margerites qu'ele ronpoit as ortex de ses piés, qui li ǵissoient sor le
menuisse du pié par deseure, estoient droites noires avers ses piés et
ses ganbes, tant par estoit blance la mescinete.

25   Ele vint au postić, si le deffrema, si s'en isçi parmi les rues de
Biaucaire par devers l'onbre, car la Iune luisoit mout clere, et erra
tant qu'ele vint a le tor u ses amis estoit. Li tors estoit faelee de
lius en lius, et ele se quatist delés l'un des pilers si s'estraint en son
mantel, si mist sen cief parmi une creveüre de la tor, qui vielle estoit
30 et anćiienne, si oï Aucassin qui la dedens plouroit et faisoit mot grant
dol et regretoit se douće amie que tant amoit. Et quant ele l'ot
assés escouté, si comença a dire.

13. Or se cante.

Nicolete o le vis cler   et trestos vos parentés.
s'apoia a un piler,   45 Por vous passerai le mer
35 s'oï Aucassin plourer   s'irai en autres regnés."
et s'amie regreter.   De ses caviax a caupés,
Or parla, dist son penser: la dedens les a rüés.
„Aucassins, ǵentix et ber,   Aucassins les prist, li ber,
frans damoisiax honorés,   50 si les a mout honerés
40 que vos vaut li dementers,   et baisiés et acolés.
li plaindres ne li plourers,   En sen sain les a boutés
quant ja de moi ne gorés?   si recomenće a plorer,
Car vostre peres me het   tout por s'amie.

14. Or dïent et content et fabloient.

    Quant Aucassins oï dire Nicolete qu'ele s'en voloit aler en autre
55 païs, en lui n'ot que courećier.
    „Bele douće amie" fait il „vos n'en irés mie, car dont m'ariiés
vos mort. Et li premiers qui vos verroit ne qui vous porroit, il vos

prenderoit luès et vos meteroit a son lit, si vos asoignenteroit. Et
puis que vos ariiés jut en lit a home s'el mien non, or ne quidiés
mie que j'atendisse tant que je trovasse coutel dont je me peüsçe ferir   60
el cuer et oćirre. Naie voir, tant n'atenderoie je mie, ains m'esquel-
deroie de si lonc, que je verroie une maisiere u une bisse pierre, s'i
hurteroie si durement me teste, que j'en feroie les ex voler, et que je
m'esćerveleroie tos. Encor ameroie je mix a morir de si faite mort,
que je seüsçe que vos eüsçies jut en lit a home s'el mien non."   65

„Ai!" fait ele „je ne quit mie que vous m'amés tant con vos dites,
mais je vos aim plus que vos ne faćiés mi."

„Avoi!" fait Aucassins „bele douće amie, će ne porroit estre que
vos m'amissiés tant que je faċ vos. Fenme ne puet tant amer l'oume
con li hom fait le fenme. Car li amors de le fenme est en son l'oeul   70
et en son le teteron de sa mamele et en son l'orteil del pié, mais li
amors de l'oume est ens el cuer plantee, dont ele ne puet isċir."

La u Aucassins et Nicolete parloient ensanble, et les escargaites
de la vile venoient tote une rue, s'avoient les espees traites desos les
capes. Car li quens Garins lor avoit comandé que, se il le pooient   75
prendre, qu'il l'oćesissent. Et li gaite qui estoit sor le tor, les vit venir
et oï qu'il aloient de Nicolete parlant, et qu'il le maneċoient a oćirre.

„Dix!" fait il „con grans damages de si bele mescinete, s'il l'oċïent!
Et mout seroit grans aumosne, se je li pooie dire, par quoi il ne
s'aperćeüsçent, et qu'ele s'en gardast. Car s'il l'oċïent, dont iert   80
Aucassins mes damoisiax mors, dont grans damages ert."

15. Or se cante.

Li gaite fu mout vaillans,
preus et cortois et saćans.
Il a comenćié un cant
85 ki biax fu et avenans:
„Mescinete o le cuer franc,
cors as gent et avenant,
le poil blont et reluisant,
vairs les ex, ciere riant.
90 Bien le voi a ton sanblant:

parlé as a ton amant,
qui por toi se va morant.
Jel te di, et tu l'entens!
Garde toi des soudnians
95 ki par ċi te vont querant,
sous les capes les nus brans!
Forment te vont maneċant,
tost te feront messeant,
s'or ne t'abries."

16. Or dïent et content et fabloient.

„He!" fait Nicolete „l'ame de ten pere et de te mere soit en
benooit repos, quant si belement et si cortoisement le m'as ore dit.   100
Se Diu plaist, je m'en garderai bien, et Dix m'en gart!"

81: Das eingreifen des wächters mit dem warnenden wächterlied zu
gunsten Nicoletens erinnert an die situation des tageliedes.

Ele s'estraint en son mantel en l'onbre del piler, tant que cil
furent passé outre, et ele prent congié a Aucassin, si s'en va, tant
104 qu'ele vint au mur del castel . . . . .

Aucassin und Nicolete, neu nach der handschrift mit Paradigmen
und Glossar von Hermann Suchier, Paderborn 1878, 9. Auflage
bearbeitet von Walther Suchier 1921, s. 11—15.

4.

Allegorisch-satirische Dichtung:

Der Rosenroman.

A. Guillaume de Lorris
(zwischen 1225 und 1230).

Ci est le Rommant de la Rose,
ou l'art d'amors est tote enclose.

1 Maintes gens dïent que en songes
n'a se fables non et mensonges.
Mais l'en puet tiex songes songier
qui ne sunt mie mensongier,
5 ains sunt aprés bien apparant.
Si en puis bien trere a garant
un acteur qui ot non Macrobes,
qui ne tint pas songes a lobes,
ainçois escrist la visïon
10 qui avint au roi Cipïon.
Quiconques cuide ne qui die
que soit folor ou musardie
de croire que songes aviengne,
qui ce voldra, pour fol m'en
[tiengne!
15 Car endroit moi ai je fïance
que songes soit senefïance
des biens as gens et des annuiz,
car li plusor songent des nuiz
maintes choses couvertement
20 que l'en voit puis apertement.
Ou vintiesme an de mon aage,
ou point qu'Amors prend le paage
des jones genz, couchiez estoie
une nuit, si com je souloie,
25 et me dormoie moult forment:
si vi un songe en mon dormant,
qui moult fu biax et moult me
[plot,
mes onques riens ou songe n'ot
qui avenu trestout ne soit

30 si com li songes recontoit.
Or vueil cel songe rimaier
por vos cuers plus fere esgaier,
qu'Amors le me prie et commande.
Et se nus ne nule demande
35 comment ge vueil que cilz
[rommans
soit apelez que je commans,
ce est li Rommanz de la Rose,
ou l'art d'amors est tote enclose.
La matire en est bone et noeve:
40 or doint Diex qu'en gré le reçoeve
cele por qui ge l'ai empris!
C'est cele qui tant a de pris
et tant est digne d'estre amee
qu'el doit estre Rose clamee.
45 Avis m'iere qu'il estoit mains,
il a ja bien cinc ans au mains,
en mai estoie, ce sonjoie,
el tens amoreus plain de joie,
el tens ou tote riens s'esgaie,
50 que l'en ne voit boisson ne haie
qui en mai parer ne se vueille
et covrir de novele fueille.
Li bois recuevrent lor verdure,
qui sunt sec tant com yvers dure.
55 La terre meïsmes s'orgueille
por la rousee qui la mueille,
et oblïe la poverté
ou ele a tot l'yver esté.
Lors devient la terre si gobe

60 qu'el vuelt avoir novele robe,
si set si cointe robe faire
que de colors i a cent paire
d'erbes, de flors indes et perses
et de maintes colors diverses.
65 C'est la robe que je devise,
por quoi la terre miex se prise.
Li oisel qui se sunt tëu,
tant çum il ont le froit ëu
et le tens divers et frarin,
70 sunt en mai, por le tens serin,
si lié qu'il monstrent en chantant
qn'en lor cuer a de joie tant,
qu'il lor estuet chanter par force.
Li rossignos lores s'efforce
75 de chanter et de faire noise;
lors s'esvertue, et lors s'envoise
li papegaus et la kalandre.
Lors estuet jones gens entendre
a estre gais et amoreus
80 por le tens bel et doucereus.
Moult a dur cuer qui en mai
[n'aime,
quant il ot chanter sus la raime
as oisiaus les dous chans piteus.
En icelui tens deliteus
85 que tote riens d'amer s'esfroie,
sonjai une nuit que j'estoie,
ce m'iert avis en mon dormant,
qu'il estoit matin durement,
de mon lit tantost me levai,
90 chançai moi et mes mains lavai.
Lors trais une aguille d'argent
d'un aguiller mignot et gent,
si pris l'aguille a enfiler.
Hors de vile oi talent d'aler
95 por oïr des oisiaus les sons
qui chantoient par ces boissons
en icele saison novele.
Cousant mes manches a videle
. m'en alai tot seus esbatant
100 et les oiselés escoutant
qui de chanter moult s'en-
[goissoient
par ces vergiers qui florissoient,
jolis, gais et pleins de leesce.
Vers une riviere m'adresce

105 que j'oï pres d'ilecques bruire,
car ne me soi aillors deduire
plus bel que sus cele riviere.
D'un tertre qui pres d'iluec iere,
descendoit l'iaue grant et roide,
110 clere, bruiant et aussi froide
comme puiz ou comme fontaine,
et estoit poi mendre de Saine,
mes qu'ele iere plus espandue.
Onques mes n'avoie veüe
115 tele iaue qui si bien coroit,
moult m'abelissoit et seoit
a regarder le, lieu plaisant.
De l'iaue clere et reluisant
mon vis rafreschis et lavé,
120 si vi tot covert et pavé
le fons de l'iaue de gravele.
La praerie grant et bele
tres au pié-de l'iaue batoit.
Clere et serie et bele estoit
125 la matinee et atempree:
lors m'en alai parmi la pree
contreval l'iaue esbanoiant,
, tot le rivage costoiant.

Ci raconte l'Amant et dit
des sept ymaiges que il vit
pourtraites el mur du vergier,
dont il li plest a desclairier
les semblances et les façons,
dont vous porrés oïr les nons.
L'ymaige premiere nommee,
si estoit Haïne apelee.

Quant j'oi un poi avant alé,
130 si vi un vergier grant et lé,
tot clos d'un haut mur bataillié,
portrait defors et entaillié
a maintes riches escritures.
Les ymages et les paintures
135 ai moult volentiers remiré,
si vous conteré et diré
de ces ymages la semblance,
si com moi vient a remembrance.
Ens ou milieu je vi Haïne,
140 qui de corrons et d'ataïne
sembloit bien estre moveresse

et correceuse et tenceresse
et plaine de grant cuvertage
estoit par semblant ceste ymage.
145 Si n'estoit pas bien atornee,
ains sembloit estre forsenee:
rechignié avoit et froncié
le vis et le nés secorcié,

par grant hideur fu soutilliee,
150 et si estoit entortillee
hideusement d'une toaille.
Une autre ymage d'autel taille
a senestre vi delez lui.
Son non desus sa teste lui:
155 apelee estoit Felonnie.

B. Jean de Meung
(zwischen 1268 und 1277).

*Ici commence le Jaloux
a parler et dire, oyans tous,
a sa femme qu'elle est trop*
[baulde,
et l'appelle faulse ribaude.

9204 Pour ce voit l'en des
[mariages,
quant li maris cuide estre sages
et chastie sa fame et bat
et la fait vivre en tel debat,
qu'il li dit qu'ele est nice et fole,
dont tant demore a la karole
9210 et dont el hante si sovent
des joliz valez le convent,
que bone amor n'i puet durer,
tant s'entrefont maus endurer,
quant cil vuet la mestrise avoir
9215 du cors sa fame et de l'avoir.
„Trop estes" fait il „vilotiere,
si avés trop nice maniere:
quant sui en mon labor alés,
tantost espringués et balés
9220 et demenés tel esbaudie,
que ce semble grant ribaudie,
et chantés comme une seraine —
Diex vous mete en male semaine!
Et quant vois a Rome ou en
[Frise

9225 porter nostre marcheandise,
vous devenés tantost si cointe
— car ge sai bien qui m'en
[acointe —
que par tout en va la parole.
Et quant aucuns vous en parole
9230 por quoi si cointe vous tenés
en tous les leus ou vous venés,
vous respondés: 'Hari, hari,
c'est por l'amor de mon mari.'
Por moi, las! dolereus chetis,
9235 qui set se ge forge ou ge tis,
ou se ge sui ou mors ou vis?
L'en me devroit flatir ou vis
une vessie de mouton.
Certes, ge ne vail un bouton,
9240 quant autrement ne vous chasti.
Moult m'avés or grant los basti,
quant de tel chose vous vantés:
chascuns set bien que vous
[mentés.
Por moi, las! dolereus, por moi
9245 maus gans de mes mains
[enformoi,
et crueusement me deçui,
quant onques vostre foi reçui
le jor de nostre mariage,
por moi mener tel rigolage.
9250 Por moi menés vous tel bobant?

B. 9244—45 moi — enformoi: reim *moȩ: enformoȩ* (= *enformoie*). —
maus gans: zeigt, wie alt das von A. de Musset in 'Il ne faut jurer de
rien' (Comédies et Proverbes 2, 288) gebrauchte bild ist (*j'ai juré que
jamais femme au monde ne me ganterait de ces gants-là .... et je
ne veux pas être ganté*).

Qui cuidiés vous aler lobant?
Ja n'ai ge mie le pooir
de tiex cointeries veoir,
que cil ribaut saffre, frïant,
9255 qui ces putains vont espïant,
entor vous remirent et voient,
quant par ces rues vous con-
[voient.
A cui parés vous ces
[chastaignes?
Qui me puet faire plus d'en-
[gaignes?
9260 Vous faites de moi chape a pluie,
quant orendroit les vous
[m'apuie.
Ge voi que vous estes plus
[simple
en cel sorcot, en cele guimple,
que torterele ne coulons:
9265 ne vos chaut, s'il est cors ou lons,
quant sui tous seus les vous
[presens.
Qui me donroit quatre besens,
combien que debonnaire soie,
se por honte ne le lessoie,
9270 ne me tendroie de vous batre,
por vostre grant orguel abatre?
Et sachiés qu'il ne me plest mie
qu'il ait en vous nule cointie,
soit a karole, soit a dance,
9275 fors solement en ma presence.

Comment le Jaloux si reprent
sa femme, et dit que trop
[*mesprent*
de demener ou joie ou feste,
et que de ce trop le moleste.

D'autre part nel puis plus celer,
entre vous et ce bacheler

Robichonet au vert chapel,
qui si tost vient a vostre apel,
9280 avés vous terres a partir?
Vous ne pöés de lui partir.
Tous jours ensemble flajolés,
ne sai que vous entrevoulés,
que vous pöés vous entredire:
9285 tout vif m'estuet enragier d'ire
par vostre fol contentement.
Par icelui Dieu qui ne ment,
se vous ja mes parlés a lui,
vous en avrés le vis pali,
9290 voire certes plus noir que more:
car de cops, se Diex me secore,
ains que ne vous ost le musage,
vous donrai tant par ce visage,
qui tant est as musars plaisans,
9295 que vous tendrés coie et taisans.
Ne ja mes hors sans moi n'irés,
mes a l'ostel me servirés,
en bons aniaus de fer rivee.
Deables vous font si privee
9300 de cest ribaut plain de losenge,
dont vous dëussiés estre
[estrange.
Ne vous pris ge por moi servir?
Cuidiés vous m'amor deservir
par acointier ces ors ribaus,
9305 por ce qu'il ont les cuers si baus,
et qu'il vous retruevent si
[bande?
Vous estes mauvese ribaude,
si ne me puis en vous fïer:
maufé me firent marïer.
9310   Ha! se Theofrates crëusse,
ja fame espousee n'ëusse:
il ne tient pas home por sage
qui fame prent par mariage,
soit bele, ou lede, ou povre, ou
[riche.

9258 parés — chastaignes: 'kastanien zubereiten', anscheinend im
sinne von 'annehmlichkeiten erweisen'. — 9310 Theofrates: gemeint ist
Theophrastes, der verfasser der $\dot{\eta}\vartheta\iota\kappa\dot{o}\iota\ \chi\alpha\varrho\alpha\kappa\tau\tilde{\eta}\varrho\varepsilon\varsigma$, mit einem verloren
gegangenen werk über die heirat, das von Jean von Salisbury, bischof
von Chartres († 1180) als *aureolus Theophrasti liber de nuptiis* bezeichnet
wird. Vgl. Fr. Michel.

9315 Car il dit, et por voir l'afiche,
     en son noble livre Auréole,
     qui bien fait a lire en escole,
     qu'il i a vie trop grevaine,
     plaine de travail et de paine,
9320 et de contens et de riotes,
     par les orguelz des fames sotes,
     et de dangiers et de reprouches
     que font et dïent par lor
                        [bouches,
     et de requestes et de plaintes
9325 que trnevent par ochoisons
                        [maintes,
     si ra grant paine en eus garder,
     por lor fox voloirs retarder.
     Et qui vuet povre fame prendre,
     a norrir la l'estuet entendre
9330 et a vestir et au chaucier.
     Et se tant se cuide essaucier,
     qu'il la prengne riche forment,
     a soffrir la a grant torment:
     tant la trueve orguilleuse et
                        [fiere,
9335 et sorcuidee et bobanciere
     qne son mari ne prisera
     riens et par tout desprisera

     ses parens et tout son lignage
     par son outrecuidé langage.
9340 S'ele est bele, tuit i aqueurent,
     tuit la porsivent, tuit l'eneurent,
     tuit i hurtent, tuit i travaillent
     tuit i luitent, tuit i bataillent,
     tuit a li servir s'estudïent,
9345 tuit li vont entor, tuit li prïent,
     tuit i musent, tuit la convoitent,
     si l'ont en la fin, tant esploitent:
     car tor de toutes pars assise
     envis.eschape d'estre prise.
9350 Sel rest lede, el vuet a tous
                        [plaire:
     et comment porroit nus ce faire
     qu'il gart chose que tuit
                        [guerroient,
     ou qui vuet tous ceus qui la
                        [voient?
     S'il prent a tout le monde
                        [guerre,
     il n'a pooir de vivre en terre:
     nus nes garderoit d'estre prises
9357 por tant qu'els fussent bien
                        [requises.

Le Roman de la Rose par Guillaume de Lorris et Jean de Meung,
nouv. éd. p. Fr. Michel, Paris 1864, 2. bde., I s. 1—6, 280—286.
Le Roman de la Rose etc. éd. accompagnée d'une traduction en
vers p. P. Marteau et J. Croissandeau, 5 bde., Orléans 1878—80,
    I s. 2—12, II s. 284—294.

5.
Weltliches Theater:
Adan de le Hale, Robin et Marion
(zwischen 1283 und 1287).

Der ritter, mit dem jagdfalken auf der faust, trifft die singende
schäferin Marion und beginnt mit ihr ein gespräch, um sie schliesslich um
ihre liebe zu bitten (Ri. = Ritter, M. = Marion, Ro. = Robin).

57 Ri. Or dites, donche bergerette,   M. Bians sire, traiés vous arrier!
     ameriés vous un chevalier?   60   Je ne sai que chevalier sont.

9350 rest: 'wenn sie andererseits, hingegen, hässlich ist'. Über die
vielseitige bedeutung von re- (s. auch oben v. 9296 ra und s. 83 Tristan
v. 1810 ravoit) vgl. Max Meinicke, Das Präfix Re- im Franz., Berlin 1904.

    5. Die mundart des dichters ist die von Arras, das Artesische, im

Desour tous les hommes dou
[mont
je n'ameroie que Robin.
Il vient au soir et au matin
a moi, toudis et par usage,
65 et m'aporte de sen froumage.
Encore en ai jou en mon sain
et une grant pieche de pain
que il m'aporta a prangiere.
Ri. Or me dites, douche bergiere,
70 vaurriés vous venir avec moi
jouer sour che bel palefroi,
selonc che bosket en cheval?
M. Aimi! sire, ostés vo cheval!
A poi que il ne m'at blechíe.
75 Li Robin ne regiete mie,
quant je vois aprés se carue.
Ri. Bergiere, devenés ma drue
et faites chou que je vous
[proi!
M. Sire, traiés ensus de moi!
80 Chi estre point ne vous affiert.
A poi vos chevaus ne me
[fiert.
Comment vous apele on?
Ri. Aubert.
M. *Vous perdés vo paine, sire*
[*Aubert.*
Je n'amerai autre que Robert:
85 Ri. Non, bergiere?
M. Non, par me foi.
Ri. Cuideriés empirier de moi,
qui si loinc getés me proiere?

Chevaliers sui et vous
[bergiere.
M. Ja pour chou ne vous amerai:
90 *Bergeronette sui, mais j'ai*
ami bel et cointe et gai.
Ri. Bergiere, Dieus vous en
[doinst joie!
Puis, qu'ensi est, j'irai me
[voie.
Hui mais ne vous sonnerai
[mot.
95 M. *Trairi deluriau deluriau*
[*delurele,*
trairi deluriau deluriau delu-
[*rot.*
Ri. *Hui main je chevauchoie les*
[*l'oriere d'un bois,*
trouvai gentil bergiere, tant
[*bele ne vit rois.*
Hé! trairi deluriau deluriau
[*delurele.*
100 *Trairi deluriau deluriau*
[*delurot.*
M. *Hé, Robechon!*
L'eure, l'eure va.
Car vien a moi!
L'eure, l'eure va.
105 *S'irons jouer*
dou l'eure l'eure va,
dou l'eure l'eure va.
Ro. *Hé, Marion!*
L'eure, l'eure va.
110 *Je vois a toi,*

---

wesentlichen mit dem Pikardischen übereinstimmend, vgl. X 1, XI 2, 3,·
XII 4, 5, XIII, 3. Besonders noch hervorzuheben sind formen wie *mi*
(< *mihi*) neben *moi*, *ti* neben *toi*, *arons* = *avrons*, *connuc* (< **cognovui*)
mit dem wohl den präsensformen *fach*, *mech*, *sench* (vgl. Suchier, GrGr
I² 772) entlehnten *-ch*. Einzelne francische lehnformen begegnen: *cheval*,
chevalier, *chevauchier*, *chiere*, *joie*. — Die kursiv gedruckten stellen sind —
meist aus bekannten liedern, besonders pastourellen entlehnte — gesangs-
stücke.

7⁵ Li Robin: dasjenige Robins, vgl. oben s. 5 zu v. 7.· — 91: vgl.
dazu den ähnlichen kehrreim oben V 4, s. 45. — 93 f.: hiernach muss man
ritter Aubers abgang annehmen, v. 97—99 hört man ihn aus der ferne noch
singen, bei Robins auftreten ist er nicht mehr da. — 95—96: kehrreim-
worte ohne besondere bedeutung.

l'eure, l'eure va.
S'irons jouer
dou l'eure l'eure va,
dou l'eure l'eure va.
115 M. Robin!
Ro.   Marote!
M.   Dont viens tu?
Ro. Par le saint Dieu, j'ai
            [desvestu,
    pour chou qu'il fait froit,
            [men jupel,
    s'ai pris me cote de burel,
    et si t'aport des pumes. Tien!
120 M. Robin, je te connuć trop bien
    au canter, si com tu venoies,
    et tu ne me reconnissoies.
Ro. Si fis, au cant et as brebis.
M. Robin, tu ne ses, dous amis,
125   et si ne le tien mie a mal:
    ichi fu un hons a cheval,
    qui avoit cauchie une moufle,
    et portoit aussi c'un escoufle
    sour sen poing, et trop me prïa
130   d'amer, mais poi i conquesta,
    car je ne te ferai nul tort.
Ro. Marote, tu m'aroies mort.
    Mais se j'i fusse a tans venus,
    ne jou ne Gautiers li Testus,
135   ne Baudons, mes cousins
            [germains,
    diavle i ëussent mis les mains,
    ja n'en fust partis sans
            [bataille.
M. Robin, dous amis, ne te caille,
    mais or faisons feste de nous!
140 Ro. Serai je drois ou a genous?
M. Mais vien cha seïr delés moi,
    si mengerons.
Ro.   Et je l'otroi.
    Je serrai chi les ten costé.
    Mais je ne t'ai riens aporté,
145   si ai fait chertes grant
            [outraige.
M. Ne t'en caut, Robin, encore
            [ai je

dou froumage chi en men
            [sain,
et une grant pieche de pain,
et des pumes que m'aportas.
150 Ro. Diex! com chis froumages
            [est cras!
    Ma suer, mengüe!
M.   Et tu aussi.
    Quant tu veus boire, si le di!
    Ves chi fontaine en un
            [pochon.
Ro. Dieus! qui ore ëust dou
            [bacon
155   te taien, bien venist a point.
M. Robinet, nous n'en arons
            [point,
    car trop haut pent a ses
            [kevrons.
    Faisons de chou que nous
            [avons,
    ch'est assés pour le matinee.
160 Ro. Dieus! que j'ai le panche
            [lassee
    de le chole de l'autre fois!
M. Di, Robin, foi que tu me dois,
    cholas tu? Que Dieus le te
            [mire!
Ro.   *Vous l'orrés bien dire,*
165   *Bele, vous l'orrés bien dire.*
M. Di, Robin, veus tu plus
            [mengier?
Ro. Naje voir.
M.   Dont metrai je arrier
    che pain, che froumage en
            [men sain,
    dusc'a ja que nous arons
            [fain.
170 Ro. Ains le met en te panetiere!
M. Et ves le chi! Robin, quel
            [chiere?
    Proie et commande! je ferai.
Ro. Marote, et je t'esprouverai,
    se tu m'ies loiaus amïete,
175   car tu m'as trouvé amïét:
    Bergeronnete,

---

123 Si fis: vgl. oben s. 71 v. 665.

douche baisselete,
donnés le moi, vostre capelet,
donnés le moi, vostre capelet!
180 M. *Robin, veus tu que je le mete*
    sur ten kief par amourete?
    M'en iert il mieus, se je l'i
        [met?
    M'en iert il mieus, se je l'i
        [met?

Ro. *Oil, vous serés m'amïete,*
185   *vous averés me chainturete,*
    m'aumosniere et men fre-
        [malet.
    Bergeronnete,
    douche baisselete,
    donnés le moi, vostre capelet!
190   *donnés le moi, vostre capelet!*
  M. *Volentiers, men dous amïet.*

Die dem Trouvère Adam de la Hale zugeschriebenen dramen, genauer abdruck der erhaltenen handschriften besorgt von A. Rambeau, Marburg 1886 (Ausg. und Abt. 58) s. 20—29. Le Jeu de Robin et Marion par Adam le Bossu p. p. Ernest Langlois, Paris 1896, s. 40—54.

186: dieselben geschenke wie im Guillaume de Dôle 1226f. (oben s. 89) seitens der damen an Nicole.

Wörterbuch.

Das verzeichnis gibt die wörter in der form, in welcher sie in den hier abgedruckten texten begegnen. Bei vorkommen mehrerer, zeitlich oder dialektisch verschiedener formen für ein und dasselbe wort ist die zeitlich älteste oder die francische form der alphabetischen einordnung zugrunde gelegt. Verba sind in der form des infinitivs, nomina in der des obliquus aufgeführt, *pl.* (*plural*) bezeichnet daher bei diesen den *obliquus pl.* Starke verba sind mit *st.*, schwache mit *sw.* und der nummer der konjugationsklasse, substantiva mit *m.* (*mask.*) und der nummer der deklinationsklasse oder mit *f.* (*fem.*) bezeichnet. Seitenzahlen sind — ausser bei eigennamen — nur da beigefügt, wo einem wort oder einer form an der betr. stelle erläuterungen gewidmet sind.

Betreffs der etymologien von wörtern unsicherer oder unbekannter herkunft sind die etymologischen wörterbücher von Diez, Körting und Meyer-Lübke, sowie das Dictionnaire général de la langue française von A. Hatzfeld, A. Darmesteter und A. Thomas (Paris, Delagrave) zu vergleichen. Unter AS ist auf erläuterungen in der 'Einführung i. d. Stud. d. altfr. Sprache' verwiesen.

Die sonstigen abkürzungen sind die gewöhnlichen: *ags.* = *angelsächsisch,* *ahd.* = *althochdeutsch,* *an.* = *altnordisch,* *äs.* = *altsächsisch,* *d.* = *deutsch,* *frk.* = *fränkisch,* *g.* = *germanisch,* *got.* = *gotisch,* *gr.* = *griechisch,* *prov.* = *provençalisch;* — *a.* = *alcun,* *ar.* = *alcune rien,* *abl.* = *ableitung,* *komp.* = *kompositum;* *s.* vor verben bezeichnet das reflexivum *sei, soi.*

Das wörterbuch soll alle in den texten vorkommenden wörter enthalten; einzelformen der nomina und verba nur, soweit sie hier begegnen; einzelformen schwacher verba nur, soweit sie durch stammabstufung u. dergl. bemerkenswert sind.

A

a ad (*lat.* ad) *präp., mit artikel* al au, *pl.* as aus: 1. *lokal (wohin?):* auf, an, zu. — 2. *zweck:* zu, auf, für, gemäss. — 3. *zur bez. d. dativobjekts.* — 4. *abhängig v. substantiven z. bez. des besitzers.* — 5. *lokal (wo?):* an, bei, zu (a lui). — 6. *temporal (wann?):* in, zu. — 7. *begleitung:* mit. — 8. *materie:* mit, aus. — 9. *mittel oder werkzeug:* mit. — 10. *bei gefühlsäusserungen:* mit, unter. — 11. *vorm infinitiv nach gewissen verben.*

— 12. *in redensarten z. bez. des prädikatsnomen* (tenir a gab *usw.*).

a! ah! *interj. ach!*

aage *s.* eage.

aaisement (*abl. v.* aisier — aise) *m.* II *leichtigkeit, behaglichkeit.*

aanz *s.* ahanz.

aatir (*an.* at — etja *hetzen*) *sw.* II s. a. *sich gleichstellen, rühmen.*

ab (apud) *präp. mit* Eide, HohL.

abandonner (*zum deutschen stamm* bann — *rom.* bando) *sw.* I *über- lassen,* s. a. a a. *sich übergeben, widmen.*

abatre (ad + báttṵere *f.* battúere) *sw.* III—II (*perf.* 3 abati, *part. perf.* abatut) *niederschlagen, zu boden schlagen, wegschlagen.*

abaubi (*abl. v.* baup < balbum) *adj. verblüfft, erschrocken.*

abaudir (*abl. v. d.* bald *kühn*) *sw.* II *erfreuen.*

abé (abbatem) *m.* III (*r.* ábes, *prov.* abbas) *abt.*

abeïe (abbatiam) *f. abtei.*

abeissier = abaissier (*abl. v.* bassnm) *sw.* I *senken, niederlassen.*

abelir (*adbellire, v.* bellum) *sw.* II *gefallen.*

abeter (*d.* bito — bizzo *bissen*) *sw.* I *ködern, betrügen.*

abevrer (*adbiberare) *sw.* I *tränken.*

Abraam *npr. m.* II *Abraham* 5, 36.

abrïer (*apricare v.* apricum) *sw.* I s. a. *sich unterstellen, schutz suchen.*

abrivé (*abl. v. gall.* *brivos, ir.* brīg) *adj. rasch, schnell laufend.*

acceptable (*abl. v.* acceptum) *adj. aufnahmebereit.*

aceré (*abl. v.* *aciarium) *part.-adj. aus stahl gefertigt.*

acesmer (*accismare) *sw.* I *schmücken, ausrüsten.*

achater acater (*accaptare) *sw.* 1 *kaufen.*

acheson = ochaison (occasionem) *f. gelegenheit.*

acier (*aciarium) *m.* II *stahl.*

aclin (*v.* acliner, *zu* clinare) *adj. geneigt, zugetan.*

acointier (*zu* cointe < cognitum) *sw.* I *bekannt machen, kennen lernen,* s. a. a a. *mit jem. bekannt werden.*

acoler (*abl. v.* col < collum) *sw.* I *umhalsen, liebkosen.*

acomplir aconplir (*v.* complere — *complire) *sw.* II *erfüllen, aus- führen.*

acor (*zu* cor < cornu) *m.* II *zipfel.*

acoragier (*abl. v.* corage) *sw.* I *er- mutigen.*

acorchier = escorchier (*excorticare) *sw.* I *häuten, die haut abziehen.*

acordance (*abl. v.* acorder) *f. zu- stimmung, versöhnung.*

acorde (*abl. v.* acorder) *f. überein- stimmung, zustimmung.*

acorder (*accordare, zu* cor — cordis) *sw.* I *in übereinstimmung bringen, geneigt machen, versöhnen.*

acorre (accurrere) *sw. ui-pf.* (*pr. ind.* 3 acort, *pl.* 3 acqueurent, *perf.* 3 acorut, acourut) *herbei- laufen, hinlaufen.*

acort (*abl. v.* acorder) *m.* II *überein- stimmung, willen, meinung.*

acoster (*v.* coste < costam) *sw.* I *an die seite bringen, sich nähern.*

acostumer (*abl. v.* costume) *sw.* I *sich etwas angewöhnen, part.* acostumé *üblich.*

acoutrer (*v.* coltre < culcitram) *sw.* I *bedecken, zurechtlegen.*

acquerre (*adquaerere) *st.* II *er- werben.*

acraventer (ad + *crepantare, zu* cre- pare) *sw.* I *herunterschlagen.*

acteur (auctorem + actorem) *m.* II *autor, verfasser.*

acueillir (ad + colligere) *sw.* II *auf- nehmen, empfangen.*

acuser (accusare) *sw.* I *anklagen, an- zeigen.*

ad 1. = a *präp.* — 2. *s.* aveir.

Adam Adan *npr.* 1. *der biblische Adam* 37 ff. — 2. *baron Adan, teilnehmer des ersten kreuzzuges* 61.

adamer (*addominare) *sw.* I *bewältigen, verderben.*

adducere *lat.* = aduire *st.* II *herbeiführen.*

adenz adens (ad dentes) *adv. auf dem gesicht.*

adęs (ad id ipsum?) *adv. stets, immer.*

adeser (addensare) *sw.* I *berühren, angreifen, anstecken (von einer krankheit).*

adober -ouber (an. dubba) *sw.* I *ausrüsten, zum ritter schlagen.*

adonc adonques (ad + donique) *adv. darauf, dann.*

adrescier = adrecier (*addirectiare) *sw.* I *lenken, richten,* s. a. *seine schritte lenken.*

aduner (adunare) *sw.* I *vereinigen, sammeln.*

adurét (*adduratum) *part.-adj. abgehärtet, standhaft.*

aerdre (*adérgere f. aderigere) *st.* II (*part. perf.* aers) *fassen,* a. a *anschliessen an.*

afaire (< a faire) *m. sache, geschäft, stand.*

afebloier (*abl. v.* flebilem — foible) *sw.* I *schwächen.*

aferir aff- (*komp. v.* ferir) *sw.* II (*pr.* 3 afiert) *ziemen, sich gehören.*

afermer (affirmare) *sw.* I *befestigen.*

afetié (*part. v.* afaitier < *affactare) *adj. gebildet, vornehm.*

affanz ahanz *m. pl. mühen, leiden.*

afichier (*adficcare, zu *figere*) *sw.* I *befestigen, versichern.*

afïer (*adfīdare) *sw.* I *versichern* (*pr. ind.* 1 afi).

afoler (*adfollare) *sw.* I *zum narren machen, verletzen, töten.*

afoletir (*abl. v.* fol — folet) *sw.* II *zum narren machen.*

agenoillier (*zu* genoil < *genuculum) *sw.* I *sich auf die kniee niederlassen.*

agreer (*adgratare) *sw.* I *gefallen.*

aguille (acuculam) *f. nadel.*

aguillier (*abl. v.* aguille) *m.* II *nadelbüchse.*

agut (acutum) *part.-adj.* (*f.* agüe) *spitz, scharf,* fievre agüe *schweres fieber.*

ahanz *s.* affanz.

ahi *interj. ach!*

ai *interj. ach!*

aidier eidier (adjutare) *sw.* I (*pr.* 3 aïwet 105, *conj.* 3 aiut aït, *impf. conj.* 3 ëist 58) *helfen,* a. a ar. *beitragen zu.*

aïe (adjutam — aïue + aidier) *f. hilfe.*

aillors -ours (aliorsum) *adv. anderswo.*

aimi *interj. weh mir, ach!*

ainc ains (*anque) *adv. jemals,* a. ne *niemals.*

ainçois *s.* anceis.

ainné = ainzné (*antius natum) *adj. früher geboren, ältest.*

ains *s.* ainc *u.* ainz.

ainsi einsi ensi eisi issi (aeque sic?) *adv. so,* ensi que *sowie, sobald als.*

ainz ains anz (*antius) *adv. vorher, früher,* a. que *bevor,* a. ne — que *nicht eher als; sondern, aber.*

ainzjornee (*antius + diurnata) *f. vortag, morgen.*

aire (aream) *f. u. m. horst, abkunft, art* 72, 81.

aïrier -rer (*abl. v.* iriez irez < iratus) *in zorn versetzen,* s. a. *in zorn geraten.*

aise (adjacens?) *f. behaglichkeit, gelegenheit.*

aiudha Eide (adjūtam) *f. hilfe.*

aiut *s.* aidier.

ajorner (*addiurnare) *sw.* I *tagen.*

ajoster (*komp.* *joster) *sw.* I *sich versammeln.*

al au = a + le.

alachier = alacier (*zu* lacier) *sw.* I *schnüren, aufschnüren.*

alaine = aleine (v. alener < *alenare f. anhelare) *atmen.*

alcun alkun aucun (*aliquunum) *pron.
indf. irgendein.*

Aleman (*d.* Alaman) *m.* II *Alemanne,
Süddeutscher.*

aler (*kelt.* al-, *vgl.* AS) *sw.* I *mit
formen von* vadere *u.* ire (*pr. ind.*
1 vois, 3 vet va vait vai, *pl.* 3
vont *prov.* van, *conj.* 1 alle alge,
3 alt aut alget auge aille voist,
pl. 2 alez, 3 allent voisent, *imp.*
va, *impf. ind.* 3 alout, *pl.* 3 aloient,
fut. 1 irai, 3 ira, *pl.* 1 irons, 2 irez-
és, 3 iront, *kond.* 3 ireit-oit, *perf.*
alai usw.) *gehen, s'en a. fortgehn,*
va *wohlan!, a. mit ger. zur bez.
einer fortgesetzten handlung.*

alerïon (*alerionem, *v. d.* adalaro =
adler) *m.* II *eine raubvogelart.*

aletier = alaitier (*adlactare) *sw.* I
säugen.

aleüre (*v.* aler) *f. schritt als gang-
art, grant a. in raschem schritt.*

Alexis (Alexium) *npr. m. indcl.* 1. *der
hl. Alexius* 5 ff. — 2. *A. kaiser v.
Byzanz* 116 ff.

alferant (*arab.* al faras) *m.* II *pferd,
streitross.*

algalife (*arab.* khalif *mit art.* al)
m. II *kalif.*

Alixandre (Ἀλέξανδρον) *npr. m.* II
*Alexander v. Constantinopel, vater
des Cligés* 70 ff.

Alixandre (Ἀλεξάνδρεια) *npr. f. stadt
Alexandria in Egypten.*

alme (animam) *f. seele.*

almosne aumosne (elemosynam <
ἐλημοσύνην) *f. almosen, wohltun,
gutes werk.*

almosnier (*abl. v.* almosne) *m.* II
almosenempfänger.

aloser (*v.* los < laus) *sw.* I *schätzen,
s. a. de sich geschätzt machen
durch, part.* alosé *berühmt.*

aloweir=aloër (*adlocare) *sw.* I *ver-
mieten, zuwenden* 104.

alquanz (aliquantos) *pron. indf. einige
(bes. im gegensatz zu* pluisor).

alques auques (aliquid + s) *adv.
etwas, ein wenig, einige zeit.*

Alsis *npr. indcl. stadt Edessa* 6 ff.

altel (altare) *m.* II *altar.*

altre autre aultre (alterum) *pron.
indf. (bet. obl.* altrui) *der andere.*

altrement autremant (altera mente)
adv. anders.

altresi autresi atresi (alterum sic)
adv. ebenso.

aluëte (alaudam + -ittam) *f. lerche.*

alumer (*adluminare) *sw.* I *entzünden,
sich entzünden, brennen.*

Alvrez li reis (*d.* Alfrid) *könig
Alfred.*

amant (amantem) *m.* II *liebender,
verliebter.*

amasser (*abl. v.* massa) *sw.* I *ver-
sammeln.*

ambdos ambesdous ansdeus (ambos
duos) *zw.* (*r.* ambedui andui am-
deus) *zwei.*

ambler = embler (involare) *sw.* I
wegnehmen, stehlen.

ameçon (*abl. v.* hamum) *m.* II *angel-
haken.*

amende (*abl. v.* amender) *f. besserung,
busse.*

amender -ander (*admendare, *vgl.*
emendare) *sw.* I *bessern, sich ver-
bessern, besser daran sein, gedeihen.*

amener *prov.* -ar (ad + minari) *sw.* I
(*pr. ind.* 3 ameinet) *herbeiführen,
führen.*

amer (amare) *sw.* I (*pr. ind.* 1 eim, 3
aimme, *impf. conj. plur.* 2 amissiés)
lieben, amer trop mels — que
lieber haben als, amer mielz estre
lieber sein.

amesuré (*part. v.* amesurer, *abl. v.*
mensuram) *adj. gemässigt, massvoll.*

-ami (amicum) *m.* II *freund,* faire
a. *sich einen geliebten anschaffen.*

amie (amicam) *f. freundin, geliebte.*

amïét (*dem. v.* ami) *m. lieber freund;*
— amïete *liebe freundin.*

amistance (*abl. v.* amistié) *f. freund-schaft.*

amistié (*amicitatem) *f. freundschaft, liebe.*

amont (ad montem) *adv. hinauf, oben.*

amor amour (amorem) *f. liebe (häufig personif.*), par amor e par feid *in liebe und treue.*

Amoraviz *Amoraviter, heidnisches volk in Kleinasien (ursprünglich ein Maurenvolk in Nordafrika)* 46.

amoreus (*amorosum) *adj. voll liebe, tens a. liebeszeit.*

amourete (*dem. v.* amor) *f. liebe.*

an (annum) *m.* II *jahr,* anz e dis *jahr u. tag.*

an *s.* en (in — inde) *u.* on (homo).

anbracier (*inbracchiare *v.* bracchium) *sw.* I *am arm befestigen, festhalten.*

anceis ainçois einçois (*antjidius *zu* ante) 1. *adv. früher, vielmehr, sondern.* — 2. *präp. vor.*

ancele anciele (ancęllam *f.* ancillam) *f. magd.*

ancesserie (*abl. v.* ancessor) *f. alte zeit, alter,* d'a. *von alters her.*

ancessor -ur (antecessorem) *m.* III (*r.* ancestre) *vorfahr.*

ancïien (*anteianum) *adj.* (*f.* ancïienne) *alt, dazu* ancïenor 5.

anclore *s.* enclore.

ancrement = encrement *adv. ausser-ordentlich, stark, laut.*

androit *s.* endroit.

andui *s.* ambdos.

anel ennel (anellum) *m.* II *ring, eisen-ring zum fesseln, türring zum klopfen.*

aneme anrme arme alme (animam) *f. seele.*

anemi *s.* enemi.

anfermeté (infirmatem) *f. krankheit.*

angarde (*abl. v.* garder *u.* ante) *f. warte.*

angle angele angre (angelum) *m.* II *engel* 46.

angoisse (angustiam) *f. angst.*

angoissier -uissier engoissier (*an-gustiare, *zu* angustiae) *sw.* I *be-drängen,* s. a. *sich anstrengen.*

angoissous -eus (*angustiosum, *v.* angustiae) *adj. angstvoll.*

anguille (anguillam, *zu* anguem) *f. aal.*

anhardir (*abl. v. d.* hart — hardjan) *sw.* II s. a. *sich erkühnen.*

anima *lat.* = an(e)me, alme *f. scele.*

anmener = amener.

anontïon (*abl. v.* adnuntiare) *f. an-kündigung, mitteilung.*

annor *s.* honor.

anploiier (implicare) *sw.* I *anwenden.*

anpoisoner (*abl. v.* potionem — poison) *sw.* I *vergiften.*

anprandre *s.* emprendre.

anquenuit (*antque + noctem) *adv. noch diese nacht.*

anraciner (*abl. v.* radicinam — racine) *sw.* I *einwurzeln.*

ansdens *s.* ambdos.

anseler (*abl. v.* sella — sele) *sw.* I *satteln.*

antandre *s.* entendre.

antier *s.* entier.

antor *s.* entor.

· antracorder (*komp. v.* acorder) *sw.* I *versöhnen,* s. a. *zusammenstimmen.*

antre *s.* entre.

antreconbatre (*komp. v.* conbatre) *sw.* III—II, s. a. *mit einander kämpfen.*

antree = entree (*intrata *zu* intrare) *f. eintritt.*

antremetre (*komp. v.* metre) *st.* II s. a. de *sich mit etwas abgeben.*

antrevenir (*komp. v.* venir) *st.* I (*perf. pl.* 1 antrevenimes) *zusammen-treffen.*

anuit annuit (hac nocte) *adv. diese nacht.*

anuitier (*adnoctare) *sw.* I *nacht werden.*

anvaïe (*abl. v.* anvaïr < invadere) *f. angriff.*

anviron *s.* environ.

anviz *s.* enviz.

anz *s.* ainz.

aoi *s.* 49.

aorer (adorare) *sw.* I *anbeten.*

aoster (*abl. v.* aost < augustum) *sw.* I *ernten.*

aovrir (*komp. v.* ovrir < aperire + coperire) *sw.* II (*pr. ind.* 3 äuevret) *öffnen.*

apaiier (*adpacare) *sw.* I *beruhigen, befriedigen.*

aparcevoir apercoivre (ad + percipere) *st.* III (*pr. ind.* 3 aparceit, *cj.* 3 aparçoive, *pf.* 1 aparçui, 3 aperceut, *impf. kj. pl.* 3 aperčëuscent, *part. pf. r.* aparcëuz) *bemerken,* s. a. de ar. *oder* que *bemerken, gewahr werden.*

aparellier-eillier-illier (*adpariculare) *sw.* I *zurüsten, herrichten,* s. a. *sich schmücken.*

aparler (*komp. v.* parler) *sw.* I *anreden.*

aparoir (apparere) *sw. ui-perf.* (*pr. ind.* 3 apert, *part.* apparant) *erscheinen, in wirklichkeit treten, auch s.* ap.

apartenir (*komp. v.* pertinere) *st.* I *angehören, part.* apartenant *zugehörig, verwant.*

apel (*abl. v.* apeler) *m.* II *anrede, ruf.*

apeler (appellare) *sw.* I *anreden, anrufen, nennen.*

apertement (aperta mente) *adv. offen, öffentlich, herzhaft.*

aplaidier (*abl. v.* placitum — plaid) *sw.* I *anreden.*

apoiier apuiier (*appodiare v. podium) *sw.* I *stützen* s. a. *sich stützen.*

aporter (apportare) *sw.* I *herbeitragen, bringen, mitbringen,* a. ariere *zurückholen.*

apostoile (*apostolium *f.* apostolicum) *m.* II *priester, papst.*

apostre (apostolum) *m.* II *apostel.*

apparaistre (apparescere) *sw. ui-pf.*

(*ger.* apparissant) *erscheinen, offenkundig sein.*

apprentić (*apprendititium) *adj.* — *m.* II *unwissend — anfänger.*

aprendre (apprehendere) *st.* II (*imp. pl.* aprenez, *pf.* 1 apris, 3 aprist, *impf. kj.* 3 aprcsist, *part. pf.* apris *f.* aprise) 1. *lernen* (*obl. oder* a + *inf.*). — 2. *lehren* (a., a + *inf.*), *erziehen.* — 3. *mitteilen* (a a.).

aprés (appressum) *adv. hinterher, darauf.*

aprester (*adpraestare) *sw.* I *bereit machen, ausrüsten, part. perf.* aprestét *bereit.*

aprochier (*adpropiare) *sw.* I *näherbringen,* s. a. de od. *vers sich nähern.*

aproismier aprosmier (*adproximare) *sw.* I (*ger.* aproismant) *sich nähern.*

apruef (ad + prope) *adv. darnach.*

aquiter (*abl. v.* quitte) *sw.* I *sich entledigen.*

arbre (arborem) *m.* II *baum.*

arbroisel arbrissel (*arboricellum) *m.* II *bäumchen.*

arc (arcum) *m.* II 1. *bogen z. schiessen,* l'arc Qui-ne-faut 83. — 2. *torbogen.*

arcevesque (archiepiscopum < ἀρχιεπίσκοπον) *m.* II *erzbischof.*

Archamp (Arsum Campum?) *npr. m.* II *Archamp, ort der Vivienschlacht* 21 ff.

arcie = archiee (*arcata v. arcum) *f. bogenschussweite* 95.

arçun (*arcionem) *m.* II *sattelbogen.*

ardeir -oir ardre (ardere) *st.* II (*pr. konj.* 3 arde Eul., *part.* ardanz, *impf. kj.* 3 arsist, *part. pf.* ars, *f.* arse) *brennen, verbrennen.*

aredre *prov.* = arriere.

aregnier = aresner (*abl. v.* resne < retinam) *sw.* I *mit dem zügel anbinden.*

Arembor (d.Irnburg) *npr. f. Irnburg* 43.

aresnier = araisnier (*adrationare) *sw.* I *anreden, ansprechen.*

arester arr- (*adrestare) st. III (perf.
3 arestut) stehen bleiben, halten,
festhalten, s. a. stehen bleiben.

argent (argentum) m. II silber, geld.

arme = aneme.

armer (armare) sw. I bewaffnen.

armes (arma) f. pl. waffen, rüstung,
waffentaten.

aromatigement = aromatisement (abl.
v. ἀρωματίζειν) m. II balsam, wohl-
geruch.

arónde (hirundinem) f. schwalbe.

aroser (*adrosare v. ros) sw. I benetzen.

arriere arrier arrieres (ad + retro)
adv. zurück; en arriers früher.

art (artem) f. u. m. kunst.

Artois (Atrebatensem sc. pagum)
npr. grafschaft Artois, li quens
d'Artois der graf von Artois,
bruder könig Ludwigs IX. 115.

Artur (Arthurum) npr. (r. Artus)
könig Artus von Brittannien.

asaier s. essaier.

asaz prov. = assez.

asazé = assazé (*adsatiatum zu satis)
adj. wohlhabend.

ascendant part.—adj. v. ascendre
(ascendere) sw. III—II aufsteigen.

askuter s. escolter.

asne (asinum) m. II esel.

asoignenter (zu *sonium — soin?)
sw. I zur beischläferin machen.

aspre (asperum) adj. hart, schwer.

assaillir- alir (assalire -assalio) sw. II
(pr. konj. 3 assaille, pl. 3 assalent,
perf. 3 assailli, part. perf. assailli)
angreifen, in angriff nehmen.

assalt -aut (abl. v. assalire) m. II
angriff.

asseeir -oir aseoir (assidere) st. II
(pr. ind. 3 assiet asiet, pl. 3
asieent, perf. 1 assis, 3 assist,
part. assis) sich setzen lassen, be-
lagern, s. a. sich setzen, estre assis
sitzen, tables assises aufgestellte
tische.

assegurer assëurer asé- (abl. v. se-
curum) sw. I beruhigen, versichern,
s. a. sich säumen, bleiben.

assemblee asenblee (abl. v. assembler)
f. vereinigung, zusammensein.

assembler asembler asenbler assanbler
(*adsimulare) sw. I sammeln, hand-
gemein werden, a. ensemble das-
selbe, s. a. sich versammeln.

assentir (assentiri-e) sw. II einwilligen,
s. a. sich entschliessen.

assez (*adsátis) adv. genug, in ge-
nügender menge.

assoldre abs- (absolvere) st. II (imp.
pl. assolez, perf. 3 absols Leo.,
part. pf. assous) absolvieren.

assouagier (*adsuviare) sw. I gelinder
werden.

astele (*astellam, zu assulum) f.
splitter.

astreiet s. estre.

asvos s. eisvos.

atachier (stamm tacc-) sw. I anbinden,
befestigen.

ataindre (*attangere) st. II (perf.
1. atains) erreichen, treffen.

ataïne (v. ataïner, zu d. tagadinc?)
f. beunruhigung.

atant (ad tantum) adv. hiermit, als-
dann.

atargier (*attardicare v. tardum)
sw. I zögern, s. a. dasselbe.

atemprer (ad + temperare) sw. I
mässigen, part. atempré mild.

atendre atandre att- (attendere) sw. II
(imp. atent, perf. 3 atendi, pl. 3
attendirent, konj. impf. 1 atendisse,
kond. 1 atenderoie) warten, er-
warten.

atendue (abl. v. atendre) f. erwartung.

atent (abl. v. atendre) m. II warten,
zögern.

atirer (abl. v. frk. teri zier) sw. I
ausrüsten, ordnen.

atorner (komp. v. torner, zu τόρνος)
sw. I darauf richten, s. a. sich
richten, sich damit (i) befassen;

ordnen, anrichten, zurechtmachen, kleiden.

atot -out (ad totum) *präp. mit* 61.

atouchier *(komp. v.* touchier) *sw.* I *anrühren* ar. u. a ar.

atour *(abl. v.* atorner) *m.* II *ausstattung, kleidung, art.*

atraire (*attragere *f.* attrahere) *st.* II *(part. perf.* atrait) *herbeiziehen, an sich locken, sammeln.*

atre (atrum) *adj. schwarz.*

auardeuet Jon. = agardeit, esguardeit.

aube (albam) *f. weisses messgewand.*

Aubert *(d.* Alber) *npr. Albert* 131.

aubespin (albam spinam) *m.* II *weissdorn.*

Aucassin *(arab.* Al Kassîm?) *npr. m.* II *Aucassin* 123 ff.

aucire *prov.* = ocire.

Aude (Alda — *g.* Hilda?) *npr. f. Alda.*

audir *prov.* = odir.

aumosniere *(abl. v.* almosne) *f. gürteltasche.*

äunee *(abl. v.* äuner < adunare) *f. vereinigung, zusammenkunft.*

Aureole (aureolum *sc.* librum) *m.* II *A., titel eines buches v. Theophrast* 129.

aus 1. = els (illos). — 2. = als as (ad illos).

aussi ausi ausin (*alum *f.* aliud + sic) *adv. ebenso,* aussi com, *gleichwie, ebenso wie,* aussi que *so wie, etwas wie.*

autel (*alum *f.* alium + talem) *adj. pron.* (r. auteus) *ebenso beschaffen wie* (come).

autrement (altera mente) *adv. anders.*

autrier (alterum heri) *adv.* l'autrier *jüngst, neulich.*

aval (ad vallem) *adv.* — *praep. hinab, unten auf.*

avaler *(v.* aval) *sw.* I *hinabsteigen,* s. a. *sich hinablassen.*

avancier (*abanteare *v.* ante) *sw.* I *vorwärtsgehen.*

avant (ab ante) *adv. vor, vorwärts, voraus,* tout a. *ganz vorn, zu allererst, (zeitl.) vorher, zuerst,* en a. *weiter, in zukunft.*

avanture = aventure (adventuram) *f. ereignis, geschick, erlebnis, abenteuer,* par a. *zufällig.*

aveir -oir (habere) *st.* III *(pr. ind.* 1 ai, 2 as, 3 at ad a, *pl.* 1 avons -on -um, 2 avez, 3 ont *prov.* an am, *kj.* 1 aie, 2 aies *prov.* aias, 3 ait et, *pl.* 1 aions *prov.* aiam, 2 aiez, 3 aient, *impf.* aveie -oie *usw., fut.* 1 avrai, 3 avrat -a, *pl.* 1 avrons, 2 avreiz -oiz -ez -és averez -és arez -és, *kond.* 3 avreit aroit, *pl.* 2 ariiés, *pf.* 1 oi, 3 out ot aut, *pl.* 3 ourent orent *halbprov.* augrent, *plqpf.* 3 auret auuret, *pl.* 3 aurent, *impf. kj.* 1 ëusse, 2 ëusses, 3 ëust auuisset, *pl.* 2 ëusciés, 3 ëussent, *part. pf. pl.* ëuz) *haben, besitzen, (perf., fut.) bekommen,* a. nom heissen, a. vinz aus *alt sein,* a (i a) *es gibt,* molt a grant tens *od.* piec'a 53 *lang ist's her, vor langer zeit,* en lui at bon chantëur *er ist ein guter sänger.* — *subst.* aveir -oir *(subst. inf.* habere) *m.* II *habe.*

avelenir *(abl. v.* vilain) *sw.* I *schlecht machen,* s. a. *schlecht, gemein werden.*

avenablement *(abl. v.* avenir, *vgl.* avenant) *adv. geziemend, angenehm.*

avenant (advenientem) *adj. angenehm, lieblich.*

avenantment *(v.* avenant) *adv. geziemend, hübsch.*

avenir (advenire) *st.* I—III *(pr. ind.* 3 avient, *conj.* 3 aviengne, *perf.* 3 avint) *sich ereignen, begegnen, widerfahren, wirklichkeit werden, sich daraus ergeben.*

aver (avarum) *adj. habgierig.*

avers (adversum) *adj. feindlich, boshaft.*

avers (adversus) *praep. gegen, verglichen mit.*

aversier (adversarium) *adj. feindlich, teuflisch.*

avesprer *u.* aviesprir (*abl. v.* vesper) *sw.* I *abend werden.*

avilance (*abl. v.* aviler) *f. erniedrigung.*

aviler (*abl. v.* vilem) *sw.* I *erniedrigen.*

avis (ad visum) *m.* indcl. *meinung,* ce m'est avis (a vis) *ich meine, es scheint mir.*

aviser (*advisare) *sw.* I *auf jemanden* (a a.) *zielen.*

avogler avugler (*abl. v.* avuegle, *s.* AS 257) *sw.* I *blenden.*

avoi *interj. wohlauf! oho!*

avoiier (*adviare) *sw.* I *auf den weg bringen,* s. a. *sich auf den weg machen.*

avril (aprilem *sc.* mensem) *m.* II *april.*

avuec aveuc avec avoc avecques (apud *oder* ab hoc) *adv.*— *praep. mit, bei.*

Aye (*d.* Agia) *npr. f. Aja* 88.

Aymeri (*d.* Haimrik) *npr. m.* II *A. v. Narbonne, sohn Hernalts v. Beaulande* 53 ff.

B

baaillier (*bataculare) *sw.* I *gähnen.*

bachelerie (*abl. v.* bachelier) *f. jungmannschaft, junkerschaft.*

bachelier (*baccalarem) *m.* II *jüngling.*

bacin (*baccinum) *m.* II *becken.*

bacon (frk. bakko) *m.* II *schinken.*

baer (*batare) *sw.* I (*pr. ind. pl.* 3 beent) *aufsperren, öffnen, den mund aufsperren,* b. a ar. *nach etwas verlangen.*

bai (badium) *adj. rotbraun.*

baillie (*abl. v.* baillir, *vgl.* baillier) *f. macht, besitz.*

baillier (bajulare) *sw.* I *erlangen, in die gewalt bekommen.*

baillif (*abl. v.* baillier) *m.* II (*r.* baillius) *befehlshaber.*

baillir (*bajulire) *sw.* II *behandeln,* mal b. *übel behandeln.*

baisier (basiare *v.* basium) *sw.* I *küssen.*

baisselete (*abl. v.* bacassam) *f. mädchen.*

baissier (*bassiare *v.* bassum) *sw.* I *neigen.*

balçan (*abl. v.* balteum *gürtel) adj. gestreift od. gesprenkelt.*

Baldequi (Baldahild) *npr. f. Baldhild, mutter Clothars* III. 4.

baldur baudor -our (*abl. v. d.* bald) *f. kühnheit, freude, fröhlichkeit.*

baler (ballare) *sw.* I *tanzen.*

ban (frk. ban) *m.* II *verkündigung.*

bandon (*d. stamm* bann- *rom.* bando) *m.* II *gewalt, eile,* a bandon *mit ungestüm.*

banir (*abl. v.* ban) *sw.* II (*unter strafandrohung) verkünden.*

baptizier (βαπτίζειν) *sw.* I *taufen.*

barat *m.* II *list, betrug.*

barbe (barbam) *f. bart.*

barbét (barbatum) *part.-adj. bärtig.*

barge (barcam) *f. barke.*

Bargelone = Barzelone *npr. f. Barcelona in Katalonien* 59.

barnage bern- (*baronaticum, *zu* baron) *m.* II *ritterschaft (auch konkret), heldentum.*

barnur (*abl. v.* baron) *f. ritterschaft.*

baron -un (*lat.* varronem *oder d.* bar, *s.* AS) *m.* III (*r.* ber bers — baron) *held.*

baronie (*abl. v.* baron) *f. ritterschaft.*

bastir (*g.* bastian) *sw.* II *bauen, herrichten, erwerben* (los), b. plait a a. *jem. einen streich spielen.*

baston (*bastonem) *m.* II *stock.*

bataille batt- (*battualia *v.* battuere) *f. kampf, schlachthaufen.*

bataillier batillier (bataliare) *sw.* I *bauen, befestigen, in verteidigungszustand setzen.*

batre (*báttu̯ere *f.* battúere) *sw.*
III—II (*pr. ind.* 3 bat) *schlagen,*
b. a. *reichen bis,* batu a or *gold-*
durchwirkt.

Baudon (*d.* Baldo) *npr. m.* III *Baldo,*
ein hirt 132.

baudré (*d.* balderich, *vgl. lat.* bal-
teum) *m.* II *gürtel.*

Baudüyn = Baudouin (*d.* Baldwĭn)
npr. m. II *Balduin, name des esels*
111.

bauptesme (βάπτισμα) *m.* II *taufe.*

baut (*d.* bald) *adj.*. (*r.* baus *f.* baude)
kühn, froh, ausgelassen.

bec (*kelt.* becco) *m.* II *schnabel.*

bechier (*abl. v.* bec) *sw.* I *mit dem*
schnabel hacken.

Bedüyn = Bedouin (*arab.* bedâwi)
Beduine — rohling 111.

beem = bien.

beivre boire (bibere) *st.* III (*perf.*
1 bui, *pl.* 3 burent, *part.* bëu)
trinken.

bel biel biau (bellum) *adj.* (*r.* bels
biaus biax biaz *f.* bele) *schön, (in*
der anrede) lieb, estre bel a *ge-*
fallen — *adv.* bel *schön,* plus bel
schöner, angenehmer.

belement (bella mente) *adv. schön,*
lieblich.

bellezour Eul. (*bellatiorem) *adj.*
kompar. schöner.

belté bialté biauté (*bellitatem) *f.*
schönheit.

ben = bien.

bender (*abl. v.* bende < *g.* binda)
sw. I *mit einer binde versehen* (yex),
part. bendé *mit randbeschlag ver-*
sehen (escu).

Benedeit Beneeit (Benedíctum) *npr.*
(*r.* Benedeiz) Saint B. *der hl. B.* 32.

beneïre (benedicere) *st.* II (*pr. kj.*
3 benïe, *perf.* 3 beneïst, *part.*
benooit) *segnen.*

bergerette (*deminutiv zu* bergiere)
f. schäferin.

bergeronette (*dem. zu* bergiere) *f.*
schäferin.

bergiere (*berbicariam *v.* berbīcem
< vervēcem) *f. schäferin.*

bernage *s.* barnage.

Berous Berox *npr. m.* II (*obl.* Berol)
Berol, verfasser des Tristan 83.

Berri (Biturīges) *npr. m.* II Berry,
landschaft im mittleren Frank-
reich 58.

berser (*et. unbek.*) *sw.* I *jagen.*

Berte (*d.* Berhta) *f.* III (*obl.* Bertain)
Bertha, mutter Karls d. Gr. 108.

besagüe (bis acutam) *f. streitaxt mit*
eiserner spitze am griffende.

besent = besant (Byzantinum) *m.* II
Byzantiner (goldmünze).

besoigne (*zu* besoin) *f. vorhaben,*
angelegenheit.

besoin -oing (*bis -sonium *f.* senium)
m. II *bedürfnis, not.*

beste (*bestam *f.* bestiam) *f. wildes,*
böses tier.

bevrage (*biberaticum *v.* bibere) *m.*
II *trank.*

bessïgnos (*abl. v.* besoin) *adj. in*
not befindlich, bedürftig.

beter (*et. unbek.*) *sw.* I *gerinnen,* mer
betee *lebermeer.*

bialté = belté.

Biaucaire (*prov.* Belcaire < Bellum
quadrum) *npr. Beaucaire an der*
Rhône.

biaus biax = bels *s.* bel.

bien ben beem (bene) *adv. wohl, gut.*

bien (*subst. aus adv.* bien) *m.* II *das*
gute, die wohltat.

biere (*westg.* *bera, *ahd.* bara) *f. bahre.*

bis *adj.* (*f.* bisse = bise) *schwärzlich,*
dunkel.

bisclavret *m.* II *mannwolf, auch als*
eigenname 90.

bise (*d.* bîsa) *f. nordostwind.*

blanc (*d.* blank) *adj.* (*f.* blanche
blance) *weiss, glänzend.*

Blanche (= blanche, *zu* blanc) *npr. f.*
königin Bl., mutter Ludwigs d. Hl.

Blanche Cité *npr. f. Weissenstadt, er-*
dichtete hauptstadt von Wales 109.

blanchoïier (*abl. v.* blanc) *sw.* I *weiss*
werden, weiss glänzen.

blandir(blandiri-re)*sw.*II *schmeicheln.*

Blaquerne *npr. f. name einer kirche,*
darnach des palasts in Konstan-
tinopel 116 ff.

blasme (*abl. v.* blasmer) *m.* II *tadel.*

blasmer(blasphemare $<\beta\lambda\alpha\sigma\varphi\eta\mu\epsilon\tilde{\iota}\nu$)
sw. I *tadeln, verwerfen.*

blastengier (*blastimiare *f.* blasphe-
mare) *sw.* I *tadeln.*

blechier = blecier (*d.* blettian) *sw.* I
verletzen, verwunden.

Bleis (Blesum) *npr. m. indcl. stadt*
Blois.

blïaut *m.* II *anschliessendes über-*
gewand (f. männer u. frauen).

blondet (*abl. v.* blont) *adj. blond.*

blont (*germ.*?) *adj. (pl.* blons) *blond.*

bobancier *adj. (f.* -iere) *eitel, prahle-*
risch.

bobant *m.* II *eitelkeit, aufwand.*

boche bouche (buccam) *f. mund.*

bocler -ier (*abl. v.* bocle $<$ bucculam)
adj. mit buckel, spitze versehen.

boçu (*zu* boce — bosse) *adj. bucklig.*

bois bos (*buscum) *m. indcl. gehölz,*
wald.

boisdie (*zu g.* bausi, *ahd.* bôsi) *f.*
trug, list 91.

boisier (*g.* bausjan) *sw.* I *betrügen.*

bon (bonum *nebentonig) adj. gut,*
estre bon a gefallen.

bonement (bona mente) *adv. auf-*
richtig, ehrlich.

Boniface (Bonifatium) *npr. m.* II
1. *könig Bonifaz v. Langobardien*
58. — 2. *B. v. Monferrat* 116 ff.

bonté (bonitatem) *f. güte, wert.*

boorder = behorder (*frk.* bihurdan)
sw. I *mit der lanze kämpfen,*
lanzen brechen.

borse (bursam $<\beta\acute{\nu}\varrho\sigma\alpha\nu$) *f. börse.*

bos = bois.

boscage (*abl. v.* *buscum) *m.* II
waldung.

bot *m.* (*r.* boz) *schlauch.*

boue *f. schmutz.*

bouele (botella, *pl. v.* botellum) *f.*
eingeweide.

boufer (*buffare, *onomatop.*) *sw.* I
die backen aufblasen.

bouillir (bullire) *sw.* II (*pr. ind.*
3 bout, *impf.* 3 boloit) *kochen.*

bouter (*d.* bôtan — *mhd.* bôzen) *sw.* I
stossen, anstecken.

bouton (*zu* bouter $<$ *frk.* bōtan) *m.* II
knopf.

braie (*kelt.* braca) *f. hose.*

braiel (*abl. v.* braca) *m.* II *gürtel.*

braire (*bragere) *sw.* II *schreien.*

branche (brancam) *f. zweig.*

brander (*abl. v. g.* brand) *sw.* I *brennen.*

brandir (*zu* brant) *sw.* II *schwingen*
(son colp).

brant (*d.* brand-) *m.* II (*r.* brans) *schwert.*

braz (bracchium) *m. indcl. arm* —
Braz *npr., auch* Braz de St. Georges,
der Hellespont 117 f.

brebis (*berbīcem *f.* vervēcem) *f.*
schaf.

Bretaigne (Brittanniam) *npr. f.*
Brittannien 90.

bretan (Brittannum) *adj. bretonisch,*
in bretonischer sprache.

Bretons (Brittones) *m. pl. die Bretonen*
90.

brief (breve) *m.* II *brief.*

brisier (*gall.* bris-) *sw.* I *brechen*
(*auch intrans.*).

brochier (*kelt.* brocc-, vgl. AS) *sw.* I
spornen, venir brochant eilends
heranreiten.

Broiefort (broiier $<$ *d.* brekkan *u.*
lat. forte) *npr. m.* II *Br., Ogiers*
pferd 52.

bruierai(*abl. v.* bruiere, *zu gall.* brūcus)
m. II *heideland.*

bruire (*brugire *f.* brugere) *sw.* II
(*part. pr.* bruiant) *rauschen, brau-*
sen, zischen.

bruit (*brugitum) *m.* II *lärm.*

brun (*d.* brûn) *adj. braun, bruniert.*

brunét (*dem. v.* brun) *adj. bräunlich, brünett.*

bu = buc (*g.* bûk) *m.* II *rumpf.*

buef (bovem) *m.* II (*r.* bues) *ochse.*

Buiemont (*d.* Bodamund) *npr. m.* II *graf Bohemund von Tarent* 61 ff.

buisson (*abl. v.* bois) *m.* II *gebüsch.*

buissonét (*dem. v.* buisson) *m.* II *gebüsch.*

buon buen (bonum *haupttonig*) *adj.* (*f.* buona Eul.) *gut.*

burel (*abl. v.* bure < *buram — burram) *m.* II *grober wollstoff.*

C

c' = qu' que *s.* que.

ça cha (ecce hac) *adv. hierher.*

caasteed 35 (castitatem) *f. keuschheit.*

cadhun (cata unum < *gr.* κατά) *pron. indf.* (*f.* cadhuna Eide) *jeder.*

cage (caveam) *f. käfig.*

çaint = ceint *s.* ceindre.

calice (calicem) *m.* II *becher.*

cambre (*zu* camerare *wölben?*) *f. wurfgeschoss od. pfeil* 27.

çandre = cendre (cinerem) *f. asche.*

cant *s.* quant.

Cantorbire *npr. Canterbury, erzbischofssitz des heil. Thomas* 31 ff.

cape *s.* chape.

capelet = chapelet (*dem. v.* chapel) *m.* II *kranz.*

car quar char (quare) *kjon. denn, beim imp. doch.*

carité (caritatem) *f. christliche barmherzigkeit, liebe.*

Carleman (*d.* Karlmann) *npr. m.* II *Karlmann, sohn Karl Martells* 106.

carne (carmen) *m.* II *zauber, heilmittel* 98.

carner (*abl. v.* carne) *sw.* I *bezaubern, heilen.*

carue (carrūcam *v.* carrum) *f. pflug.*

cas (casum) *m. indcl. vorfall, fall.*

cauper = colper (*v.* colp) *sw.* I *abschneiden.*

caut *s.* chaut.

cavee (cavatam) *f. käfig.*

cavel = chevel (capillum) *m.* II (*pl.* caviaus) *haar.*

caver (cavare) *sw.* I *aushöhlen.*

ce *s.* ço.

ceanz çoianz = çaienz 120 (ecce hac intus) *adv. hier innen.*

ceindre (cingere) *st.* II (*pr. ind.* 3 çaint, *part. pf.* ceint *f.* cainte) *umgürten, umschliessen.*

cel (caelum) *prov.* = ciel.

cel chel ciel Leo.(ecce illum) *pron. dem.* (*vollform* celui, *pl.* cels ciels ceus ciaus, *r.* cil chil, *f.* cele celle chele *obl. vollform* celi) *dieser, derjenige, solcher.*

celer (celare) *sw.* I (*pr. ind.* 3 çoile) *verbergen, geheimhalten.*

celeste (caelestem) *adj. himmlisch.*

celestial (*abl. v.* caelestem) *adj. himmlisch.*

cemetiere *s.* cimeteire.

cener (*cinnare, *abl. v.* *cinnum) *sw.* I (*pr. ind.* 3 çoine) *winken.*

cengler *s.* sangler.

cent çant (centum) *zw. hundert.*

centisme (centesimum) *zw. der hundertste* 109.

ceo = ço.

cerf (cervum) *m.* II (*r.* cers) *hirsch.*

cerise (ceresea *f.* cerasea) *f. kirsche.*

cerquier = cerchier (*circare) *sw.* I *suchen, durchsuchen.*

certain chertain (certanum) *adj. sicher, versichert.*

certainement (certana mente) *adv. sicher, gewiss.*

certes chertes (certa + s) *adv. gewiss, sicher,* a c. *in wirklichkeit, ernstlich.*

cervele (cerebella *v.* cerebrum) *f. gehirn.*

ces 1. = cez *zu* cest. — 2. = ses *zu* son.

cest chest (ecce istum) *pron. dem.*
(*pl.* cez, *r.* cist, *f. pl.* cez-cestes
75) *dieser.*

ceus *s.* cel.

cez *s.* cest.

chaaine (catenam) *f. kette.*

chace (*abl. v.* chacier) *f. jagd, ver-*
folgung (*beim ballspiel*).

chacier kacier (*captiare) *sw.* I (*pr.*
kj. 3 chast) *jagen, herausjagen.*

Chaem (Cadomagum) *npr. Caen in*
der Normandie 65.

chaiere (cathédram < καϑέδραν) *f.*
stuhl, sessel.

chainse (*cámisi-, *verwant mit*
chemise?) *m.* II *überwurf.*

chainture = ceinture (cincturam) *f.*
gürtel.

chainturete = ceinturete (*dem. v.*
ceinture) *f. gürtelchen, gürtel.*

chaïr caïr (*cadire *f.* cadĕre) *sw.* II
. (*perf.* 3 cadit Leo., *impf. konj.* 3
caïst — *vgl.* cheoir) *fallen.*

chaitif chetif (*cactivum *f.* captivum)
adj. elend, unglücklich.

chaitivier (*zu* chaitif) *m.* II *gefangen-*
schaft, elend.

chalengier (calumniare) *sw.* I *streitig*
machen.

chaloir caloir (calere) *sw. ui-perf.*
(*pr. ind.* 3 chielt chalt chaut,
konj. 3 chaille caille) *impers. m.*
dat. d. pers. u. gen. d. sache: es
liegt daran, es kümmert.

chalor (calorem) *f. wärme, hitze.*

chambre chanbre (*d.* kamera) *f.*
zimmer.

champ (campum) *m.* II (*r.* chans)
feld, en ch. *auf der stelle.*

Champaigne (Campaneam) *npr. f.*
grafschaft Champagne 117.

champaine = champagne (cam-
paneam) *f. ebene.*

Champaneis (Campanensem) *adj. aus*
der Ch. stammend 28.

champel (*campalem) *adj. zum feld*
gehörig, bataille ch. *feldschlacht.*

champion (*campionem *v.* campum)
m. II *kämpfer.*

chancel (cancellum) *m.* II *gitter, chor*
d. kirche.

chançon (cantionem) *f. lied, helden-*
lied, ch. d'istoire *romanze.*

chandelabre (candelabrum) *m.* II
leuchter.

chandele (candelam) *f. kerze.*

Chaneleu *m.* II *Kanaaniter* 46.

changier (cambiare) *sw.* I *ändern.*

chansonete (*dem. v.* chançon) *f.*
liedchen.

chant cant (cantum) *m.* II *gesang.*

chanteor (cantatorem) *m.* III *sänger.*

chanter canter -eir (cantare) *sw.* I
singen, dichten.

chanut = chenut (canutum) *adj.*
ergraut.

chaoir *s.* cheoir.

chape cape (cappam) *f. mantel.*

chapel (cappellum) *m.* II *kranz.*

chapele (*cappellam) *f. kapelle.*

char *s.* charn *u.* car (quare).

charbon (carbonem) *m. kohle.*

chardon (*carduonem *f.* carduum)
m. II *distel.*

chargier cargier 95 (*carricare *v.*
carrum) *sw.* I *beladen.*

Charle Charlon (*d.* Karl) *npr. m.* II, III
(*r.* Charles) *kaiser Karl* 48 ff., 51 ff.

Charlemagne Charle Maigne (*d.* Karl
+ magnum) *npr. m.* II *Karl d. Gr.*
22.

Charle Martel (*d.* Karl + *martellum
f. martulum) *npr. m.* II (*r.* Charles
Martiaus) *Karl Martell* 65.

charn char (carnem) *f. fleisch, körper.*

charnel *prov.* carnal (carnalem) *adj.*
fleischlich, sterblich.

charrete charete (*dem. v.* char <
carrum) *f. kleiner wagen, karre.*

charretil (*dem. v.* charete) *m.* II
wägelchen.

charte (cartam) *f. urkunde, brief.*

chartre (carcerem) *f. kerker.*

Chartres (Cárnutes) *npr. m. indcl. stadt Chartres* 28.

chascuns cascuns (quisque unus + *κατά*, vgl. cadhun) *pron. indf. jeder.*

chasét (*casatum) *adj. — m.* II *belehnt — vassal.*

chastaigne (castaneam) *f.kastanie* 129.

chastel castel (castellum) *m.* II *schloss.*

Chastele (Castiliam) *npr. f. Kastilien* 27.

Chastel Landon (castellum Nantonis) *npr. m.* II *Château-Landon im Gâtinais, südl. von Nemours, westl. v. Souppes* 28.

Chastel Mortel (castellum mortalem) *npr. m.* II *Todesschloss,* roi de Ch.-M. 123.

chastement (casta mente) *adv. keusch.*

chastiier (castigare) *sw.* I *tadeln, unterweisen.*

chasuble (*casublam) *f. messgewand.*

chat (cattum) *m.* II *katze.*

Chaton (Catonem) *npr. m.* II *Cato, verfasser der Disticha Catonis.*

chauces (calceas) *f. pl. schuhe.*

chaucier (calceare) *sw.* I *s. ch. die schuhe anziehen.*

chaut caut (calidum) *adj. (f. chaude) warm, heiss. — subst. m.* II *warm.*

che = ce *s.* ço.

cheance (*cadentia v. cadere) *f. zufall, glücksfall.*

chemin (*kelt.* cammino) *m.* II *weg.*

chemise (camisiam) *f. überkleid.*

cheoir (*cadēre f. cadĕre) *st.* III (*pr. ind.* 3 chiet, *pl.* 3 chieent, *impf. pl.* 3 cheoient, *part. pf. f.* cadeit HohL. chaiete 50 — *vgl.* chaïr) *fallen.*

cher *s.* quer.

cherir chierir (abl. v. chier) *sw.* II *lieben,* (*perf.*) *liebgewinnen.*

cheval (caballum) *m.* II *pferd.*

chevalchier -auchier (caballicare) *sw.* I *reiten.*

chevalerie (abl. v. caballarium) *f. ritterschaft, ritterliches tun.*

chevalier (caballarium) *m.* II *ritter.*

chevance (abl. v. chevir) *f. gewinn.*

cheve *s.* chief.

chevez (*capitum) *m. indcl. kopfende des lagers.*

chevir (*capire f. capere) *sw.* II *gewinnen, erwerben.*

chevol = chevel (capillum) *m.* II (*pl.* chevos, vgl. cavel) *haar.*

chevruel (capreolum) *m.* II (*r.* chevriaus) *reh.*

chi 1. = qui. — 2. = ci.

chiche (*ciccum?) *adj. kleinlich, knickrig, geizig.*

chief cief cheve Jon. quev Leo. (caput) *m.* II *haupt, ende,* al ch. de piece *nach einer weile.*

chien (canem) *m.* II *hund.*

chier (carum) *adj. teuer, lieb,* avoir ch. *lieb haben — adv.* vandre ch. *teuer verkaufen.*

chiere (cara < *gr.* χάρη) *f. gesicht, miene.*

chierir *s.* cherir.

chierté (caritatem) *f. liebe.*

chievalment (v. chief) *adv. 'häuptlich', zu häupten des tisches.*

chiez cies = chies (casis) *präp. im hause von, bei.*

chil = cil.

cho = ço.

choëte (dem. v. choë < d. kawa *krähe*) *f. eule.*

choisir (g. kausjan) *sw.* II *erblicken, wählen.*

chole *f. schole, ballspiel mit eiförmigem ball und hammerartigem schläger (jetzt* crosse).

choler (abl. v. chole) *sw.* I *die schole spielen.*

chose cose cosa Eide (causam) *f. sache, ding, wesen* (bone ch., male ch.), *geschäft, etwas.*

chou = ço.

10*

chrestïien christian Eide (christianum)
adj. christlich.

Christus *lat. npr. m.* Christus 2, 3.

ci chi (ecce hic) *adv. hier,* ci pres
hier nahebei.

ciaus chiaus = cels *zu* cel.

ciel chiel cel (caelum) *m.* II *himmel.*

ciel Leo. *pron. dem.* = cel.

ciere *s.* chiere.

cies *s.* chiez.

cil chil (ecce illi *f.* ille) *r. sg. u. pl. zu*
cel, *r. sg. auch* cilz.

cimeteire cemetiere (κοιμητήϱιον)
m. II *kirchhof.*

cinc (*cinque *f.* quinque) *zw. fünf.*

cinces *f. pl. lumpen.*

cinquante (quinquaginta) *zw. fünfzig.*

Cipion *npr. Scipio* 126.

cist (ecce isti *f.* ille) *r. sg. u. pl. zu*
cest *dieser.*

citét cité *prov.* ciutat (civitatem) *f.*
stadt.

citoler (*v.* citole, *musikinstrument*)
sw. I *auf der citole spielen.*

clamer (clamare) *sw.* I *nennen,* cl.
ae. dame *eine als herrin ausrufen.*

clamur (clamorem) *f. ruf.*

clartét (claritatem) *f. helligkeit.*

clau = clou (clavum) *m.* II *nagel.*

clause (clausam) *f. reihe, zeile.*

clef (clavem) *f. schlüssel.*

cleie (*cletam) *f. flechtwerk, ge-*
flochtener teller.

cler (clarum) *adj. hell, hellfarbig,*
klar. — adv. hell, mit heller stimme,
deutlich (voir c.).

clerc (clericum) *m.* II (*r.* clers) *geist-*
licher, kleriker, gelehrter.

clerçon (*abl. v.* clericum) *m.* II *junger*
kleriker.

clerçonnét (*dem. v.* clerçon) *m.* II
junger kleriker.

clerement (clara mente) *adv. deutlich,*
offenkundig.

clergié (clericatum) *m.* II *kleriker,*
priester, geistlichkeit, gelehrsam-
keit.

cligner (*cliniare) *sw.* I *blinzeln,* cl.
les ieux *die augen halb schliessen.*

cliner (clinare) *sw.* I *sich neigen.*

Clodoveu (*d.* Chlodowech) *npr. m.* II
Chlodwig 22.

clofichier (clavificare) *sw.* I *festnageln.*

clore (claudere) *st.* II (*pr.* 3 clot,
part. perf. clos *f.* close) *schliessen.*

ço cho chou ce che ée (ecce hoc)
pron. dem. neutr. dieses, das.

çoche (*vgl. nfr.* souche) *f. baum-*
stumpf.

coi *s.* coit *u.* quoi.

coiement (quieta mente) *adv. ruhig,*
still, heimlich.

çoile *s.* celer.

coillir cuillir (colligere) *sw.* II *sammeln,*
nehmen, pflücken, novel coilli *frisch*
gepflückt, c. en vilté *verachten.*

cointe (cognitum) *adj. anmutig,*
schmuck, geziert, eitel.

cointerie (*abl. v.* cointe) *f. eitelkeit.*

coit coi (quietum) *adj.* (*f.* coie) *ruhig.*

• coite (*abl. v.* *coctare) *f. bedrängnis.*

col (collum) *m.* II *hals.*

colchier couchier cocher (culcare *f.*
collocare) *sw.* I *niederlegen, legen,*
s. c. *sich legen,* s. *schlafen legen.*

colee (*v.* col < collum) *f. schlag,*
pein.

Coleneis (Coloniensem *sc.* pagum)
adj. — m. indcl. kölnisch — Kölner-
land 28.

coler (colare) *sw.* I *herabfliessen,*
hinabgleiten.

colier (*collarium) *m.* II *halskragen,*
halsschmuck.

coloiier (*collicare) *sw.* I *den hals*
drehen, sich umsehen.

colomb (columbum) *m.* II *taube.*

color -our (colorem) *f. farbe,* de c.
farbig, bunt.

colorer (colorare) *sw.* I *färben, part.*
colorez *gefärbt, von schöner farbe.*

colp cop (colaphum < κόλαφον)
m. II (*pl.* cols, cops) *schlag, hieb.*

colpe culpe (culpam) *f. schuld.*

com *s.* come.

comandement (*abl. v.* comander) *m.* II *gebot, auftrag, vollmacht.*

comander cum- (*komp. v.* mandare) *sw.*I *anbefehlen, befehlen, empfehlen, Gott anbefehlen, mit inf.* c. a faire.

combatre conb- (*komp. v.* batre) *sw.*III, II (*perf.* 3 conbati) *kämpfen, ger.* combatant *tapfer kämpfend.*

come com con (quomodo) *adv. wie, wie sehr, als* (*kausal*), com si *als ob, wie wenn,* com plus-plus *je mehr-desto.* — *konj. wie, als ob, als* (*zeitlich*).

comencement (*abl. v.* comencier) *m.* II *anfang.*

comencier -chier -ćier (*cuminitiare v.* initium) *sw.* I *beginnen* (*mit* a).

coment -ant comment -ant (quomodo -come + mente) *adv. in directer oder indirecter frage: in welcher weise, wie sehr?*

commun (communem) *adj. gemeinsam.*

communel (*communalem) *adj.* `all-gemein.*

compagne' -aigne (*zu* compaignon) *f. begleitung, gefolge, gesellschaft* (*auch gefährtin*).

compaignete (*dem. v.* compaigne) *f. gefährtin, freundin.*

compaignie (*zu* compaignon) *f. genossenschaft, gesellschaft.*

compaignon -agnon cump- (*companionem zu* panis) *m.* III (*r.* compaign compainz) *genosse, geselle.*

comparer -perer (comparare) *sw.* I (*fut.* 3 comperra) *bezahlen, büssen.*

complaindre conpl- (*complangere) *st.* II (*impf.* 3 conplaignoit) *klagen, s. c. sich beklagen.*

complainte (*abl. v.* complaindre) *f. klage.*

comporter (comportare) *sw.* I *tragen, herumtragen.*

comunalment (*communali mente) *adv. gemeinsam.*

con (cunnum) *m.* II *nfr.* con.

con *adv.* — *kjon. s.* come.

conbatre *s.* combatre.

conble (cumulum) *m.* II *gipfel, buckel* (*des schildes*).

concreidre (concredere) *st.* III *anvertrauen.*

conduire (conducere) *st.* II (*pr. kj.* 3 conduie, *pf.* 3 conduist) *führen, geleiten, s. c. od.* son cors c. *sich entfernen.*

confés (confessum) *adj. gebeichtet, nach ablegung der beichte.*

confondre (confundere) *sw.* III, II *zerstören, vernichten.*

confort (*abl. v.* conforter) *m.* II *trost, hoffnung.*

conforter (*confortare *zu* fortem) *sw.* I *trösten.*

confusïon (confusionem) *f. verwirrung.*

congié cungié (commeatum) *m.* II *urlaub, abschied.*

conissiere, *r. zu* conisseor (*abl. v.* conoistre) *m.* III *kenner.*

conjurer (*conjurare) *sw.*I *beschwören, dringlich bitten.*

conkerre *s.* conquerre.

conoistre conn- (cognoscere) *st.* III (*pr. ind. pl.* 3 conoissent, *konj.* 3 conoisse, *pf.* 1 conui conuć, 3 conut, *pl.* 3 conurent) *kennen, erkennen, bekannt machen.*

Conon (*d.* Chuono) de Betune *npr. m.* III (*r.* Coenes) *Conon von Béthune, teilnehmer des 4. kreuzzugs* 117 ff., *dichter* 79 f.

conplaindre *s.* complaindre.

conquerëur (*abl. v.* conquerre) *m.* III — *adj. eroberer* — *siegreich.*

conquerre conkerre (con + quaerere) *st.* II (*pr. ind.* 3 conkiert, *fut.* 3 conquerra, *part. pf. f.* conquise) *erobern, erwerben, gewinnen.*

conquester (*conquaesitare) *sw.* I *erobern, gewinnen.*

conreer -raer (*abl. v. got.* rêdan)

sw. I (*pr. ind.* 3 conroie) *ausrüsten, rüsten.*

conscïence (conscientiam) *f. bewusstsein.*

conseill consoil (consilium) *m.* II (*r.* consauz) *rat, ratschlag, ratsversammlung.*

conseillier -ellier -illier -oillier (consiliari) *sw.* I *rat geben, raten, sich beraten, heimlich reden,* s. c. *sich beraten, sich raten, helfen.*

consellier (consiliariūm) *m.* II *ratgeber.*

consentement (*abl. v.* consentir) *m.* II *zustimmung.*

consentir (consentire) *sw.* II c. ar. *billigen, einwilligen in, zustimmen.*

conserver (conservare) *sw.* I *bewahren, halten.*

consieure consiure (*komp. v.* *sequere) *sw.* II (*pr. ind.* 3 consieut consiut) *erreichen, treffen.*

Constantinoble -ople (Κονσταντινόπολιν) *npr. f. Konstantinopel* 116 ff.

conte cunte (comitem) *m.* III (*r.* cuons cuens quens) *graf.*

conte (*abl. v.* conter) *m.* II *erzählung.*

contenance (*continentiam) *f. haltung, benehmen.*

contenir (*continire *f.* continere) *st.* III *zusammenhalten,* s. c. *sich halten, sich befinden, sich benehmen.*

contentement (*abl. v.* *contentare *zu* contentum) *m.* II *befriedigung, genussucht.*

contenz (*abl. v.* contencier < *contentiare) *m. indcl. streit.*

conter (computare) *sw.* I *berichten, erzählen.*

contesse (*comitissam) *f. gräfin.*

contraire (contrarium) *adj. entgegenstehend, zuwider. — subst. m.* II *gegenteil, widerwärtigkeit, schaden.*

contre contra Eide (contra) *präp. gegen, entgegen.*

contrede contree (*contratam) *f. gegend.*

contredire (contradicere) *st.* II *widersprechen, leugnen.*

contreval (contra vallem) *präp. hinab, hinunter.*

contrevaleir (contra + valere) *sw. ui-pf. wert sein, aufwiegen.*

controver (contropare) *sw.* I *erfinden.*

convenance (*convenientiam) *f. verabredung, versprechen.*

convenir *s.* covenir.

convent (conventum) *m.* II *zusammenkunft, verkehr, bedingung.*

converser (conversari) *sw.* I *verkehren, verweilen,* c. ensemble *zusammen leben.*

convoiier (*conviare) *sw.* I *geleiten.*

cop. *s.* colp.

copable *s.* culpable.

coper = colper (*abl. v.* colpe) *sw.* I *schlagen, durchschlagen.*

copler (copulare) *sw.* I *zusammenfassen, vereinigen.*

cor (cornu) *m.* II (*r.* corz) *horn.*

cor (chorum) *m.* II *chor (der kirche).*

corage -aje cour- (*coraticum, *zu* cor) *m.* II *sinn, gesinnung, absicht.*

corde (chordam) *f. seite.*

cordele (chordellam *v.* chordam) *f. strick.*

Cordres (Cordubam) *npr. f. stadt Cordova in Spanien.*

coree = corroie.

coroner curuner (coronare) *sw.* I *krönen.*

corp (corvum) *m.* II (*r.* cors) *rabe.*

corporal (*v.* corpus — corporis) *adj. körperlich, irdisch.*

corrant (*subst. ger. v.* corre) *m.* II *lauf, strömung.*

corre courir (currere) *sw. ui-perf.* (*pr. ind.* 3 cort keurt, *pl.* 3 corrent courent, *kj.* 3 core, *impf.* 3 coroit, *pf.* 3 curut, *pl.* 3 cururent — *vgl.* acorre) *laufen.*

correceus (*adj. v.* correcier = coure-
ćier) *zornig,*

corrigier (corrigere) *sw.* I *tadeln,
strafen.*

corroie coree (corrigia) *f. riemen,
gürtel.*

corrous (*v.* corrocier) *m. indcl. zorn.*

cors corps (corpus) *m. indcl. körper,
leib (bes. im gegensatz zu* cuer),
zur umschreibung der person 56.

cort curt (cohortem) *f. hof, königshof.*

Cortain (*lat.* curtam) *npr. f.* (*r.* Corte)
name von Ogiers schwert 52.

corteis -ois (*cortensem *zu* cort)
adj. höfisch.

cortine (cortinam) *f. teppich.*

cortoisement (*adv. zu* cortois) *höfisch.*

cortoisie (*abl. v.* cortois) *f. höfisch-
heit, höflichkeit.*

cose cosa *s.* chose.

coster (constare) *sw.* I *kosten.*

costét (*abl. v.* costam) *m.* II *seite, hüfte.*

costoiier (*abl. v.* costa) *sw.* I *an der
seite gehn, entlang gehn.*

costume coust- cust- const- (con-
suetudinem) *f. gewohnheit.*

cote (*g.* *kotta, *as.* kot) *f. rock.*

couche = colche (*abl. v.* colchier)
f. lager.

couchier *s.* colchier.

coudre (cónsuere *f.* consuere, *vgl.*
AS 121) *sw. ui-pf.* (*ger.* cousant)
nähen.

coulon (columbum) *m.* II *taube.*

coupe (cuppam) *f. becher.*

courećier curecier courroncier (*cor-
ruptiare, *vgl.* AS) *sw.* I *erzürnen.*

cousin (consobrinum) *m.* II *vetter.*

cousture (consuturam) *f. näherei.*

coute (culcitam) *f. kissen, bettdecke.*

coutel (cultellum) *m.* II *messer.*

couvertement (cooperta mente) *adv.
heimlich, still.*

couvesclé = couverclé (*abl. v.* cou-
vercle — cooperculum) *part.- adj.
mit deckel versehen.*

coveitier (*cupiditare) *sw.* I *begehren.*

covent -ant (conventum) *m.* II *ver-
sprechen, zusage, bedingung,* aveir
c. od. en c. 116.

covenir couv- conv- (convenire) *st.*
I –III *geziemen, anstehen, passen*
(a); laissier a. (a) conv. 82; *impers.
es ist nötig.*

coverture (cooperturam) *f. deckung,
schutz.*

covir (*cupire *f.* cupere) *sw.* II *be-
gehren.*

covoiteus (*cupiditosum) *adj. hab-
gierig.*

covrir (cooperire) *sw.* II (*pr. ind.*
3 cuevre, *konj.* 3 cueuvre, *part.
pf.* covert) *bedecken.*

cras (crassum) *adj. fett.*

creable (*abl. v.* credere — creire) *adj.
gläubig.*

creancier (*abl.v.* creant < credendum)
sw. I *versprechen.*

creanter (*abl. v.* creant) *sw.* I *be-
willigen, versprechen.*

creatour criator -ur (creatorem) *m.*
II *schöpfer.*

creature (creaturam) *f. geschöpf,
wesen.*

credance creance (*credentia *zu*
credere) *f. glaube, treue.*

creire croire (credere) *st.* III (*pr.
ind.* 1 crei, 3 croit, *imp. pl.* creez,
impf. 3 creeit, *pl.* 1 creïon, *fut.*
1 crerrai crerai, 2 crerras, *pf.*
2 crëus, *impf. kj.* 1 crëusse —
vgl. concreidre, mescreire) *glauben,*
cr. en a. *an jem. glauben,* cr. a. de
jem.-m in etwas gl., s. cr. a a.
sich jem.-m anvertrauen.

creistre croistre (crescere) *st.* III
(*pr. ind.* 3 croist, *fut.* 3 creistrat,
pf. 3 crut, *impf. konj.* 3 crëust)
wachsen.

crever (crepare) *sw.* I (*pr. kj.* 3
criet) *bersten, aufbrechen, krepieren,
trans. aushöhlen, ausstechen* (les
ieus), *töten.*

creveüre (*abl. v.* crever) *f. höhlung, loch.*

cri (*abl. v.* criër) *m.* II (*r.* criz) *schrei, geschrei.*

criator = creator.

criembre — criendre — craindre (*cremere *f.* tremere) *sw. ui-pf.* — *sw.* II (*pr. ind.* 1 criem, 3 crient, *part. pf.* cremu) *fürchten.*

crieme (*abl. v.* criembre) *f. furcht.*

criër (*et. vgl.* AS) *sw.* I *schreien, rufen,* cr. a a. *jem. zurufen,* cr. merci a a. *jem. um gnade, um die huld bitten.*

criminal (criminalem) *adj. verbrecherisch,* pechiét cr. *todsünde.*

cristal (crystallum < κρύσταλλον) *m.* II *kristall.*

Cristus Jesus *npr. m. Jesus Christus* 3.

croc (*g.* krok, *an.* krokr) *m.* II (*pl.* cros) *haken.*

croisier (cruciare) *sw.* I *bekreuzen,* s. cr. *das kreuz nehmen.*

croiz cruiz crois (crucem) *f. indcl. kreuz,* la Croiz Rouge 85 *wegbezeichnung; griff an einer waffe.*

croller (corotulare) *sw.* I *schütteln.*

crope (*g.* kruppa) *f. hinterteil (bei tieren).*

cropir (*abl. v.* crope) *sw.* II *krümmen,* s. cr. *sich krümmen, ducken.*

croser (*zu* crues) *sw.* I *aushöhlen.*

cruauté (crudelitatem) *f. grausamkeit.*

crucefïer (crucifigere -ficare) *sw.* I *kreuzigen.*

cruël crueus (crudelem) *adj. (f.* crueuse) *grausam, furchtbar.*

crueusement (*abl. v.* crueus) *adv. grausam.*

crues (*crosum?) *adj. hohl.*

cruistre = croissir (*frk.* krostjan) *sw.* II *knirschen, krachen.*

cuart (cauda + d. -hard) *adj.* — *m.* II. *feig — feigling.*

cuer (cor) *m.* II *herz, leben.*

cui (cui) *pron. rel. obl. sg. pl. dessen, welchem, welchen, welche.*

cuidier quidier (cogitare *oder* cūgitare) *sw.* I (*pr. indcl.* cui qui) *denken,* au mien c. *nach meinem dafürhalten.*

cuignee = cognee (*cuneatam *v.* cuneus) *f. axt, holzaxt.*

cuir (corium) *m.* II *leder, haut.*

cuire (*cocere *f.* coquere) *st.* II (*pr. ind.* 3 cuist, *pf.* 3 coist) *kochen, brennen,* s. c. *sich brennen, verbrennen.*

culpable copable (culpabilem) *adj. schuldig.*

cum *s.* come.

cumfaitement (quomodo + facta mente) *kjon. wie.*

cumpaignon *s.* comp.

cuntredit (contradictum) *m.* II *widerspruch.*

cuple = cople (copulam) *f. paar.*

curb (curvum) *adj. krumm.*

cure (curam) *f. sorge,* avoir *od.* prendre cure de ar. *sich um etwas kümmern, sorgen.*

curecier *s.* courecier.

curune = corone (coronam) *f. krone.*

curut (corruptum, *vgl.* AS) *m.* II *zorn.*

cuvertage (*v.* cuivert < collibertum) *m.* II *schurkerei.*

cuvertise (*wie* cuvertage) *f. hinterlist, list.*

D

dahet = dehait (*abl. v.* dehaitier) *m.* II *fluch, verderben.*

daignier (dignari -re) *sw.* I *geruhen.*

dain (*damum *f.* damam) *m.* II *damhirsch.*

dam damno (damnum) *m.* II *schade.*

dam (dominum *als kurzform*) *m.* II (*r.* danz) *herr.*

damage domage (*damnaticum) *m.* II *schaden.*

dame (dominam) *f. herrin, dame.*

damnaison (damnationem) *f. verurteilung, verdammnis.*

damne (dominum) *m.* II (*r.*· damnes)
herr, Damnedeu Damedeu *Gott der
Herr.*

damno Eide *s.* dam.

damoisel (*dominicellum) *m.* II (*r.*
damoisiaus-iax) *jungerherr, junker.*

damoisele (*dominicellam) *f. fräulein,
edelfräulein.*

dampner (damnare) *sw.* I *beschädigen.*

dance (*abl. v.* dancier) *f. tanz.*

dancier -ceir (*et. s. ZrP* 32, 35) *sw.* I
tanzen.

Danemarche *npr. f. Dänemark* 51 ff.

dangier (dominarium + damnum) *m.*
II *gefahr (personif.).*

Danois (*Danensem *v. g.* Dano) *m.*
II *indcl. Däne* 51 ff.

danz *s.* dam.

danzel (*dominicellum) *m.* II *junker.*

dart (*ndfrk.* darroᵽ, *ags.* daraŏ) *m.*
II *wurfspeer.*

davant *s.* devant.

davantage = d'avantage *ohne wei-
teres; im überfluss* (Tobler, AWb
avantage).

David -it *npr. m. könig David* 5.

de (dē) *präp.* 1. *lokal (woher?):
von — ab, von — an* (d'ici *usw.*);
(*wohin?*) *nach* (de l'autre part, de
toutes pars). — 2. *partitiv; von,
aus einer menge* (nïent de mel,
molt de ma volenté *vieles aus,
gemäss m. w.*). — 3. *herkunft: von,
aus* (mot d'Artois). — 4. *infolge
von, an* (morir de mort). — 5. *durch,
von (beim passiv).* — 6. *beweg-
grund: aus, um willen* (de gred).
— 7. *in bezug auf, an* (de long,
faire damage de a., vengier a. de
a.), *nach kompar. verglichen mit,
als* (orguelleuse de tor *usw.*). —
8. *zeitlich: von — an, seit* (de viez
tems, d'ore en avant). — 9. *zur
bezeichnung des genitivs.* — 10. *beim
inf.* nach *gewissen verben* (*deutsch
meist: zu*).

deablie (*abl. v.* diabolum) *f. teufelei,
teufelswerk.*

debat (*abl. v.* debatre, *zu* battuere)
m. II *schwierigkeit.*

debonaire (*aus* de bone aire 81) *adj.
gutartig, mild.*

decachier = dechacier (*komp. v.* *cap-
tiare — chacier) *sw.* I *verjagen.*

decendre = descendre.

decirer = dechirer (de + eschirer < d.
skërran) *sw.* I *zerreissen.*

decliner (declinare) *sw.* I *neigen, sich
neigen, zu ende gehen.*

deçoivre (decipere) *st.* III (*pf.* 1 deçui,
part. pf. decëu) *täuschen, betrügen.*

decoler (*abl. v.* collum) *sw.* I. *ent-
haupten.*

dedaigneus (*abl. v.* desdaignier) *adj.
verächtlich.*

dedenz -anz -ens (de + denz = de
intus) *adv. drinnen,* la ḍ. *drinnen,
hinein.*

dedesus (de + desus) *adv. darüber,*
par d. *oben darauf.*

deduire (deducere) *st.* II (*yer.* en
deduiant) *unterhalten,* s. d. *sich
unterhalten.*

deduit (*abl. v.* deduire) *m.* II *unter-
haltung.*

defaire = desfaire.

defaut (*mask. zu* defaute *v.* defaillir)
m. II *mangel, fehler.*

defendre deffendre desfendre -andre
(defendere) *sw.* III, II (*pr. ind.*
3 deffent, *pf.* 3 defendi desfandi)
verteidigen, abwehren, verbieten.

deffermer deffremer (dis + fermare)
sw. I *aufschliessen.*

defoler (*komp. von* foler < *fullare
zu* fullonem *walker*) *sw.* I *mit
füssen treten, beschimpfen.*

defors (de + foris) 1. *adv. draussen,
aussen.* — 2. *präp. ausserhalb.*

degeter (*komp. von* geter < jactare)
sw. I *bewegen, sich bewegen.*

degnier dengnier (dignari) *sw.* I
würdigen, geruhen.

degré (*komp. v.* gradum) *m.* II *stufe, treppe.*

deguerpir (*komp. v. d.* werpan) *sw.* II *aufgeben, verlassen.*

dehaitier (*komp. v.* haitier *erfreuen, zu an.* heit) *sw.* I *betrüben.*

dejoste -ouste (de + juxta) *präp. neben.*

dejus (de + deorsum) *adv. darunter.*

dekaüe = decheüe *part. pf. f. zu* decheoir (*komp. v.* cheoir) *st.* III *herabfallen, sinken.*

delai (*abl. v.* delaiier, *komp. v.* laiier) *m.* II *aufschub.*

delez delés (de+latus) *präp. neben.*

delgié deugié (delicatum) *adj. zart, fein.*

delit (*abl. v.* delitier) *m.* II *ergötzen, vergnügen.*

delitable (*abl. v.* delitier) *adj. ergötzlich.*

deliteus (*delectosum) *adj. ergötzlich, lieblich.*

delitier (delectare) *sw.* I (*pr. ind.* 3 delite) *ergötzen.*

delivre (*abl. v.* delivrer) *adj. frei, flink.*

delivrement (*abl. v.* delivre) *adv. schnell.*

delivrer (*komp. v.* liberare) *sw.* I *befreien.*

deloiier = delaiier (*komp. v.* laiier) *sw.* I *aufschieben, zögern.*

demainement = demeinement (*abl. v.* demeine) *adv. hauptsächlich.*

demander (*komp. v.* mandare) *sw.* I *verlangen, suchen* (a. od.ar.), *fragen* (a a.), *bitten um* (ar. a a.).

demaneis (de + maneis) *adv. alsbald.*

demeine (dominium) 1. *adj. herrschaftlich, eigen.* — 2. *m.* II *herr.*

demener (*komp. v.* mener < minari) *sw.* I *behandeln* (a. a tort), *vollführen, empfinden, ausdrücken* (noise, ledece *usw.*).

dementer (*abl. v.* de mente) *sw.* I *von sinnen kommen, klagen.*

demi (*dimedium) 1. *adj. halb.* — 2. *subst. f.* demie *heller* 57.

demore -eure (*abl. v.* demorer) *f. aufenthaltsort, verzögerung.*

demoree (*abl. v.* demorer) *f. aufenthalt.*

demorer -urer (de + morari -re) *sw.* I (*pr. ind.* 3 demueret demeure) *verweilen, bleiben, zögern, s. d. bei sich verweilen, am leben sein.* — *subst. m.* II *das verharren.*

demostrance (*abl. v.* demostrer) *f. offenbarung, zeichen.*

demostrer -oustrer (demonstrare) *sw.* I *darstellen, zeigen, offenbaren.*

dempner = damner (damnare) *sw.* I *verdammen.*

dengnier *s.* degnier.

denier (denarium) *m.* II *denar, heller* 57.

denree (*abl. v.* denarium) *f. wert eines denars* 57.

dent (dentem) *m.* II (*später f.*) *zahn.*

departie (*abl. v.* departir) *f. trennung, abschied.*

departir (*departire *zu* partiri) *sw.* II *trennen, zerteilen, s. d. sich entfernen, von hinnen gehn.*

depecier (*abl. v.* de + *pettia) *sw.* I *in stücke reissen, in stücke gehen.*

deplaint (*abl. v.* deplaindre < *deplangere) *m.* II *wehklage.*

Deramé (*arab.* Abderraman) *npr. m.* II (*r.* Deramez) *Deramé, Sarazenenkönig* 24f.

deramer (*disramare *zu* ramum) *sw.* I *zerreissen.*

deriere derrier (de + retro) *adv. hinten, von hinten.*

derompre (derumpere) *sw.* III, II (*part. pf.* derot, *pl.* derous) *zerreissen, zerspalten, zerbrechen; vgl.* desrompre.

derrier *s.* deriere.

derverie = desverie (*zu* desvét) *f. torheit, narrheit.*

des (de illos) = de + les.

des (de ipso *oder* de ex) *präp.*
von — ab, seit, d. or *von nun ab,*
d. or mes, des hore en avant *fort-*
an; d. que *seitdem, sobald als,* des
i que, des ci que, des i come *bis;*
des meis *in monaten.*

desafrer (*abl. v.* safrét < *arab.* zafa-
ran *safran) sw.* I *des goldbesatzes*
berauben, den goldbesatz abschlagen.

desarmer (*komp. v.* armer < armare)
der waffen berauben, die waffen
abnehmen.

descendre decendre (descendere) *sw.*
III, II (*pf.* 3 descendi, *impf. kj.* 3
descendist) *absteigen, herabsteigen.*

desclairier (declarer + esclairier) *sw.* I
beschreiben, erklären.

desclore (dis + claudere) *st.* II *öffnen.*

descolorer (dis + colorare, *vgl.* dis-
color) *sw.* I *entfärben.*

desconfire (*disconficere) *st.* I *zer-*
stören.

desconvenue (*abl. v.* desconvenir <
disconvenire) *f. missgeschick, un-*
annehmlichkeit.

descovrir (*discooperire) *sw.* II *ent-*
hüllen, entdecken, verraten.

descrire (describere) *st.* II *beschreiben.*

descupler (*komp. v.* copulare) *sw.* I
loskoppeln.

desdire (*disdicere) *st.* II (*kj. pr.* 3
desdie) *leugnen,* d. a. *jemandem*
widersprechen.

desenor deshenor (*abl. v.* * dis-
honorare) *f. unehre, schimpf.*

deserter (*desertare) *sw.* I *zerstören.*

deservir (*komp. v.* servire) *sw.* II
verdienen.

desevrer (*deseparare) *sw.* I *trennen,*
sich trennen.

desfaé (*disfatatum zu fatum) *part.-*
adj. ungläubig, niederträchtig.

desfaire defaire (*disfacere) *st.* I
zerstören, vernichten, zerbrechen.

desfermer (*komp. v.* firmare) *sw.* I
aufschliessen.

desfïance (*abl. v.* desfïer) *f. heraus-*
forderung.

desfïer (*disfidare *zu* fidum) *sw.* I
herausfordern.

desfubler (*disfibulare, *vgl.* AS v. 143)
sw. I *den mantel ablegen, part.*
desfublé des mantels entledigt.

deshaitier -hetier (*abl. v.* hait < *an.*
heit *gelübde) *sw.* I *betrüben, part.*
deshaitié *krank.*

Desïer (Desiderium) *npr. m.* II
Desiderius, könig der Langobarden
12 f., 59.

desir (*abl. v.* desirer) *m.* II *wunsch.*

desirer desirrer -ier (desiderare) *sw.* I
wünschen — subst. inf. m. II desirier
verlangen, sehnsucht.

desirus (*abl. v.* desir) *adj. begierig.*

deslacier (*komp. v.* lacier < laqueare)
sw. I *losknüpfen, ablegen.*

desleal (*komp. v.* legalem) *adj.* (*r.*
desleaus) *gesetzwidrig, treulos.*

deslïer (*komp. v.* ligare) *sw.* I *los-*
lösen.

desmaillier (*abl. v.* maille < maculam)
sw. I *der (panzer-)maschen be-*
rauben.

desmarïer (*komp. v.* maritare) *sw.* I
um die ehe bringen, der ehe be-
rauben.

desmembrer -enbrer (*dismembrare)
sw. I *zerstückeln.*

desmentir (*komp. v.* mentiri -re) *sw.* II
lügen strafen, zerschlagen.

desmesure (*dismensuram) *f. über-*
mass, a d. *über die massen.*

desor desour desure deseure (de +
supra) *präp. auf, über, mehr als*
— *adv. oben, par d. oben.*

desoz dessoz desos desous (de +
subtus) *adv. darunter, unten. —*
präp. unter, unterhalb.

despaner (*abl. v.* pan < pannum) *sw.* I
der enden, der schösse berauben.

despendre -andre (de + expendere)
sw. III, II *ausgeben, bezahlen.*

despense (*dispensam) *f. vorrats-kammer.*

desperer (*disperare *f.* disparare) *sw.* I *zerstören.*

despit (despectum) *m.* II *verachtung,* an despit *zum trotz.*

deprisier (*dispretiare) *sw.* I *ver-achten.*

despueille (*abl. v.* despuillir) *f. kleidung.*

despuillier (despoliare) *sw.* I *aus-kleiden,* s. d. *sich auszuziehen.*

desrei (*abl. v.* desreer *zu g.* rēdan) *m.* II *unordnung, ansturm.*

désresnier (*disrationare) *sw.* I *ver-teidigen.*

desrompre (*disrumpere) *sw.* III, II (*part. pf. r.* desrouz) *zerbrechen, zerschlagen.* Vgl. *derompre.*

destorbier (*verbalsubstantiv v.* distur-bare) *m.* II *verwirrung, not.*

destour (*abl. v.* destourner < *distor-nare) *m.* II *krümmung, nebenweg.*

destre (dextrum) *adj. recht(s).*

destreindre -aindre (distringere) *st.* II (*part. pf.* destreit) *stark pressen, fesseln, part. perf. bekümmert.*

destreit (*abl. v.* destreindre) *m.* II *enge,* metre en d. *in gewahrsam setzen.*

destresce (*destrictiam) *f. drangsal, qual.*

destrier (dextrarium) *m.* II *streitross.*

destruction (destructionem) *f. zer-störung.*

destruire (*destrugere *f.* destruere) *st.* II *zerstören, vernichten.*

desus dessus (de + sursum) *adv. darüber,* par d. *darüber hinweg. — präp. oben auf, oben darüber, auf, über.*

desvestir (*komp. v.* vestire) *sw.* II (*part. pf.* desvestu) *ausziehen.*

desvét (desuatum, *v.* suum?) *part.-adj. verrückt.*

desvoier (*disviare) *sw.* I *auf den*

falschen weg bringen, täuschen; vom rechten weg abkommen.

dete (*debitam *f.* debitum) *f. schuld,* estre de d. *geschuldet sein.*

detraire (*detragere *f.* detrahere) *st.* II *hinabziehen.*

detrenchier (*komp v.* *truncare) *sw.* I *abschneiden, abschlagen.*

detrïer (*komp. v.* tricare) *sw.* I *zögern.*

Deu Deo Dieu De (Deum) *npr. m.* II (*r.* Deus Dieus) *Gott.*

Deumentit (Deo mentitum) *m.* II *Gottesleugner.*

deus dex *s.* Deu, dous *u.* duel.

devant -ent (de + ab ante) *präp. vor, im angesicht von,* par d. *vor. — adv. vorn, voran, vor allen andern,* en d. *vorn,* par d. *ins gesicht,* courir au d. *vorauslaufen. — subst. m.* II *vorderseite, bauch.*

deveir -oir (debere) *st.* III (*pr. ind.* 1 dei doi, 2 deis, 3 deift Eide deit doit, *pl.* 1 devemps *prov.* devem, 2 devez, 3 deivent doivent, *konj.* 1 doie, 3 deiet, *impf. ind.* deveie -oie *usw., perf.* 1 dui, 3 dut diut, *impf. kj.* 3 dëust, *pl.* 2 dëussiez, *kond.* 1 devreie, 3 devroit deveroit) *schulden, müssen, sollen* (*mit* ne) *dürfen.*

devenir (devenire) *st.* I—III (*pr. ind.* 1 devienc, 3 devient, *imp. pl.* de-venés, *impf.* 3 deveneit, *perf.* 3 devint, *pl.* 3 devindrent, *part. pf. r.* devenuz) *werden, zu etwas werden,* s. d. *zu etwas werden,* que il se devint *was ist aus ihm geworden?*

devenre (diem Veneris) *m.* II *freitag.*

devers (de + versus) *präp. von — her, in der richtung auf, nach,* par d. *dasselbe.*

deviner (divinare) *sw.* I *erraten.*

devise (*abl. v.* deviser) *f. trennung, scheidelinie.*

deviser (*divisare) *sw.* I *ausdenken, darlegen, beschreiben.*

devotement (devóta mente) *adv. andächtig, fromm.*

devurer = devorer (devorare) *sw.* I *verschlingen.*

di (diem) *m.* II *tag, zeit,* anz e dis *jahr und tag.*

diable diaule Eul. (diabolum < gr. διάβολον) *m.* II *teufel.*

Didun *npr. m.* II *bischof Dido von Poitiers* 4.

Dieu *s.* Deu.

digne (dignum) *adj. würdig.*

dime (decimam) *f. zehnten.*

dire (dicere) *st.* II (*pr. ind.* 1 di dis *prov.* dic, 3 dit dist, *pl.* 1 dison, 3 dïent, *konj.* 1 die, 3 die, *imp.* di, *pl.* dites, *part. pr.* disant, *impf. pl.* 3 disoient, *perf.* 1 dis, 3 dist, *pl.* 3 distrent, *impf. kj. pl.* 3 dëissent, *fut.* 1 direi dirrai diré didrai ditrai, 3 dira, *pl.* 1 diron, 2 direz, *kond.* 1 diroie, 3 direit -oit, *part. pf.* dit *f.* dite *pl. f.* dites — *vgl.* desdire, mesdire) *sagen, sprechen, nennen.*

dis (decem) *zw. zehn,* dis e set, dix sept *siebzehn.*

discipline (disciplinam) *f. ordnung.*

disner (*disjejunare) *subst. inf. m.* II *morgenmahlzeit.*

dit (dictum) *m.* II *wort.*

divers (diversum) *adj. verschieden, ander, veränderlich.*

divin (divinum) *adj. göttlich.*

doblier -er (*duplarium *v.* duplum) *adj. doppelt.*

doire (*docĕre *f.* docēre) *st.* II (*perf.* 3 doist, *part. pf.* doit) *lehren.*

doit doi (digitum) *m.* II *finger.*

dol *s.* duel.

dolcement -ant, douc- duc- (*adv. zu* dolz) *sanft, zärtlich, süss.*

dolçor dosor douchour (*abl. v.* dolz < dulcem) *f. süssigkeit.*

dolent-ant (dolentem) *adj. bekümmert, betrübt.*

doloir (dolere) *sw. ui- pf.* (*pr. ind.* 1 duel doil, 3 diaut) *schmerzen,*

s. d. de ar. *schmerz empfinden, sich beklagen.*

dolor -our (dolorem) *f. schmerz, jammer.*

doloreus -ereus (dolorosum) *adj. schmerzlich, schmerzerregend, schmerzenreich.*

doloser (*dolosare *f.* *dolorare) *sw.* I *beklagen.*

dolz dulz douz douć (dulcem) *adj.* (*f.* dolce douce dolche douche douće) *süss, teuer, lieb.*

domage *s.* damage.

domnezele Eul. (*dominicellam) *f. mädchen, fräulein. Vgl.* damoisele.

don (donum) *m.* II *geschenk, schenkung.*

don *adv. loc. s.* dont.

donc dunc, *auch* dont (donique, *vgl.* AS 126) *adv. damals, dann.*

Dondeu = Damnedeu, *vgl.* dam.

doner duner (donare) *sw.* I (*pr. kj.* 3 don doint doinst donget dunge, *imp.* dune, *fut.* 1 donrai dorrai durrai, 2 dorras, *kond.* 3 dorroit) *schenken, geben,* d. colee *einen hieb austeilen,* d. grande *einen kräftigen hieb austeilen* 27.

donne (dominam, *vgl.* dame) *f. herrin.*

dont don (de unde) *adv. rel. woher, aus welchen, in bezug worauf, worin* — *gen. pron. rel. dessen.*

dontre (dum interim) *kjon. so lange als.*

Doon (d. Dodo) *npr. m.* III *Doon.*

dormant (dormientem) *part. schlafend.* — *m.* II *schläfer.*

dormir (dormire) *sw.* II (*pr. ind.* 3 dort, *pl.* 3 dorment, *impf.* dormoie *usw., part.* dormant) *schlafen,* s. d. *dasselbe.*

dos (dorsum) *m. indcl. rücken.*

dotance dout- dut- (dubitantia) *f. zweifel.*

dote (*abl. v.* doter) *f. zweifel,* sanz d. *zweifellos.*

doter dou- du- (dubitare) *sw.* I *fürch-
ten,* s. d. *furcht haben.*

dou = del < de + le.

doucereus (*abl. v.* dolçor) *adj. süss.*

dous dos duos (duos) *zw.* (*r.* dui)
zwei (*vgl.* ambdos).

doze (duodecim) *zw. zwölf.*

drap (*drappum) *m.* II (*pl.* dras)
tuch, pl. dras *kleider.*

drecier drescier drechier (*directiare)
sw. I *richten, aufrichten, empor-
richten* (a mont), s. dr. *sich er-
heben.*

dreit -oit (directum) *adj. gerade, de*
dr. nïent *gerade wegen eines nichts*
— *adv.* tot dr. *geradenwegs, just.*

dreit -oit (directum) *m.* II (*r.* droiz)
recht, ordnung, gerechtsame, en,
par dr. *in rechter weise,* n'est droiz
que *nicht darf, soll,* avoir dr. en
ar. *anspruch haben auf etwas.*

dreituralment (*v.* dreiture) *adv. in
rechter, gebührender weise.*

droiture (*directuram) *f. recht, be-
rechtigung.*

dru (*d.* drût *traut*) *adj.-subst.* (*f.*
drue) *traut, geliebter, geliebte.*

duaire (*dotarium *zu* dotem) *m.* II
witwenteil.

duc (dŭcem, *vgl.* AS) *m.* II (*r.* dux
= dus) *herzog.*

duel (*abl. v.* doleir) *m.* II (*r.* deus)
schmerz, trauer.

duire (dūcere) *st.* II (*perf. pl.* 3 dui-
strent — *vgl.* conduire, deduire)
führen, geleiten.

duos *s.* dous

dur (dūrum) *adj. hart, fest, schwer-
fallend.*

duree (*abl. v.* durer) *f. dauer, bestand,*
avoir d. *am leben bleiben.*

durement (dura mente) *adv. hart,
sehr,* d. matin *hoch am morgen.*

durer (durare) *sw.* I *dauern, bleiben,*
d. jusqu'a *reichen bis.*

dusques (de + usque) *kjon. bis dass.*

E

E ed et (et) *kjon. und, vgl.* et.

e eh! *interj. ach!*

ebisque = evesque.

edé (aetatem) *m.* II *zeitalter.*

edre (hederam) *m.* II *epheu.*

egal ingal (aequalem) *adj. gleich.*

eglentier = aiglentier (*abl. v.* aiglente
< *aquilentum) *m.* II *heckenrose.*

eglise iglise (ecclesiam < ἐϰϰλησίαν)
f. kirche.

eidier *s.* aidier.

einçois, einsi, einz *s.* ainçois, ainsi,
ainz.

eire = aire.

eisi *s.* ainsi.

eislor *s.* eisvos.

eissir iscir (exire) *sw.* II (*pr. ind.* 3
ist escit Jon., *imp.* is, *pf.* 3 issi
isçi, *fut.* 1 istrai, *pl.* 3 istront, *part.
pf. r.* issuz) *herausgehn, auch* eissir
fors.

eissue issue (exutam) *f. ausgang.*

eisvos ezvos asvos, eislor (ecce vos,
ecce illorum) *adv.-kjon. siehe da!* 26.

el (*alum *od.* alid *f.* aliud) *pron.
anderes.*

el: 1. = en + le. — 2. = ele
pron. f. — 3. *prov. pron. m.* = il.

ele (alam) *f. flügel (auch von ge-
bäuden).*

ele elle el 25 (illa-am) *bet. pron.* 3.
p. f. (*pl.* eles) *sie.*

element (elementum) *m.* II *kraft.*

elme *s.* helme.

els aus (illos) *bet. pron.* 3. *p. m. pl.
obl.* (*r.* il) *sie, für reflexiv* 25.

em *s.* en (inde).

embatre (*komp. v.* batre) *sw.* III, II
(*pf.* 3 embatié embati) *hinein-
stossen,* ćies a. s. e. *in jemands
haus geraten.*

embronchier (*zu* *pronicare *v.* pro-
nus) *sw.* I *sich neigen.*

emmende *s.* amende.

empedement (impedimentum) *m.* II *hindernis.*

empeirier empirier enp- anp- (*impe-'jorare *zu* pejor) *sw.* I (*pr. ind.* 3 empire) *schlechter machen, schlechter werden.*

empereor (imperatorem) *m.* III (*r.* emperere -es) *kaiser.*

empereris (imperatricem) *f. indcl. kaiserin.*

empire enp- (imperium) *m.* II *reich.*

empleiier -oiier (implicare) *sw.* I *anwenden, austeilen,* s. e. *sich dazu hergeben.*

emplir en- (*implire *f.* implere) *sw.* II *füllen, ausfüllen.*

empoisoner (*abl. v.* poison) *sw.* I *vergiften.*

emporter enp- (inde portare) *sw.* I *mit fortnehmen.*

emprendre anprandre (in + prendere) *st.* II (*part. pf.* empris, *f.* emprise) *unternehmen* (ar. *oder* a *m. inf.*).

emputer (imputare) *sw.* I *beschuldigen.*

en an (in) *präp.* (*mit. art.* enl Eul., el ou, *pl.* els) 1. *lokal* (*wo?*): *in, an, auf.* — 2. *lokal* (*wohin?*): *in, nach.* — 3. *zweck* (*wozu?*): *zu, auf, für.* — 4. *übertragen, bes. vom sprachl.* (entendre en franchois, metre en romanz *usw.*).

en enn'nn an, *ält. form* ent Eul. (inde) *adv.-pron.* 1. *infolgedessen, daher, darauf, inbezug, darauf,* an est plus biaus *er ist umso schöner.* — 2. *davon, von ihm, von ihr, von ihnen, ihrer usw.*

en *pron.* s. on.

enamer (*inamare) *sw.* I *liebgewinnen.*

enamoré (*part. v.* enamorer < *inamorare) *verliebt.*

enbràcier -chier (*inbrachiare) *sw.* I *umarmen, fassen.*

enbraser (*abl. v. g.* brasa — *frz.* brese) *sw.* I *anzünden.*

encensier (*incensarium) *m.* II *weihrauchfass.*

enclin (*abl. v.* encliner) *adj. geneigt, willfährig.*

encliner (inclinare) *sw.* I *neigen, biegen, sich neigen* (a a. *vor jem.*).

enclore -orre anclore (*inclaudere *f.* includere) *st.* II (*part. pf. f.* enclose) *einschliessen, umschliessen, umspannen.*

encombrier (*vgl.* enconbrer) *m.* II *unglück.*

encommencier (*komp. v.* comencier) *sw.* I *anfangen* (a *m. inf.*).

enconbrer (*abl. v.* gall. comboros verhau) *sw.* I *überschütten, bedrängen.*

encontre (in + contra) *präp. entgegen, hinab.*

encontree (*incontratam) *f. gegend.*

encontrer encu- (*incontrare) *sw.* I *treffen, begegnen.*

encore encor ancor uncore 26 (*antque + ha hora, s. AS) *adv. noch.*

endeter (*indebitare) *sw.* I *verschulden,* s. e. *sich in schulden verstricken.*

endormir (indormire) *sw.* II s. e. *einschlafen.*

endreit -oit androit (in directo) 1. *adv. auf der stelle, sogleich, gerade, genau.* — 2. *präp. was betrifft, für,* e. soi *an seinem platz.* — 3. *subst. m.* II *ort, weise, art.*

endurer (in + durare) *sw.* I *ertragen, aushalten.*

enemi anemi (*inamicum) *m.* II *feind, teufel.*

eneslure = eneslore (in ipso + illā horā) *adv. auf der stelle, sogleich.*

enfance enfanche (infantiam) *f. kindheit, kinderei.*

enfant anf- (infantem) *m.* III (*r.* énfes émfes) *kind.*

enfanter (*abl. v.* enfant) *sw.* I *gebären.*

enfern (infernum) *m.* II *hölle.*

enfiler (*infilare *v.* filum) *sw.* I *einfädeln.*

enfoïr -uïr (infodere) *sw.* II (*pr. ind.* 3 enfuet, *pf. pl.* 3 enfuïrent, *part. pf.* enfoï enfuï) *begraben.*

enforcier (*infortiare) *sw.* I *verstärken, s. e. sich anstrengen, beeilen.*

enformer (informare) *sw.* I *anziehen.*

enfriçonner (*abl. v.* friçon < frictionem) *sw.* I *schaudern machen, besorgt machen.*

engaigne (*abl. v.* engan, *vgl.* enjaner) *f. betrügerei.*

engendrëure (*abl. v.* engendrer < ingenerare) *f. nachkommenschaft.*

engenoï (ingenuit) *def. pf.* 3. *p. sg. er erzeugte.*

engien -in (ingenium) *m.* II *schlauheit, list, trug.*

engigneus (ingeniosum) *adj. erfinderisch, schlau.*

engignier -ingnier (*ingeniare) *sw.* I *überlisten, betrügen.*

Engleterre = Angleterre (Anglam terram) *npr. f. England.*

engoissier *s.* angoissier.

enjaner (*d. stamm* gan-) *sw.* I *überlisten, betrügen.*

enluminer (*inluminare) *sw.* I *erleuchten, erhellen.*

enmanevir (*abl. v. got.* mànvjan) *sw.* II *bereit machen, part.* enmanevi *fertig, im gang.*

enmi (in medium -o) *präp. mitten auf, in.*

enneaus *s.* anel.

enoios -ous -eus (*inodiosum) *adj. unangenehm, leid.*

enor *s.* honor.

enorgueillir (*abl. v.* orgueil) *sw.* II *stolz machen, s. e. stolz werden.*

enorter (in + hortari) *sw.* I *ermahnen.*

enpaindre *st.* II (*part. pf.* enpaint) *schlagen, stossen.*

enparlé (*zu* parler) *adj.* (*r.* enparlez) *adj. beredt.*

enplir em- (*implire *f.* implere) *sw.* II *füllen, ausfüllen.*

enporter emp- (inde portare) *sw.* I *forttragen.*

enprés (*inpressum) *präp. nach.*

enpuldrer = empoldrer (*impulverare) *sw.* I (*fut.* 3 enpulderat) *s. e. sich mit staub bedecken.*

enquerre (*inquaerere) *st.* II (*pr. ind.* 1 enquier, *part. pf.* enquis) *wünschen, fragen* (a a.).

enragier -ajier (*abl. v.* rabiem) *sw.* I *in wut geraten, part.* enragié *rasend.*

enseigne -engne (*pl. n.* insignia) *f. feldzeichen, fähnchen, schlachtruf.*

enseignier -eingnier (*komp. v.* signare) *sw.* I (*pr. ind.* 1 ensein) *unterrichten, lehren, benachrichtigen.*

ensemble -enble -amble (insemel *f.* insimul) *adv. zusammen, zugleich.*

ensement (ensi + -ment) *adv. ebenso.*

enserrer enserer (*komp. v.* serrer < serrare) *sw.* I *einschliessen.*

ensevelir ensep- (*komp. v.* sepelire) *sw.* II *begraben.*

ensi *s.* ainsi.

ensivre (*komp. v.* sivre) *sw.* II (*fut.* 1 ensivrai) *folgen.*

ensovre *prov.* ensobre (in + supra) *präp. über, vor.*

ensus (inde sursum) *adv. weg, fort.*

ent *s.* en (inde).

entaillier (*intaleare) *sw.* I *meisseln, behauen.*

ente (*abl. v.* imputare) *f. gepfropfter baum.*

entendement (*abl. v.* entendre) *m.* II *verständnis, bildung.*

entendre antandre (intendere) *sw.* III, II (*pr. ind.* 1 entent, 2 entens, *imp.* entent, *pf.* 3 entendi, *part.* entendu) *hören, anhören, verstehen, e. ar.* par *verstehen unter.*

entensïon -tïon (intentionem) *f. absicht.*

entente antante (*abl. v.* entendre) *f. aufmerksamkeit, bemühung, verstand.*

entercier (*intertiare) *sw.* I *wiedererkennen.*

entier antier (intégrum) *adj.* (*f.* entere) *ganz, vollständig, vollkommen.*

entor -our antour (*intornum *zu* torner, *vgl. it.* intorno) *adv. — präp. im umkreis, rings um, zeitl. um.*

entortillier (*abl. v.* tortum - torquere, *vgl.* tortilis) *sw.* I *einwickeln.*

entramer (inter+amare) *sw.* I s. e. *sich gegenseitig lieben.*

entre antre (inter) *präp. zwischen, unter, inmitten von; reciprok* entr' els *untereinander*; entre . . . et *sowohl . . . als auch* (*vgl.* AS); d'entre *aus der mitte von.*

entredire (*komp. v.* dire) *st.* II *einander sagen.*

entree (*abl. v.* entrer) *f. eintritt.*

entrefaire (*komp. v.* faire) *st.* I (*pr. ind. pl.* 3 entrefont) *gegenseitig tun,* s. e. endurer *sich gegenseitig leiden lassen.*

entremetre ant- (intermittere)¸ *st.* II (*pr. ind.* 1 entremet, *pf.* 1 entremis, *pl.* 3 entremisent) s. e. de ar. *sich auf etwas einlassen, mit etwas beschäftigen.*

entreprendre (*komp. v.* prendre) *st.* II *packen, part. pf.* entrepris *befangen, besorgt.*

entrer antrer (intrare) *sw.* I *eintreten.*

entretant (intra + tantum) *adv. unterdessen.*

entrevouloir (*komp. v.* vouloir) *st.* III, II (*pr. ind. pl.* 2 entrevoulés) *untereinander, miteinander wollen.*

entroblïer (*komp. v.* oblïer < oblitare) *sw.* I *vergessen,* s. e. *sich vergessen, sich verlieren.*

enui anui (*abl. v.* enuiier) *m.* II (*pl.* enuiz) *verdruss, unannehmlichkeit,* des biens et des anuiz *der guten und schlechten dinge.*

enuiier (*inodiare *zu* odium) *sw.* I *ärgern, leid tun.*

envahie (*abl. v.* envaïr < invadere) *f. angriff, einbruch in ein land.*

enveer -voiier (*inviare *od. abl. v.* en voie) *sw.* I (*pr. ind.* 3 enveiet, *impf. kj. pl.* 3 envoiassent) *senden.*

envers (in + versus) *präp. gegen.*

enversé (*abl. v.* envers < inversum) *part.-adj. umgekehrt auf dem rücken liegend.*

envïeus (invidiosum) *adj. neidisch.*

environ anviron (en + viron, *zu* virer < *virare) 1. *adv. ringsum. —* 2. *präp. rings herum um, um — herum.*

enviz -is (invite + s) *adv. widerwillig, kaum.*

envoisier (*invitiare *zu* invitare?) *sw.* I *sich belustigen, part. pf.* envoisié *fröhlich, hübsch* (robe).

enz ens (intus) *adv. hinein, darin.*

eo io (ego) *pron.* 1. *p. sg. ich* Eide.

epedemie (epidemiam < ἐπιδημίαν) *f. seuche, krankheit.*

eps (ipsum) *pron. selbst.*

er = air (aerem) *m.* II *luft.*

erbage (*herbaticum) *m.* II *grasboden.*

erbe (herbam) *f. gras, kraut.*

erité (hereditatem) *f. erbschaft, gut.*

ermine (armenium) *m.* II *hermelin, hermelinpelz.*

ermite hermite (eremitam < ἐρημίτην) *m.* I *einsiedler.*

Ernalt Hernaut (*d.* Erinwald — Arinwald) *npr. m.* II *Arnwald von Beaulande, sohn Garins von Monglane* 19, 56, 57.

Erneïs (*d.* Arnegis) *npr. m. indcl. Arnegis* fränk. *herzog* 26.

erraument = erranment (*abl. v.* errer) *adv. schnell,* e. que *sobald als.*

erre (iter) *m. u. f. weg, marsch,* grant

e. *grosses wegstück, eilig*, en e. *alsbald, sofort.*

errer (*iterare) *sw.* I *gehen, handeln.*

error (errorem) *f. irrtum, irren.*

esbahir -aïr (*onomatopoet., vgl.* baer, baaillier) *sw.* II *in erstaunen geraten,* s. e. *erschrecken, part. pf.* esbaï *töricht.*

esbaldir (*abl. v. d.* bald *kühn*) *sw.* II *kühn machen, part. pf.* esbaldi *grimmig.*

esbanoiier (*frk. stamm* ban-) *sw.* I *vergnügen, sich vergnügen.*

esbatre (*komp. v.* battuere) *sw.* III, II *unterhalten, ergötzen,* s. e. *sich vergnügen.*

esbaudie (*abl. v.* esbaudir -baldir) *f. freude.*

esboëler (*abl. v.* boël < botellum) *sw.* I *ausweiden, die eingeweide herausschlagen.*

escargaite escalgaite (*d.* skarwahta) *f. scharwache, scharwächter.*

esćerveler = escerveler (*abl. v.* cervel < *cerebellum) *sw.* I *des hirns berauben.*

eschamper (*excampare) *sw.* I *entkommen.*

eschanteler (*abl. v.* canthus < xανθός) *sw.* I *in stücke hauen.*

eschaper (*abl. v.* chape) *sw.* I (*pr. kj.* 3 eschat) *entkommen,* e. de + *inf. der gefahr entgehen.*

escharnir (*d.* skërnôn) *sw.* II *spotten.*

eschars eschar (*excarpsum) *adj. geizig.*

eschec (*g.* skāk) *m.* II *beute.*

eschec, *meist pl.* eschés escas (*pers.* chāh) *m.* II *schachspiel, pl. schachfiguren.*

eschequier (*abl. v.* eschec) *m.* II *schachbrett.*

eschevi (*frk.* *skapid) *adj. schlank.*

eschif (*abl. v.* eschiver) *adj.* (*f.* eschive) *scheu, störrisch.*

eschine (*g.* skina) *f. rückgrat.*

eschiver (*g.* skiuhan) *sw.* I *vermeiden, fliehen, entweichen.*

escïent -ant (sciendum) *m.* II *das wissen,* a e. *wissentlich,* mien e. *meines wissens,* mon e. que 91.

esciter (excitare) *sw.* I *aufmuntern.*

esclace (ex + *g.* stamm klak-?) *f. tropfen.*

esclairier (*exclariare) *sw.* I *hell werden.*

escole (scholam) *f. schule.*

escolter eskolter escouter askouter (auscultare) *sw.* I *hören auf* e., *zuhören.*

escomengier (excommunicare) *sw.* I *exkommunizieren.*

escondire (*komp. v.* dicere) *st.* II (*kond.* 1 escondireie) *sich entschuldigen, rechtfertigen; zurückweisen, versagen,* s. e. *sich versagen.*

esconsser (*absconsare *zu* abscondere + ex) *sw.* I *verbergen, verdecken, überstrahlen.*

escorce (corticem *gekreuzt m.* escorchier) *f. rinde, fell.*

escorchier (excorticare *v.* corticem) *sw.* I *abziehen,* s. e. *sich schürzen.*

escoufle (*kelt.* skofla) *m.* II *hühnergeier, weihe.*

escrïer (*komp. v.* crïer) *sw.* I *rufen, anrufen,* s. e. *ausrufen.*

escripture (scripturam) *f. schrift, schrifttum.*

escrit (scriptum) *m.* II (*r.* escriz) *geschriebenes, schriftwerk.*

escrivain (*scribanum) *m.* II *schriftsteller, dichter.*

escrivre escrire (scribere) *st.* II (*pf.* 1 escris, 3 escrist, *part.* escrit, *f.* escrite) *schreiben, aufschreiben.*

escuier esquier (scutarium) *m.* II, *schildknappe, knappe.*

escut escu (scutum) *m.* II (*pl.* escuz) *schild, schutz.*

esdrecier (*komp. v.* drecier) *sw.* I *aufrichten,* s. e. *sich aufrichten.*

esforcier (*exfortiare *zu* fortem) *sw.* I
s. e. *sich anstrengen.*

esfreer esfraer effreer (*abl. v. g.* frida
friede) *sw.* I (*pr. ind.* 3 esfroie,
part. pf. esfraé) *s. e. erschrecken,
scheu werden.*

esfrei (*abl. v.* esfreer) *m.* II *sorge.*

esgaier (*abl. v.* gai) *sw.* I *sich freuen,*
s. e. *dasselbe.*

esgart (*abl. v.* esguarder) *m.* II *rück-
sicht, beschluss.*

esgriner = esgruner (*abl. v. d.* krûma)
sw. I *zerbröckeln, schartig machen
oder werden.* ⸗

esguarder esgarder (ex + *d.* wardên)
sw. I *anblicken, blicken, spähen.*

esguaré (*abl. v. g.* wara *zu* warôn
wahren) *part.-adj.* (*r.* esgarez, *f.*
esguarede) *verwirrt.*

eshalcier essaucier (*abl. v.* halt <
altum) *sw.* I *erhöhen, steigern.*

esjoïr (*komp. v.* joïr < gaudere) *sw.* II
erfreuen, s. e. *sich erfreuen.*

eslais (*abl. v.* eslaissier) *m. indcl. eile,*
de plain e. *in vollster eile.*

esleiscier = eslaissier (*exlaxare)
sw. I *sich stürzen, part.* esleiscié
im galopp.

eslire (*exlegere *f.* eligere) *st.* III
auswählen.

esloignier -ongier (*exlongiare) *sw.* I
entfernen, verlassen.

esmaiier (ex + *d.* magan *mögen*)
sw. I *erschrecken.*

esmarrir -arir (ex + *g.* marrjan) *sw.* II
betrüben, sich betrüben, part. es-
marriz *f.* esmarrie *betrübt, beküm-
mert.*

esmer (æstimare) *sw.* I *schätzen,
vergleichen.*

esmeraude (smaragdam) *f. smaragd.*

esmeraudin (*abl. v.* esmeraude) *adj.
smaragden.*

esmerveiller (*abl. v.* merveille) *sw.* I
s. e. *sich wundern.*

esnasé (*abl. v.* nasum) *part.-adj.
entnast, ohne nase.*

esneiier *sw.* I *reinigen.*

Esope (Aesopum < Αἴσωπον) *npr.
m.* II *fabeldichter Aesop.*

espaart *wild od. verschnitten* 74.

Espagne -angne (Hispaniam) *npr. f.
Spanien* 56, 57.

espalle espaule (spathulam) *f. schul-
ter.*

espan (*d.* spana, spannan) *m.* II
spanne.

espandre (expandere) *sw.* III, II *aus-
breiten, ausgiessen, part.* espandu
breit.

espargnier (*abl. v. ags.* sparian, *ahd.*
sparôn) *sw.* I *schonen, sparen, er-
sparen.*

espart (*abl. v.* espartir) *m.* II *blitz.*

espartir (*expartire *sich spalten*) *sw.* II
blitzen.

espasmir (*abl. v.* spasmum < σπασμόν
krampf) *sw.* II *ohnmächtig sein.*

espee spede (*gr.* σπάϑη) *f. schwert.*

esperance sperance (*sperantia *v.*
sperare) *f. hoffnung.*

esperit (spiritum) *m.* II *geist,* St. E.
npr. hl. geist.

esperitable (*spiritabilem) *adj. geist-
lich, im geiste.*

esperon *s.* esporon.

espés (spissum) *adj. dicht — subst.
m. indcl. das dichte.*

espie (*g.* spëha) *m.* I *späher.*

espïer (*g.* spëhon) *sw.* I *auskund-
schaften, ausfindig machen.*

espiet espiel inspieth Leo. (*d.* speot
spiess) *m.* II *speer.*

espirer (exspirare) *sw.* I *in beun-
ruhigung versetzen, aufmuntern.*

espleitier -oitier (*explicitare) *sw.* I
*handeln, fertig bringen, sich an-
strengen,* s. e. *sich beeilen.*

esploit (*abl. v.* esploitier) *m.* II *eile.*

espoënter = espaventer (*expaven-
tare) *sw.* I *erschrecken.*

espoir (spero *ich hoffe*) *adv. hoffent-
lich, vielleicht, ungefähr.*

espoir (*abl. v.* esperer) *m.* II *hoff-*

nung, sans nul e. *ohne hoffnung, widerrede.*

esporons -erons (*g.* sporo, *ags.* spora, *an.* spore) *m.* II *pl. sporen.*

espos (sponsum) *m. indcl. gatte.*

espose spose 6 espeuse 99 (sponsam) *f. braut, gattin.*

esposer -user (*sponsare) *sw.* I *zur verlobten machen, heiraten.*

esprendre (*komp. v.* prendre) *st.* II (*part. pf.* espris) *einnehmen, entflammen, part. pf. entzündet, leuchtend.* •

espringuer (*frk.* springan) *sw.* I *springen, tanzen.*

esprise (*v.* esprendre) *f. leicht brennbares holz* 118.

esprover (*exprobare) *sw.* I *erproben.*

esquelderoie = escoldroie, *kond. zu* escoillir (ex + colligere) *sw.* II *stürzen, laufen.*

esquier *s.* escuier.

esrachier (*exradicare) *sw.* I *herausreissen.*

esragier (*abl. v.* rabiem) *sw.* I *in wut geraten.*

essaiier esaiier as- (*exagiare *v.* exagium) *sw.* I *versuchen, auf die probe stellen.* .

essample (exemplum) *m.* II *beispiel.*

essart (*abl. v.* essarter, *komp. v.* *saritare *zu* sarire) *m.* II (*pl.* essarz) *rodung.*

essaucier *s.* eshalcier.

essillier (exiliare) *sw.* I *zerstören.*

ęst (istum) *pron. dem. dieser* Eide.

estable (stabilem) *adj. fest, beständig.*

establir (stabilire) *sw.* II *festsetzen, festlegen.*

Estampeis (Stampensem *sc.* pagum) *m. indcl. land von* Étampes 28.

estandart (*abl. v.* extendere) *m.* II *standarte, speer mit fähnchen.*

estaque (*d.* *staka) *f. pfahl.*

estar *prov.* (*plqpf.* ⸲ estera stera) = ester.

estavel (*statualem) *m.* II *kerze.*

esté estéd (aestatem) *m.* II *sommer.*

estendre (extendere) *sw.* III, II (*part. pf.* estendu) *ausstrecken, hinstrecken, ausbreiten.*

ester *prov.* -ar (stare) *st.* III (*pr. ind.* 1 estois, 3 estait, *part.* estant, *pf.* 3 estut, *fut.* 3 estera) *stehen,* laissier e. *sein lassen,* estre en estant *stehen* (*pf.* fu en e. *stand auf*), *gewöhnl.* sei e. *stehen, sein.*

estoire -ore ystoire (historiam) *f. geschichte, erzählung.*

estole (stolam) *f. stola, gestickte nackenbinde des priesters.*

estope (stuppam) *f. werg.*

estor -ur (*d.* sturm) *m.* II *kampf.*

estorer (instaurare) *sw.* I *schaffen, bauen.*

estoutie (*abl. v.* estolt -out, *et. unsicher*) *f. übermut.*

estoveir (stupere, *vgl.* AS) *impers. st.* III (*pr.* estuet, *pf.* estut, *fut.* estovra) *nötig sein.*

estraindre = estreindre (stringere) *st.* II (*pr.* 3 estraint) *zusammenschnüren,* s. e. *sich umhüllen.*

estraire (*extragere) *st.* II *herausziehen, part. pf.* estrait *entstammend.*

estrangler (strangulare) *sw.* I *erwürgen.*

estrange (extraneum) *adj. fremd, fremdartig.*

estre (*essere *f.* esse) *irreg. verbum* (*pr. ind.* 1 sui suid, 2 ies es ez, 3 est *prov.* es, *pl.* 1 somes, 2 estes, 3 sont, *kj.* 3 sit Eide seit soit, *pl.* 1 soions, 2 soiés, 3 soient, *imp. pl.* seiez, *impf.* 1 iere estoie, 3 ieret iere iert eret estoit, *pl.* 1 estïon, 2 estïez, 3 erent esteient, *pf.* 1 fui, 2 fus, 3 fut fu, *pl.* 2 fustes, *plqpf.* 3 furet Eul., *impf. kj.* 2 fusses, 3 fust, *pl.* 1 fussiens, 2 fuissez fussiez, 3 fussent, *part. pf.* esté, *fut.* 1 ier serai serrai, 2 seras serras estras, 3 iert sera, *pl.* 1 iermes ermes, 2 sereiz -oiz

serrez, 3 serunt, *kond.* 1 sereie, 3
astreiet Jon., *pl.* 3 sereient) *sein*
(*meist als copula*), e. bel *gefallen*,
e. bien (mieus) de a. *sich gut*
(*besser*) *mit jem. stehen; sich be-
finden*, e. au desseure *bestand
haben, mit a zur umschreibung des
fut.* (est a estre), est a dire *ist
noch zu sagen, fehlt.* — *subst. m.* II
wesen, lebensweise.

estreu estrier estrié (*stamm* *streup-)
m. II (*pl.* estriés) *steigbügel.*

estriver (*g.* *strīban) *sw.* I *streiten.*

eströer (*abl. v.* traugum — trou) *sw.* I
durchlöchern.

estroit (strictum) *adj. eng.*

estroitement (*v.* estroit) *adj. eng.*

estudïer (*studiare) *sw.* I *sich be-
mühen.*

esveillier (*exvigilare) *sw.* I (*pr. ind.* 1
esvel) *aufwecken, aufwachen,* s. e.
aufwachen.

esvertüer (*abl. v.* virtutem) *sw.* I *sich
anstrengen.*

et ed e (et) *kjon.* *und,* (*zur ein-
führung des nachsatzes*) *so.*

Eufemïien (Euphemianum) *npr. m.* II
— *Euphemian, vater des hl. Alexius*
5 ff.

eüros -eus (*auguriosum) *adj. glück-
lich.*

eus eulz euz (oculos) *s.* ueil, eus
(illos) *s.* els.

Eve *npr. f. Eva* 37 ff.

eve iane (a꞊uam) *f. wasser.*

evesque eveske vesque ebisque Leo.
(episcopum) *m.* II *bischof.*

Evroïn (Ebruinum) *npr. m.* II *graf
Ebruin* 4.

exalter (exaltare) *sw.* I *erhöhen.*

exil = eissil (exilium) *m.* II *ver-
bannung.*

exir = eissir. ‿

extendre = estendre.

ezvos *s.* eisvos.

F

fable (fabulam) *f. fabel, erdichtetes.*

face faće (faciem) *f. gesicht.*

façon (factionem) *f. beschaffenheit,
gestalt.*

faelé *part.-adj. gespalten, rissig.*

faillance (*abl. v.* faillir) *f. fehl, fehler.*

faille (*abl. v.* faillir) *f. irrtum, lüge,*
sanz f. *gewiss, in der tat.*

faillir (*fallire *f.* fallere) *sw.* II (*pr.
ind.* 3 falt faut, *pl.* 3 faillent,
kj. 1 faille, *pf.* 3 faillit) *fehlen,
fehlgehen, fehlbitte tun* 72, *aus-
gehen, aufhören*; f. a a., estre failliz
a a. *jem. fehlen, entfallen, ent-
schwinden, ihn im stich lassen* (f.
a a. de 73); f. a ar. *in etwas fehl-
gehen, fehlgreifen, sich irren, es
nicht finden*; torner a f. *zum fehl
werden, im stich lassen;* ne faillir
que — ne *nicht unterlassen.*

faim fain (famem) *f. hunger.*

faindre = feindre (fingere) *st.* II
(*pf.* 1 fains, *impf. pl.* 3 faignoient,
part. pf. f. fainte) *vorgeben,* s. f.
sich verstellen, säumig sein.

faintise (*abl. v.* faindre) *f. verstellung.
heuchelei.*

faire feire fere (facere) *st.* I (*pr. ind.* 1
faz fać fais, ·2 fes, 3 fait fet, *pl.* 2
faites; 3 font funt, *konj.* 1 face,
3 fazet Eide face fache, *pl.* 1
façons *prov.* façam, 2 faciez faciés,
3 facent, *imp.* fai, *pl.* faites, *impf.
ind.* 3 faiseit, *pf.* 1 fis, 2 fesis,
3 fist *prov.* fez, *pl.* 3 firent fisent,
impf. kj. 1 fëisse, 3 fesist fëist,
pl. 3 fëissent, *part.* fait fet, *f.* faite
feite, *fut.* 1 ferai feré, 3 ferra, *pl.* 1
ferons, 2 feroiz -ez -és, 3 feront,
kond. 1 feroie, 3 fereiet Jon. feroit,
pl. 2 ferïez, 3 feroient) 1. *machen,
tun, zufügen* (tort, damage). —
2. *ausführen, begehen, verrichten*
(pechié, son plaisir, sa proiere,
s'orison, jëunes et aumosnes, f. sa

volente d'alcune *coïre, auch vim facere*); — 3. f. ar. a a. *bezeugen, erweisen* (bonté, enor annor, joie; feste *gegen jem. freundlich sein*), auch f. bon' amor en a. *jem. treue liebe widmen.* — 4. *erregen* (f. pitié a a. *mitleid erregen*). — 5. f. chevalerie, loiauté *usw. ritterlichkeit usw. üben, überhaupt mit* sachobj. *häufig zur umschreibung* (f. perte = perdre, f. amor, demore, duel, paiement, resveillier, traïson; f. bel, malvais, tel semblant *gut, übel, so aussehen*, f. semblant de od. que *so aussehen wie, als ob, den anschein erwecken*). — 6. *hervorbringen*: f. une estoire en romanz *ein geschichtswerk auf romanisch verfassen*, f. ami *sich einen freund anschaffen; mit* a u. *inf.* faire a louer, blasmer *usw. rühmenswertes hervorbringen, zu rühmen sein.* — 7. *absolut: handeln, machen* (bien faire *wohltun*), *sagen* (*in eingeschobenen sätzen*). — 8. *verbum vicarium* 71, 78. — 9. *impers.* fet bien, me fait bien, *es ist gut, gefällt*, fait froit *es ist kalt.*

fais fes (fascem) *m. indcl. last*, a un f. *mit einem schlag.*

faisance (*abl. v.* faire — faisant) *f. handlung, handlungsweise.*

fait (factum) *m.* II *tat, tun, inhalt* (*gegensatz* escrit), bien f. *wohltun, wohltätigkeit.*

faiture (facturam) *f. gestalt, art.*

fals faus (falsum) *adj. falsch.*

fame *s.* feme.

fandre *s.* fendre.

fanon (*d.* fano) *m.* II *armbinde des priesters.*

fantosme (φάντασμα) *m.* II *gespenst.*

faus (falcem) *f. sichel.*

fauseté = fausseté (*abl. v.* falsum) *f. falschheit, fehl.*

fausser fauser (*fals are) *sw.* I *fälschen, falsch, untreu sein.*

favele (*fabellam *f.* fabulam) *f. geschichte.*

feconditét (fecunditatem) *f. fruchtbarkeit.*

feeil fidel (fidelem) *adj. treu, getreu,* Deu fidel *Gottgetreuer.*

feible (flebilem) *adj. schwach.*

feid fei fied (Leo.) foi (fidem) *f. treue, glaube, treugelübde,* par f. *fürwahr.*

feitement = faitement (facta mente) *adv.* (*meist mit* si *od.* com, *vgl.* cumfaitement) ainsint f. *in solcher art und weise.*

feiz foiz (vicem) *f. mal,* cele f., a ceste f. *diesmal,* nule f. *nie,* mainte(s) f. *manches mal.*

felon (*fellonem *zu* fel) *m.* III *schurke* — *adj. treulos.*

felonie (*abl. v.* felon) *f. treulosigkeit, schurkerei* (*auch personif.*).

feme fenme fame (feminam) *f. frau, weib.*

fendre fandre (findere) *sw.* III, II *spalten, sich spalten* 27, faire f. *spalten.*

fenestre (fenestram) *f. fenster.*

fenir (finire) *sw.* II *beenden.*

fenme *s.* feme.

fer (ferrum) *m.* II *eisen.*

feröur (feritorem) *m.* II *schläger, kämpfer.*

ferir (ferire) *sw.* II (*pr. ind.* 3 fiert, *pl.* 3 fierent, *kj.* 3 fiere, *imp. pl.* ferez, *impf.* 3 feroit, *pf.* 3 feri firid Leo., *fut.* 1 ferrai, 3 ferra, *part.* feru *r.* feruz) *schlagen, treffen, scheinen* (*v. d.* sonne), f. un colp *einen hieb schlagen.*

ferm (firmum) *adj. fest, sicher,* f. et (ne) estable *treu und zuverlässig.*

fermail -al (*abl. v.* fermer) *m.* II *schliesse, spange.*

fermement (firma mente) *adv. fest, kraftvoll.*

fermer fremer (firmare) *sw.* I *befestigen, verschliessen, abschliessen.*

ferrer (*ferrare *v.* ferrum) *sw.* I *mit*

eisen beschlagen, part. ferré feré
fest.

fervesti (ferro vestitum) *part.-adj. in
eisen gekleidet.*

Fescamp (Fiscamnum) *npr. m.* II
Fécamp an der normann. küste.

feste fieste (festam) *f. fest, freude.*

feu *s.* fou.

feutre = feltre (*v. g.* felt *filz*) *m.* II
filz, teppich.

fi (fidum) *adj.* (*f.* fie) *gewiss, ver-
sichert,* de fi et de voir, *gewiss-
lich und wahrhaftig.*

fïance (*fidantia, *vgl.* fiër) *f. ver-
trauen, versprechen, gewähr.*

fïancier (*abl. v.* fïance) *sw.* I *verloben,*
part. fïancié *verlobter.*

fichier (*ficare *zu* figere) *sw.* I *be-
festigen, hineinstossen.*

fidel *s.* feeil.

fieblét (*dem. v.* flebilem — feble) *adj.*
(*f.* -ette) *schwach, schwächlich.*

fied = feid.

fief (feudum *zu g.* fëhu) *m.* II (*r.*
fieus fiez) *lehen.*

fiër (*fidare *zu* fidus) *sw.* I *anver-
trauen,* s. f. a. *od.* en a. *sich ver-
lassen auf.*

fiel (fel) *m.* II *galle.*

fier (ferum) *adj. stolz, hochfahrend,
wild, grimmig.*

fierté (feritatem) *f. wildheit.*

fievét (*abl. v.* fief) *adj.* — *m.* II *mit
lehn begabt — lehnsmann.*

fievre (febrem) *f. fieber.*

figure (figuram) *f. gestalt.*

fil (filum) *m.* II *faden.*

fil fill (filium) *m.* II (*r.* fils fiz fius)
sohn; fili *lat. vokativ.*

filatire (φυλακτήριον) *m.* II *reliquien-
schrein.*

filer (filare) *sw.* I *spinnen.*

fille (filiam) *f. tochter.*

fin (finem) *f. ende,* an la fin *endlich,
schliesslich,* c'est la fins 76.

fin (*finum) *adj. fein, lauter.*

finement (*adv. zu* fin) *lauter, rein.*

finer (*abl. v.* fin < finem) *sw.* I (*pr.
konj.* 3 fint) *beendigen, aufhören.*

finimonz = finis mundi.

firir = ferir.

firmament (firmamentum) *m.* II *him-
melsgewölbe.*

fisicïen (*abl. v.* physicum < φυσικόν)
m. II *naturkundiger, arzt.*

fius *s.* fil.

flabel = fablel (*fabulellum) *m.* II (*pl.*
flabeaus) *schwank, verserzählung.*

flajoler (*abl. v.* *flabeolum) *sw.* I *die
kleine flöte blasen, schwatzen.*

flame (flammam) *f. flamme.*

flanboier -ïer (*abl. v.* flanbe < flam-
mulam) *sw.* I *funkeln, strahlen.*

flanc *m.* II (*pl.* flans) *seite.*

Flandre (Flandriam) *npr. f. graf-
schaft Flandern* 27.

flatir (*frk.* flat *flach*) *sw.* II *nieder-
werfen, werfen.*

flor (florem) *f. blume, helmzierat.*

Flore Floire (Florium) *npr. m.* II
könig Flore v. Ungarn 107.

florir (*florire *f.* florere) *blühen, part.*
flori *blumig, weiss.*

flote (*zu* flot < fluctum + *ags.* flota,
an. floti) *f. menge.*

Flovent Floovent (*d.*Chlodovinc) *npr.
m.* II *Floovent, sohn Chlodwigs* 22.

foers (foris) *adv. hinaus. Vgl.* fors.

foiee (*vicata *zu* vicem) *f.* -mal,
toutes les foiees *allemal.*

foilli (*part. v.* foillir < foliire) *adj.
belaubt.*

foimenti (fide mentitum) *m.* II *glau-
bensleugner.*

foire (feriam) *f. messe, jahrmarkt.*

foison (fusionem) *f. menge,* a grant f.
reichlich.

fol (*follem — *follum) 1. *adj.* (*r.*
fos) *närrisch, sündhaft* (amor). —
2. *subst. m.* II *narr, tor.*

folage (*abl. v.* fol) *m.* II *torheit.*

folc *m.* II (*altnord.* fölk) *leute, menge.*

folement (*adv. zu* fol) *in törichter
weise, sündhaft* (amor).

foler (fullare) *sw*. I *walken, drücken, treten.*

folie (*abl. v.* fol) *f. torheit, törichtes.*

folison (*abl. v.* follem) *f. torheit.*

foloiier (*follicare) *sw*. I *töricht handeln.*

folor (*abl. v.* fol) *f. torheit.*

fondre (fundere) *sw*. II (*impf. kj.* 3 fondist) *schmelzen, zusammenbrechen.*

fontaine -ainne (fontanam) *f. quelle, quellwasser.*

fontenelle (*dem. v.* fontanam) *f. quelle, born.*

forain (*abl. v.* foris, foras) *adj. draussen befindlich.*

force (fortia *v.* fortem) *f. gewalt, streitmacht,* a *f. mit gewalt.*

forest (*abl. v.* foras) *f. wald (eigentl. bannwald).*

forestier (*abl. v.* forest) *m.* II *förster.*

forfaire *s.* forsfaire.

forfait (*abl. v.* forfaire — forsfaire) *m.* II *unrecht.*

forfaiture (*abl. v.* forfait) *f. vergehen.*

forger (fabricare) *sw*. I *schmieden.*

formage furmage froumage (*formaticum) *m.* II *käse.*

forme (formam) *f. gestalt.*

forment fortment (forti mente) *adv. sehr,* dormir f. *fest schlafen.*

forrer (*abl. v. d.* foōr *futter*) *sw*. I *füttern (ein kleid).*

fors (foris) 1. *adv. draussen, heraus, hinaus,* f. dé *heraus aus, ausser.* — 2. *präp. ausser,* f. tant que *ausser dass, nur dass*; f. que (*elliptisch, mit zu ergänzendem verbum) ausser.*

forsené (foris + *d.* sin) *part.-adj. verrückt.*

forsfaire forfaire (foris facere) *st.* I (*perf.* 1 forsfis, 2 forfëis, 3 forfist, *part. pf.* forfait) *abs. übeles tun,* f. ar. *etwas verbrechen,* f. mal a a. *jem.-m unrecht tun.*

forslignié (foris + linea) *part.-adj. entartet.*

fort (fortem) 1. *adj. stark, fest, widerwärtig* 24. — 2. *adv.* (forte) *stark, heftig.*

forteresce (*abl. v.* fort) *f. festung.*

fosse (fossam) *f. graben, grab.*

fou feu fu (focum) *m.* II *feuer.*

Foucon (*d.* Folko) *npr. m.* III *Folko, kampfgenosse Girards v. Roussillon* 106.

foudre (fulgur) *m.* II *blitz.*

foudroiier (*abl. v.* foudre) *sw*. I *blitzen.*

foutre (*d.* fot-) *nfr. foutre.*

fradre *s.* fredre.

fraile (fragilem) *adj. gebrechlich.*

fraindre (frangere) *st.* II (*pr. ind.* 3 fraint, *part. pf.* frait) *brechen, zerbrechen.*

fraint (*abl. v.* fraindre) *m.* II *getöse.*

franc (*d.* frank) *adj.* (*r.* frans, *f.* franche) *frei, edelsinnig.*

Franc (*d.* Franko) *m.* II (*pl.* Frans, *gen.* Prancur 22) *Franke,* Frans de France *Franken aus Francien* 43.

France (Francia *v. d.* Franko) *npr. f. Francien, Frankreich (bes. festländisches Fr. gegenüber dem anglonorm. reich).*

Franceis françois franchois (*d.* frankisk) *adj. u. subst. fränkisch, Franke — französisch, Franzose.*

franchise (*abl. v.* franc) *f. edelsinn.*

frarin (*fratrinum) *adj. armselig, schlimm.*

fredre frere fradre Eide (fratrem) *m.* I *bruder.*

freeur (fragorem + esfreer) *f. lärm, schrecken.*

fremalet(*dem.v.* fermail) *m.* II *schliesse, spange.*

fremer *s.* fermer.

fremir (*fremire *f.* fremere) *sw*. II *zittern, schauern.*

fres (*d.* frisk) *adj.* (*f.* fresche freche) *frisch.*

friand (frigentem) *adj. lecker, lüstern.*

Frise (Frisiam) *npr. f. Friesland* 128.

froiier (fricare) *sw.* I *reiben, ein-reiben.*

froit (frigidum) 1. *adj.* (*f.* froide) *kalt.* — 2. *m.* II *kälte.*

froment (frumentum) *m.* II *getreide.*

froncier *sw.* I *in falten ziehen, runzeln.*

front (frontem) *m.* II *stirn,* el premier fr. *in der ersten reihe.*

froumage (*formaticum) *m.* II *käse.*

fruissier froissier (*frustiare) *sw.* I *zerbrechen.*

fruit (fructum) *m.* II (*r.* fruiz) *frucht.*

fueille fuelle (folia *v.* folium) *f. blatt, laub.*

fueillier (*abl. v.* fueille) *m.* II *laub-werk, laublager.*

fuerre (*g.* foðr *futter*) *m.* II 1. *futter, fourage.* — 2. *scheide.*

fuiëur (*abl. v.* fuïr) *m.* III *ausreisser, feigling.*

fuïr (*fugire *f.* fugěre) *sw.* II (*pr. ind.* 3 fuit, *konj.* 3 fuiet fuie, *imp.* fui, *pl.* fuiez, *part.* fuiant, *part. pf.* foï, *r.* foïz) *fliehen,* s'en *f. fliehen.*

fuitif (*fugitivum) *adj. flüchtig,* aler *f. fliehen.*

fum (fūmum) *m.* II (*r.* funs) *rauch.*

furnir (*got.* frumjan) *sw.* II *liefern, ausführen.*

fust (fūstem) *m.* II *baumstamm, holz.*

G

gua- *s. auch unter* ga-.

g' = ge *s.* jou.

gaagnier gaanier ganier 104 (*g.* weidanjan) *sw.* I *gewinnen.*

gab (*an.* gabb) *m.* II (*r.* gas) *prahlerei, spott, scherz.*

gabeir = gaber (*an.* gabban) *sw.* I *prahlen, verspotten.*

gage (*g.* wadjo *wette*) *m.* II *pfand.*

gai (*d.* gahi?) *adj. froh, fröhlich.*

gaignon *m.* II *schäferhund.*

gaite (*d.* wahta) *f. wache, wächter.*

Gales (*ags.* Wealas, *anglisch* Walas) *npr. m. indcl.* Wales.

galie (*mgr.* galaia) *f. kleineres schiff.*

ganbe = jambe.

garant = guarant (*g.* wĕrento *v.* wĕran *gewähren*) *m.* II (*r.* garanz) *bürge, zeuge.*

garde (*v.* garder - guarder) *f. hut, wache, achtung.*

gardin *s.* jardin.

Garin (*d.* Warin) de Biaucaire *npr. m.* II *graf Garin, Aucassins vater* 124.

Garin de Monglaive *npr. m.* II *Garin, stammvater der Wilhelmsgeste* 55.

garison (*v.* garir - guarir < *d.* warjan *währen*) *f. nahrung, unterhalt, heilung.*

garnement (*abl. v.* garnir - guarnir) *m.* II *ausstattuug.*

garnison (*abl. v.* garnir) *f. aus-rüstung, schutztruppe.*

garulf (*g.* wĕrwulf 90) *m.* II *werwolf.*

Gascoingne (Vasconiam) *npr. f.* Gascogne 85.

gason (*d.* waso *wasen*) *m.* II *rasen-platz.*

Gasse = Gace Brulé (*d.* Wazzo) *npr.* G. Br. *dichter* 82.

gaster = guaster (vastare + *g.* wastan) *sw.* I *verwüsten.*

Gastineis (Vastiniensem *sc.* pagum) *m. indcl. landschaft* Gâtinais (*haupt-stadt* Nemours).

gaudine *s.* gualdine.

gauge (*d.* walah) *adj. wälsch.*

Gautier (*d.* Walthari) *npr. m.* II *Walther* 1. G. del Mans *W. v.* Le Mans 26. — 2. G. le Testu *W. mit dem dicken kopf, ein hirt* 132.

Gauvain (*kelt.* Galvan) *npr. m.* II *Gauvain, Artusritter* 120 ff.

ge *s.* jou.

gemét (gemmatum) *part. - adj. mit edelsteincn besetzt.*

genoil (*genuculum) *m.* II (*pl.* ge-nolz -ouls -ous) *knie.*

gent (gentem) *f.* 97. (*pl.* gens janz)

volk, jemand, leute, menschen —
pl. leute.

gent (genitum) *adj. anmutig, lieb-
lich — adv. vornehm,* g. plorer
kläglich weinen.

gentil (gentilem) *adj.* (r. gentius -iz
-is) *edel, artig, hübsch.*

Geoffroi (d. Gaufrïd) deVile-Hardouin
(d. Hardwïne) *npr. m.* II G. v.
*Villehardouin, teilnehmer und ge-
schichtsschreiber des vierten kreuz-
zugs* 116 ff.

Gerart *s.* Girart.

germain (germanum) *adj. leiblich.*

gerre *s.* guerre.

Gersui (*Caesareum 65) *npr. m.* II
insel Jersey.

gesir gis- (jacere) *st.* III (pr. ind. 3
gist, *pl.* 3 gisent, *imp.* gis, *part.*
gisant, *impf.* giseient gissoient,
pf. 3 jut, *pl.* 3 jurent, *part.* gëu
prov. jagud, *fut.* 3 girat) *liegen,*
s. g. *sich legen.*

gesque (jusque + tresque?) *adv.*
gesqu'a *bis.*

geste (gesta) *f. taten, chronik, familie,
cyclus.*

geter jeter giter *prov.* gitar (jactare)
sw. I *werfen, niederwerfen,* hors g.
heraushängen lassen, loinc g. *ver-
werfen,* g. de vie *töten.*

gié (ego) *pron.* 1. *p.* (betonte form) *ich.*

giendre (gemere) *sw.* II *klagen,
jammern.*

Girart Gerart (d. Gerhard) *npr. m.* II
1. G. v. Viane 56. — 2. G. v.
Roussillon 104.

giron (frk. gero) *m.* II *schooss.*

gisarme 63 (ahd. gëtïsarn) *f. hiebwaffe.*

gitar *prov.* = geter.

glace (*glaciem) *f. eis, spiegel.*

glacier (abl. v. glace) *sw.* I *gleiten,
dringen.*

glai (gladium) *m.* II *schwertlilie.*

glaive (gladium + gall. gladevos?)
m. II *stosswaffe, lanze.*

glore = gloire (gloriam) *f. ruhm.*

glorefïer (*glorificare) *sw.* I *verherr-
lichen,* s. gl. *sich verherrlichen.*

glorïos -eus (gloriosum) *adj. ruhm-
reich, glorreich.*

gobe (kelt. gobb *mund* — frz. gober
gierig essen) *adj. gierig.*

Godefroi (d. Godofrïd) *npr. m.* II
*herzog Gottfried von Bouillon,
führer des ersten kreuzzugs* 61.

goie = joie (gaudia) *f. freude.*

gonfanonier (abl. v. gonfanon < d.
gunþfano) *m.* II *fahnenträger.*

gonnele (dem. v. gunna < kelt. *vôna)
f. mäntelchen.

gorge (*gurgam) *f. kehle.*

Gormond -ont (g. Wurm) *npr. m.* II
wikingerkönig Gormund 26 ff.

gote goute (guttam) *f. tropfen,* male
g. *schwarzer star,* ne — g. *nicht
das mindeste.*

goupil gupil (*vulpiculum *zu* vulpem)
m. II (r. gorpilz gupiz) *m.* II *fuchs.*

Governal *npr. m.* II *Tristans knappe*
Governal 84.

governer (gubernare) *sw.* I *be-
herrschen.*

Graal (*gradalem) *m.* II *der hl. Gral*
122 ff.

grace (gratiam) *f. gnade, huld,* par
g. *freiwillig.* .

gracïeus (gratiosum) *adj. anmutig.*

gracir (abl. v. grace) *sw.* II *danken.*

graignor grainior (grandiorem, komp.
zu grant) *grösser.*

graille grele (gracilem) *adj. schlank.*

graim (d. gramo) *adj. betrübt.*

grant (grandem) *adj. gross.*

gratiae *lat. dank.*

gravele (dem. v. kelt. *grava — frz.
greve) *f. sand.*

Gre Grec (Graecum) *m.* II *Grieche*
117 ff., *vgl.* Grieu.

Grece (Graeciam) *npr. f. Griechen-
land* 68 f.

grele *s.* graille.

grenier (granarium) *m.* II *korn-
speicher, scheuer.*

grenon (g. grana) m. II schnurrbart.

gresle (d. grioz gries?) f. hagel.

greslir (abl. v. gresle < 'gracilem)
sw. II schlank machen.

gret gred gré (gratum) m. II gefallen,
dank, wunsch, de g. absichtlich 50,
de son g. freiwillig, a g. nach
wunsch.

grevain (*grevanum zu *grevem) adj.
lästig, beschwerlich.

grever (*grevare) sw. I bedrücken,
bedrängen.

greveus (abl. v. *grevem) adj. schwer.

Grezeis (*Graeciscos) m. indcl.
Griechen 69.

grief (*grevem f. gravem nach
levem) adj. (r. griés f. grieve)
schwierig.

Grieu Griu Greu (Graecum) adj. —
m. II griechisch — Grieche 116 ff.

griment = griefment (gravi mente)
adv. schwer, hart, schmerzlich.

gris (d. grīs) m. indcl. grauwerk,
graupelz.

groing (*grunnium) m. II schnauze.

gros (grossum) adj. dick, breit, hart
(peine).

guaain (abl. v. guaaignier gaagner)
m. II gewinn.

guaires gueires geires (d. waigaro)
adv. viel,(zeitl.) lange, ne — g. kaum.

gualdine gaudine (abl. v. gualt <
d. wald) f. wald.

gnant gant (g. wanta) m. II hand-
schuh, uns ganz ein paar handschuh.

guarder garder (d. wardên) sw. I
(pr. kj. 3 guart, imp. gart) be-
wahren, behüten, hüten, g. son
saut seinen sprung sorgfältig aus-
führen, s. g. de sich hüten vor,
g. que acht geben dass.

guarir (d. warjan) sw. II heilen,
schützen, retten (que — ne davor
dass).

guarnir garnir (g. warnjan) sw. II
ausrüsten, ausstatten, schmücken,
s. g. sich bereit machen.

guaste (lat. vastum + g. wastan) adj.
öde, verlassen von.

Guenelon (g. Wenilo) npr. m. III
(r. Guenles) u. II (r. Guenelons
55) Ganelon der verräter.

guerpir gur- (d. werpan) sw. II ver-
lassen, aufgeben, meiden, verlieren.

guerre gerre (g. *wërra) f. krieg.

guerredon gerredon (g. widarlôn)
m. II lohn.

guerrier (abl. v. guerre) m. II krieger.

guerroiier ge- (abl. v. guerre) sw. I
bekriegen.

Guiborc (d. Widburg) npr. f. Widburg,
gattin Wilhelms v. Barcelona 21 ff.

guiër (g. wîtan weisen) sw. I führen,
leiten.

guile (ags. vīle) f. list.

Guillelme-ame Willame (d. Willihelm)
npr. m. II Wilhelm 1. W. v. Barce-
lona 21 ff. — 2. W. I. von Eng-
land der eroberer 66. — 3. W. v.
Dôle 87 ff.

guiller = guiler (v. guile) sw. I
betrügen.

guimple (d. wimpel) f. kopftuch.

Guischart (d. Wishard) npr. m. II W.,
neffe Wilhelms v. Barcelona 23.

guise (g. wîsa) f. art, weise, en g.
de nach art von, en nule g. —
ne in keiner weise.

guivre (an. vīgr) m. II gefiedertes
wurfgeschoss.

guivre (viperam) f. schlange.

gule = gole (gŭlam) f. kehle.

gupille (*vulpiculam v. vulpem) f.
füchsin, fuchs (als gattung), vgl.
goupil.

gurpir s. guerpir.

guster = goster (gŭstare) sw. I kosten.

H

habit (habitum) m. II kleid, h. de
moniage mönchskutte.

haie (g. *hagjô hecke) f. hecke.

haïne (abl. v. haïr) f. hass (personif.).

haïr (d. hatjan) sw. II (pr. ind. 3
het hait, kj. 3 hace 52, impf. ind. 3
haoit, pf. 3 haï) hassen, h. de la
mort auf den tod hassen, h. de la
teste a trenchier 53.

halberc hauberc osberc (d. halsberg,
prov. ausberc) m. II (pl. haubers)
panzer, brünne.

halt haut (lat. altum + d. hôh) adj.
(r. halz) hoch (örtl.), erhaben, en
h. hoch, empor, laut. Vgl. halzor.

Halteclere (Altam Claram) npr. f. H.,
name von Oliviers schwert 48.

haltement haut- (adv. v. halt) hoch,
laut.

halzor = halçor (altiorem + d. hôh)
adj. kompar. v. halt höher, höchst.

hanste (lat. hastam + d. hand?) f.
lanzenschaft.

hanter (an. heimta holen) sw. I häufig
besuchen, suchen.

hardemant (abl. v. d. hart) m. II
kühnheit.

hardi (*harditum zu d. hardjan) part.-
adj. (r. ardiz) kühn.

hardillon (dem. zu hart tragband)
m. II zweig, band, seil.

harenc herenc (d. haring) m. II (pl.
harens -ans) hering.

hari! interj. ach! ach ja!

harpe (g. harpa) f. harfe.

hascee = haschiee = haschiere (frk.
harmskara) f. strafe, qual.

haster (zu ahd. heisti, ags. haeste
heftig) sw. I eilen, s. h. sich beeilen.

hastif (abl. v. haste zu g. haist eifer)
adj. (f. -ive) eilig, hastig.

haterel hast- m. II nacken.

hautece (abl. v. halt) f. hoheit.

hautement s. haltement.

heir oir (hēres) m. II (r. sg. u.
obl. pl. heirs) m. II erbe.

Heldri (d. Childerich) npr. m. II
Childerich, sohn Pippins und der
falschen Berta 108.

Heleine (Helenam) npr. f. Helena,
gattin des Menelaus 67 ff.

helme elme (d. helm — prov. elme),
m. II (r. li h-s, l'h-s, l'elmes) helm.

Henri (d. Haimrīk) npr. m. II Hein-
rich, H. segond H. II. von Eng-
land 66.

herbe (herbam) f. gras, kraut.

herbelete (dem. v. herbe) f. kräutlein.

herbergier -jier heb- (abl. v. d. hari-
berga) sw. 1 beherbergen, unter-
bringen.

herenc s. harenc.

heritage (abl. v. hereditatem) m. II
erbschaft.

berité (hereditatem) f. erbgut.

Hermeline (d. Ermelina 96) npr. f.
name der füchsin 96.

Hermenjart (d. Irmingard 58) npr.
f. Irmgard, tochter Desiers von
Pavia 58.

hermitage = ermitage (abl. v. ermite)
m. II einsiedelei.

hermite s. ermite.

Herode npr. m. II könig Herodes 41.

hese = herse (hirpicem) f. gitter.

hideur (v. hide hisde < hispidum)
f. hässlichkeit.

hideus (abl. v. hide) adj. hässlich.

hideusement (adv. zu hideus) hässlich.

hom s. on.

home ome ume omne onme (hominem)
m. III (r. huòm huem hòm om hon
on 75 — hons home) mensch, mann,
pl. mannen, h. d'eage erwachsen.

honeste (honestum) adj. ehrbar, an-
sehnlich.

honestét (honestatem) f. ehrbarkeit.

honir (g. haunjan höhnen) sw. II
schänden, beschämen.

honor -our onor -our -ur ennor annor
(honorem) f. ehre; pl. ehren, ehren-
stellen.

honorablement (honorabili mente)
adv. in ehrenvoller weise.

honorer honerer ennorer (honorare)
sw. I (pr. ind. 3 honoret, pl. 3
honeurent) ehren.

hontage (abl. v. honte) m. II schande.

honte (g. *hauniþa zu haunjan) f.
schande, schimpf, scham.

honteus (abl. v. honte) adj. beschämt,
schimpflich, schandenvoll.

honteusement (adv. v. honteus)
schimpflich.

hors (verw. mit fors) adv. heraus,
hors de heraus aus.

hostel s. ostel.

huchier (*huccare) sw. I rufen.

hueses (d. hosa) f. pl. hohe stiefel,
gamaschen 119.

hui (hodie) adv. heute.

huimais (hodie magis) adv. nunmehr.

huis s. uis.

humilitét prov. -ad (humilitatem) f.
demut, unterwerfung.

humilïer s. umilïer.

Hungrie (Hungariam) npr. f. Ungarn.

Huon (d. Hugo) npr. m. III (r.
Hugues) 1. Hugo, ritter Aymeris
v. Narbonne 58 ff. — 2. Huon le
Maine, bruder könig Philipps 1. 61.

hupe (lat. upupam, gekreuzt mit d.
widehopf?) f. widehopf.

hurter sw. I stossen.

I

i (ibi — hic) adv. daselbst, dabei,
hier — dorthin, darauf.

iaue s. eve.

iauz s. ueil.

ice s. iço.

icel (ecce illum) pron. dem. (r. icil,
obl. icelui, pl. obl. icels) jener,
dieser (auch adj.).

icest (ecce istum) pron. dem. jener,
dieser.

ici ichi (ecce hic) adv. hier, d'ici
qu'a von da bis, bis auf.

iço ice (ecce hoc) pron. neutr. dieses.

iex = ieus s. ueil.

iglise s. eglise. ·

iholt Jon. = chalt.

il (illi f. ille) bet. pron. 3. p. m. r.
sg. (obl. lui, pl. r. il, obl. els) er,

auch refl. 48, neutral (auf das
subj. hindeutend) es.

iluoc iloc iluec ilec illoques iluec-
ques ilecques (illo loco) adv. dort,
daselbst.

inde (indium f. indicum) adj. indisch.

infans lat. kind.

infernatïon (abl. v. infernum) f. hölle.

ingal s. egal.

ingalment (adv. v. ingal) in gleicher
weise.

inspieth Leo. = espiet.

io eo Eide (ego) pron. 1. p. sg. ich.

irascu (*irascutum zu irasci — iraistre)
part. - adj. erzürnt.

ire (iram) f. zorn.

ireement (irata mente) adv. zornig.

Ireis (Irensem) adj. — m. indcl. ir-
ländisch — Ire 28.

iretage (abl. v. hereditatem) m. II
erbe.

iriet irét (iratum) part. - adj. erzürnt,
zornig.

Irlande npr. f. Irland 86.

irour (*irorem zu iram) f. zorn.

iscir issir s. eissir.

Iseut = Yseut.

isnel (d. snel) adj. schnell.

isnelement (v. isnel) adv. schnell.

issi (ecce sic) adv. so, vgl. ainsi.

issir issue s. eissir eissue.

itant (ecce tantum) adj. pron. so viel,
pour i. que darum dass.

itel -eil (ecce talem) adj. pron. so
beschaffen, solch.

iver yver (hibernum sc. tempus) m. II
winter.

ivoire (ebureum) m. II elfenbein.

J

ja (jam) adv. nun, ehedem, ja — ne
niemals; (affirmativ) doch, ja.

jadis (jam dies) adv. ehedem.

jagud prov. = jëut s. gesir.

jal = ja + le.

jaloux (zelosum zu gr. ζῆλος) adj.

eifersüchtig — *subst. m.* II *der eifersüchtige.*

jamais (jam magis) *adv. nunmehr, mit* ne *niemals.*

jambe (*gr. καμπή biegung*) *f. bein.*

jant janz *s.* gent.

jardin gardin-ing (*d.* gàrto) *m.*II *garten.*

je jeo (ego) *s.* jou, jel = je + le, jes = je + les.

Jehan (Johannem) *npr. m.* II (*r.* Jehanz) *Johannes der täufer* 120.

Jerusalem Jhersalem 62 *npr. f. Jerusalem* 35, 62.

Jesu, Jesu Christ *npr. m.* II (*r.* Jesus Criz) *Jesus, Jesus Christus.*

jeter (jactare) *s.* geter.

jeu giu (jocum) *m.* II *spiel.*

jëune (*abl. v.* jëuner) *f. fasten, fastenübung.*

jëuner (jejunare) *sw.* I *fasten.*

Jhersalem *s.* Jerusalem.

jo (ego) *s.* jou.

joër juër -eir (jocari -re) *sw.* I *spielen, sich freuen.*

Joffroi *s.* Geoffroy.

jogleor jugleor -lor jongleour (joculatorem) *m.* III *spielmann; epensänger.*

joiaut (*part.* jocantem) *adj. vergnügt.*

joie goie (*pl.* gaudia) *f. freude, fröhliche sache.*

joindre (jungere) *st.* II *verbinden, falten.*

joios -eus (*adj. v.* joie < gaudia) *vergnügt, freudig.*

joïr goïr (*gaudire f.* gaudere) *sw.* II (*fut. pl.* 2 goïrés) *geniessen* (de).

jol = jo + le.

joli (*jolivum?*) *adj. hübsch.*

jolivét (*abl. v.* joli) *adj. vergnügt.*

jonc (juncum) *m.* II (*pl.* jons) *binse.*

jonchier -cier (juncare) *sw.* I (*part. pf. f.* jonchie -cie) *mit binsen bestreuen, überh. bestreuen.*

jonchiere (*abl. v.* jonc < juncum) *f. mit binsen bewachsenes land, röhricht.*

jone *s.* juevne.

jorn jor jur (diurnum *sc.* tempus) *m.* II (*pl.* jors) *tag, helles licht* (au jor), jor de conseil *bedenkzeit*, l'autre j. *neulich*, tote jor 92, a tous js. *für immer.*

Josefent (*abl. v.* Joseph) *npr. m.* II (*r.* Josefens) *könig Josefens von Wales, Durmarts vater* 108 ff.

joste (justa) *präp. neben.*

joster (*juxtare v.* juxta) *sw.* I *näher bringen, nähern; sich nähern, kämpfen* (a a.).

jou jo jeo je ge g' (ego) *pron.* 1. *p. sg. ich, vgl.* eo, io, jol, jel, jes.

jougler (jocularem) *m.* II *jongleur, spielmann.*

jovencel (*juvenicellum*) *m.* II *jüngling.*

Judeu (Judaeum) *m.* II *Jude.*

juër *s.* joër.

juesdi (Jovis diem) *m.* II *donnerstag.*

juevne juene joenne jone (juvenem) *adj. jung.*

jugement (*abl. v.* juger) *m.* II *urteil.*

jugier (judicare) *sw.* I *beurteilen, urteil sprechen über, richten, durch urteil auferlegen.*

jupel (*dem. v.* jupe < *arab.* gubbah) *m.* II *jacke.*

jurer (jurare) *sw.* I *schwören.*

jus (devorsum + sursum) *adv. herab, hinab, nieder, unten.*

jusque (devorsum + que) *adv. bis, jusqu'a bis.*

juste (justum) *adj. gerecht.*

justïer (*jūsticare*) *sw.* I *beurteilen, richten, beherrschen.*

justise (jūstitiam) *f. gerechtigkeit.*

justisier (*jūstitiare*) *sw.* I *beherrschen.*

jut jurent *s.* gesir.

K.

kacier = chacier.

kalandre (*calandram < gr. κάλανδραν*) *f. kalenderlerche.*

kant = quant.

karante = quarante.

Karlemaigne Kallemaigne (Carolum magnum) = Charlemaigne *npr. m.* II *Karl d. Gr.* 51 ff.

Karlo -e Kalle Kallon (*d.* Karl) *npr. m.* II, III (*r.* Karlus Karles) = Charle: 1. *kaiser Karl* 51 ff., 56, — 2. *Karl d. Kahle* Eide.

karole (*choreolam) *f. karole (ein tanz)*.

ke = que.

kevaucoie = chevauchoie.

kevron = chevron (*abl. v.* capreum) *m.* II *dachsparre.*

ki *s.* qui, kil = ki + le.

Krist (Christum < Χριστόν) *npr. m.* II 2.

L

l' = la le (*zuw.* li) *vor vokal.*

la (illa -am) *pl.* les: 1. *art. f. die.* — 2. *unbet. pron.* 3. *p. f. sie.*

la (illac) *adv. dort, dorthin, dort wo* 25, 114.

labor (laborem) *m.* II (*u. f.*) *arbeit.*

laborer (laborare) *sw.* I *arbeiten.*

lacier (*laceare *f.* laqueare *v.* laqueum) *sw.* I *festknüpfen, bedrängen.*

lacrimer (lacrimare) *sw.* I *weinen.*

lai (laicum) *m.* II *laie.*

lai (*kelt.* laid *lied, gesang*) *m.* II *lai (märchen- od. novellenartige verserzählung).*

laidement (*zu* lait) *adv. in hässlicher weise, übel.*

laidure (*zu* lait) *f. schimpf.*

laiier (*d.* lagan) *sw.* I (*pr. ind.* 3 lait let, *fut.* 1 lairai lerai, *kond.* 3 lairoit) *lassen, unterlassen (mit* ne *u. konj.*).

laissier lasier lazsier leissier lessier (laxare) *sw.* I (*pr. ind.* 1 les, *konj.* 3 lest) *lassen, verlassen, zurücklassen, hinterlassen.*

lait let (*d.* leid) *adj.* (*f.* laide leide) *hässlich* — *subst. m.* II *schmach, beschimpfung.*

Lambare *npr. Elbara* 62.

lamproie (lampretam) *f. lamprete.*

l'an *s.* on.

lance lence (lanceam) *f. lanze.*

lancier (*lanceare) *sw.* I *lanze werfen, übh. werfen,* s. l. *sich schwingen.*

lande (*kelt.* landa) *f. heide.*

lange (laneam) *f. wolle.*

langour leng- (languorem) *f. leiden.*

languir (languere) *sw.* II *vergehen, verschmachten* (d'amor).

langue *s.* lengue.

lanier (lanarium *wollarbeiter*) *adj. träge, feig.*

lardét (*abl. v.* larder *zu* laridum) *m.* II *gespicktes lendenstück.*

large (largum) *adj. weit, ausgedehnt, breit.*

larron (latronem) *m.* III *dieb, schurke.*

las (lassum) *adj. unglücklich, las! ach!*

lasche (*abl. v.* laschier < *lassicare) *adj. elend, feig.*

lasser (lassare) *sw.* I *ermüden, erschlaffen.*

latin (latinum) *adj.* — *m.* II *lateinisch* — *latein.*

laudar *prov.* = loder.

laver (lavare) *sw.* I (*perf.* 1 lavé) *waschen.*

lazer lazre (Lazarum) *adj. aussätzig.*

lé (latum) 1. *adj.* (*f.* lee) *breit.* — 2. *m.* II *breite.*

le (illum) 1. *art. m. sg.* (*pl.* les) *den* (demonstr. 5). — 2. *unbet. pron.* 3. *p. m. obl.* (*pl.* les) *ihn.* — 3. *pron. neutr.* (illud - *illum) *es.* — 4. *pik.* = la (illam).

leal *s.* loial.

lealment *s.* loiaument.

lecheour (*abl. v. d.* lekkôn) *m.* III (*r.* lechierres) *liebhaber.*

lecherie (*zu* lecheour) *f. lumperei.*

ledece leece -ice (laetitiam) *f. fröhlichkeit.*

ledengier = laidengier (*zu* lait, *gebildet nach* losengier) *sw.* I *schmähen.*

Ledgier (*d.* Leodegar) *npr. m.* II *der hl. Leodegar* 4.

leens -ans (illac intus) *adv. drin, dadrin.*

legier lig- (*leviarium *zu* levem) *adj. leicht, leicht bereit, flink,* de l. *leicht, leichtsinnig.*

legierement (*adv. zu* legier) *leicht, bequem.*

lei (legem) *f. gesetz, glauben.* •

lei Eul. *bet. pron. f. obl.* = li 4.

leisir loisir (licere) *st.* III *erlaubt sein, impers.* leist *prov.* lez *es ist erlaubt.*

leisir loisir (*subst. inf.*) *m.* II *musse, ruhe.*

leitrun -in (lectorinum) *m.* II *lesepult.*

l'en *s.* on.

leon *s.* lion.

lengue langue (linguam) *f. zunge, sprache.*

lent (lentum) *adv. langsam.*

lequel (*art.* + qualem) *pron. interr.* . *welcher (von mehreren).*

lerme (lacrimam) *f. träne.*

les = lais (*abl. v.* laissier) *m. indcl. hinterlassenschaft, vermächtnis.*

les 1. *art. m. pl. obl.* (illos) *die.* — 2. *art. f. pl. r. u. obl.* (illas) *die.* — 3. *pron.* 3. *pers. m.* (illos) *u. f.* (illas) *obl. unbet. sie.* — 4. (latus) *s.* lez.

let *prov.* = liet.

letre (litteram) *f. buchstaben, schrift,* *pl.* letres *wissenschaften.*

letré (litteratum) *part.-adj. mit buch-staben beschrieben* (brant 28); *ge-bildet, gelehrt.*

leu *s.* lieu.

lever (levare) *sw.* I .(*pr. ind.* 3 lieve live) *aufheben, erheben, aufnähen; sich erheben.*

levre (*pl.* labra) *f. lippe.*

levretes (*dem. v.* levre) *f. pl. lippen.*

lez les (latus) 1. *subst. m. indcl.* seite, l. a l. *nebeneinander.* — 2. *präp.* neben.

lez *prov. s.* leisir.

li 1. *art. m. r. sg. u. pl.* (illi) *der, die.* 2. *art. f. r. sg. im pik.* die. — 3. *unbet. pron.* 3. *p. sg. dat. m. u. f.* (illi) *ihm, ihr.* — 4. *betont. pron.* 3.'*p. f. obl.* (*illei) *wall.* lei, *norm* lié *ihr, sie.*

Lice, la (Laodicäa) *npr. f. Laodicäa, küstenort südlich Antiochia* 62.

lié *norm.* = li 4.

liedement (*adv. zu* liet) *froh, fröhlich.*

lïen (ligamen) *m.* II *fessel, bande.*

Lïenor *npr.f. L., schwester Guillaumes v. Dôle* 87 ff.

lïer lïier loiier (ligare) *sw.* I *binden, anbinden.*

liet lié (laetum) *adj. froh, fröhlich.*

lieu leu liu (locum) *m.* II *ort, stelle,* en l. d'ami *als freund,* en son l. *an seiner, ihrer statt.*

ligier *s.* legier.

lignage (*abl. v.* ligne < lineam) *f. familie, geschlecht.*

lignee (*abl. v.* lineam) *f. familie.*. •

lin (linum) *m.* II *leinen.*

lion leon .(leonem) *m.* II *löwe, stern-bild des löwen.*

lire (legere) *st.* II, III (*pr. ind.* 3 lit, *impf. ind.* 3 lisoit, *perf.* 1 lui, 3 list, *part. f.* litte, *pl.* lites — *vgl.* eslire) *lesen, vortragen.* •

lis (*lilios *zu* lilium) *m. indcl. lilie.*

lit (lectum)' *m.* II *bett.*

litteras *lat. wissenschaften.*

liu *s.* lieu.

liue = lieue (*kelt.* leuca) *f. meile.*

livre (librum) *m.* II *buch.*

livre (libram) *f. pfund (als münze* = 240 *denare* 57).

livrer (liberare) *sw.* I *liefern, aus-liefern.*

lo (lupum) *m.* II (*r.* los) *wolf.*

lo lou (illum) *ält. form f.* le; *prov. r. u. obl.*

lobe (*abl. v.* lobe). *f. spott.*

lober (ahd. lobôn) *sw.* I *schmeicheln.*

locu *adj. struppig, vernachlässigt.*

loder loër (laudare) *sw.* I (*pr. ind.
pl.* 3 lowent) *loben, rühmen*, s.. l.
sich rühmen; raten.

loër lowier (locare) *sw.* I *mieten,
entlohnen.* — *subst. inf. m.* II *lohn.*

Lodhuuig Lodevis Loovis Loowis
(*d.* Chlodovech) *npr. m.* II (*r.*
Lodhuuigs) *od. indcl.* (Lodevis *usw.*)
Ludwig 1. *L. d. Deutsche* 1.—2.
L. d. Fromme 22. — 3. *L.* VII. 46 f.
— 4. *L.* IX. 114 f. — *Vgl.* Clodoveu.

Lodier Ludher (*d.* Chlothari) *npr. m.* II
1. *König Chlothar* II. 4. — 2. *Lothar,
sohn Ludwigs des Frommen* 1. —
Vgl. Chlotharius 11 f., 14.

loër *s.* loder.

loge (*d.* laubja) *f. laube.*

logier (*abl. v.* loge) *sw.* I *wohnen,
lagern.*

loial leal (legalem) *adj. gesetzlich,
zuverlässig, treu.*

loiaument lealment (legali mente) *adv.
in gehöriger, rechter weise.*

loiauté (*legalitatem) *f. redlichkeit,
treue.*

loiier (ligare) *s.* l'ier.

loiier (locare) *inf.*—*m.* II *lohn. Vgl.*
loër.

loin lon loinc loinz loins (longe + s)
adv. *fern* (*auch zeitl.*), *entfernt
von, in die ferne,* de loin *von
fern.*

Lombart (*d.* Langobardo) *m.* II
Langobarde 59.

Lombardie (Langobardiam) *f. Lango-
bardenland, Lombardei* 29, 107.

lonc (longum) *adj.* (*pl.* lons, *f.* longe
longue) *lang,* de si l. *so weit* — *m.* II
länge.

lonc lons (longum) *präp. längs,
neben, gemäss, nach.*

longes -gues (longa + s) *adv. lange,
l. zeit.*

longement -guement (longa mente)
adv. lange, l. zeit.

Loovis -wis *s.* Lodhuuig.

lor lur leur (illorum) 1. *bet. u. unbet.*

pron. 3. *p. pl. dat.* ihnen. — 2. *pron.
poss.* 3. *p. pl. indcl.* ihr — le lur
das ihrige.

lore lor lores lors (illa hora + s) *adv.
damals, alsdann.*

lorseilnol = rossignol (lusciniolam)
m. II *nachtigall.*

lqs (laus) *m. indcl. lob, ruhm.*

los (illos) *ält. form f.* les.

losenge (*abl. v.* lqs) *m.* II *schmeichelei.*

losengerie (*abl. v.* losengier) *f.
schmeichelei.*

losengier -jier (*abl. v.* losenge) *sw.* I
schmeicheln.

lou lo (illum) *art.* = le.

lucrer (lucrari) *sw.* I *gewinnen.*

Ludher *s.* Lodier.

lués (illo loco + s) *adv. auf der
stelle, alsbald,* l. que *sobald als.*

lui (*illúi) *bet. pron.* 3. *p. m. obl. ihm,
ihn, auch refl.* sich.

luire (*lúcĕre f.* lucēre) *st.* III (*impf.*
3 luisoit) *leuchten.*

luiriét (*vgl. nfr.* luron) *part. - adj.
schlau.*

luitier (luctare) *sw.* I *ringen, kämpfen.*

lune (lunam) *f. mond.*

lunsdi lundi (lunae diem) *m.* II
montag.

M

m' = 1. ma. — 2. me.

ma m' (meam) *unbet. pron. poss.*
1. *p. sg. f. mein.*

maarchandise = marcheandise.

Macrobe *npr. m.* II *Macrobius* 127.

maçue (*abl. v.* mace < *mattea —
matteola) *f. keule.*

magistre *s.* maistre.

magne (magnum) *adj. gross, vgl.*
Charlemaigne.

Maheut (*d.* Mahthild) *f. Mathilde,
gattin Wilhelm des Eroberers* 66.

mai (majum) *m.* II *mai.*

Maience (Moguntiacum) *npr. f. Mainz,
Doon v. M.* 54 f.

maigne (magnum) *adj. gross.*

maille (maculam) *f. masche, maschen-panzer.*

main (manum) *f. hand.*

main (mane) *m.* II *der morgen.*

mains = main (mane) *adv. morgen.*

mains = meins (minus) *adv. kompar. weniger,* au m. *wenigstens.*

maint *(vgl.* AS) *pron. adj. mancher,* mainte -es feiz *manchesmal.*

maintenant (manu tenente) *adv. auf der stelle, sogleich.*

maintenir (manu tenere) *st.* III—I *(pf.* 3 maintint, *part. pf. f.* maintenue) *aufrecht erhalten.*

mais mes (magis) *adv. mehr, (zeitl.) weiter, fortan — kjon. aber.*

maiserer *(abl. v.* maceria) *sw.* I *mauern.*

maisiere (maceriam *lehmmauer) f. gemäuer, fachwand.*

maisniee maisnie mainie maignie (*mansionatam) *f. familie, gesinde.*

maison meison meson (mansionem) *f. haus.*

maissele (maxillam) *f. kinnbacke.*

maistre mestre magistre (magistrum) 1. *m.* I *meister, wärter, lehrer,* li m. des chevaliers *anführer. —* 2. *f. lehrerin,* bone m , male m. — 3. *adj. oberst, haupt . . ., m.* autel *hochaltar, m.* abeïe *hauptabtei,* escu m. *hauptschild.*

mal (malum) *adj. (r.* mals mas maz, *f.* male) *schlecht, schlimm, bös. — subst.* mal *s.* mel.

maladie *(abl. v.* malade) *f. krankheit.*

malage (*malaticum) *m.* II *krankheit.*

maldire maleïr (maledicere) *st.* II, *sw.* II *(part. pf. f.* maldie maleoite maleïe) *verwünschen, verfluchen.*

Malebranche (malam brancam) *npr. f.* 'Schlimmzweig' *der junge fuchs* 96.

maleïcon (maledictionem) *f. verwünschung, verfluchung.*

maleïr *s.* maldire.

malement (mala mente) *adv. schlimm, übel.*

maltalent (malum talentum) *m.* II *grimm.*

malvais mauvais mauves (*malevatium) *adj. schlecht, schlimm.*

mamele (mammillam) *f. brust.*

mamelete *(abl. v.* mamele) *f. brüstchen.*

manace, manacier *s.* menace, menacier.

manant *(part. v.* manere) *m.* II *— adj. bewohner, besitzer — reich.*

manantie *(abl. v.* manant) *f. reichtum.*

manbrer = membrer (memorare) *sw.* I *impers.* il li manbre de ar. *er erinnert sich an etwas.*

manche (manicam) *f. ärmel.*

mander (mandare) *sw.* I *besenden* (a.), *entbieten, sagen lassen.*

mandre *s.* mendre.

maneir -oir (manere) *st.* II *(pr. ind.* 3 maent Eide *prov.* man) *wohnen, sein, bleiben.*

maneis (manu + ipsa -ipso?) *adv. sogleich.*

maner *s.* mener.

mangier mengier (mandūcare) *sw.* I *(pr. ind.* 2 manǵües, *pl.* 3 manǵüent, *imp.* menǵüe, *pf.* 3 menja, *fut. pl.* 2 mengerons) *essen. — subst. m.* II *das essen.*

maner *s.* mener.

maniere manere (*manuaria) *f. art, gattung, weise,* en nule m. *auf keine weise.*

mansïon (mansionem) *f. wohnung.*

mantel *(dem. v.* mantum) *m.* II *mantel.*

mar (malo augurio *od.* mala hora, *kurzform) adv. zur unzeit, zum unglück, mit unrecht, ohne grund; unglück, unrecht ist es dass;* ja m. soit il 60.

marastre marr- (*matrastram) *f. stiefmutter.*

marbre (marmor) *m.* II *marmorstein.*

marbrin (*marmorinum) *adj. marmorn.*

marc *(d.* mark) *m.* II *(pl.* mars) *mark.*

Marc *(kelt.) npr. könig* Marc 84 ff.

marche (d. marka) f. mark, grenz-
land.

marcheandise maarchandise (abl. v.
marcheant) f. ware.

marcheant (*mercatantem zu mer-
catum) m. II händler, kaufmann.

marchié (mercatum) m. II markt, a
bon m. billig.

marchis (marka + -ensem) m. indcl.
markgraf.

mardi (Martis diem) m. II dienstag.

Mare, Le, npr. Marrha in Kleinasien
62.

mareschal (d. marahskalk) m. II (r.
mareschaus) marschall (der oberste
militär- u. zivilbeamte eines landes).

margerite = marguerite (margaritam)
f. margarite, gänseblümchen.

mari (maritum) m. II gatte.

mariage (*maritaticum) m. II heirat,
ehe.

Marie (Mariam < Μαρίαν) npr. f. 1.
Jungfrau Maria 100 ff. — 2. M.
l'Egyptïene die hl. M. v. Egypten
112.

marïer (maritare) sw. I verheiraten,
s. m. sich verheiraten (mit en, a),
part. mariee ehefrau.

marine (marina) f. seestrand.

marir s. marrir.

Marïon (dem v. Marie) npr. f.
Mariechen, Mariele — als gattungs-
name marïon junges mädchen.

Marot -ote (dem. v. Marie) npr. f.
Mariele, Mariechen.

marrement (zu marrir < g. marrjan)
sw. I betrübnis.

marrir marir (g. marrjan) sw. II be-
trüben, part. pf. marri elend,
schlecht.

Marsilie -ilion npr. m. (r. Marsilies
Marsilion) Sarrazenenkönig M. 56.

martir (μάρτυς-ρα) m. II märtyrer.

martire (μαρτύριον) m. II märtyrtum.

mat (pers. mat, vgl. schachmatt)
adj. matt, niedergeschlagen.

mater (abl. v. mat) sw. I (im schach-
spiel) matt setzen.

matere -iere (materiam) f. gegenstand,
stoff.

matin (matutinum) m. II morgen, au
m. am morgen.

matinee (abl. v. matin) f. morgen.

maufé (male fatum) m. II bösewicht,
teufel.

mautalentif (abl. v. maltalent) adj. un-
willig, erzürnt.

mauvaistié (abl. v. malvais) f. bosheit.

Maxenz, sanct (St. Maxentium) npr.
m. indcl. abtei St. M. 4.

Maximiien (Maximianum) npr. m. II
kaiser Maximian 2.

me m' (mē) unbet. pron. 1. p. sg.
dat. u. acc. mir, mich.

me pik. (meam) = ma meine.

mecine (medicinam) f. arznei.

meciner (abl. v. mecine) sw. I mit
arznei behandeln, kurieren.

medisme mëisme (metipsimum) adj.
pron. selbst. — mëismes adv. sogar.

medre mere (matrem) f. mutter.

mei moi (mē) bet. pron. 1. p. sg.
acc. mich.

meillour millor -eur (meliorem) adj.
kompar. (r. mieldre) besser, (mit od.
ohne art.) beste.

mëisme s. medisme.

mel mal (malum) m. II schlimmes, übel,
unglück, schaden, leid, mal traire
leid erdulden, m. aies verwünschst
seist du!

mel (mel) s. miel.

mellé = meslé (*misculatum) part.
vermischt, verwirrt.

mellee = meslee (v. mesler) f. streit.

melz mels s. mielz.

membre (membrum) m. II glied.

membré (memoratum) adj. klug.

memoire (memoriam) f. andenken.

men pik. s. mon.

menace manace -atce (minaciam)
f. drohuug.

12*

menacier manacier ·ećier (*minaciare) *sw.* I *bedrohen.*

mençonge manç- menss-(*mentitionea, *vgl.* AS) *f. lüge.*

mender *s.* mander, mendre *s.* menour.

Menelaus (Menelaum) *npr. m.* II *Menelaus, Helenas gatte* 60.

mener (minari -re) *sw.* I (*pr. ind.* 3 meine maine, *kj.* 1 moigne, 3 meint, *pl.* 3 mainent, *impf. ind.* 3 menoit, *fut.* 1 menrai merrai — *vgl.* amener demener) *führen, leiten, bringen, mitbringen,* m. par respit *hinziehen.*

menestier (ministeriµm) *m.* II *dienst, Gottesdienst.*

mengier *s.* mangier.

menour (minorem) *adj. kompar* (*r.* mendre man-) *kleiner.*

mensongier (*abl. v.* mençonge) *adj. lügnerisch.*

mentir mantir (mentiri) *sw.* II *lügen, schwindeln,* m. a a. *jemanden täuschen, vgl.* Deumentit.

mentun (*mentonem *v.* mentum) *m.* II *kinn.*

mennisse = menuise (minutia?) *f. spanne, reihen.*

menut (minutum) *adj. klein, dicht.*

meon *s.* mien.

mer (mare) *f. meer.*

mercïer -chïer (*abl. v.* mercit) *sw.* I *jem.-m* (a.) *danken.*

mercit merci *prov.* mercet (mercedem) *f. gnade, erbarmen, dank,* ·la seue mercit, les lor merciz 59.

mere *s.* medre.

merir (merere -ire) *sw.* II (*kj. pr.* 3 mire) *belohnen, lohnen.*

merrien (*materiamen) *m.* II *bauholz, grosse hölzer* 118.

merveille -elle -oille (mirabilia) *f. wunder, merkwürdigkeit,* a merveille -es *u.* merveilles *wunderbar, ausserordentlich.*

merveillos (mirabiliosum) *adj.wunderbar, hervorragend.*

mes (mansum) *m. indcl. haus.*

mes (missum) *m. indcl. speise, gericht.*

mes (meos) *unbet. pron. poss.* 1. *p. r. sg. u. obl. pl.* mein, meine.

mes *s.* mais.

mesavenir (minus + advenire) *st.* I–III (*pr. kj.* mesaviegne) *impers.schlimm ergehen.*

mesaventure (minus + adventura) *f. missgeschick, unglück.*

mescheoir (minus + cadere) *st.* III (*part. pf.* mescheoit) *impers. übel ergehen* (a a.).

meschief (minus + caput) *m.* II *nachteil.*

meschiet (*abl. v.* mesche, < μύξα?) *adj. dochtartig, büschelig.*

mescine = mecine (medicinam) *f. arznei.*

mescine = mesquine (*arab.* maskin *adj.* arm) *f. mädchen.*

mescinete (*dem. v.* mescine) *f. mädchen.*

mescreandise (*abl. v.* mescreant — mescreire) *f. unglaube.*

mescreire (minus + credere) *st.* III (*imp. pl.* mescreés) s. m. ar. *etwas nicht glauben, ungläubig sein.*

mesdire (minus + dicere) *st.*II (*part. pf.* mesdit) *falsches sagen, ausdrücken, part. pr.* mesdisant *verleumder.*

mesentendant (minus intendentem) *part.-adj. falsch hörend, übel gesinnt.*

meserrer (minus errare) *sw.* I *auf falschen wegen gehen.*

mesese = mesaise (*komp. v.* aise, < adjacens?) *f. unbehaglichkeit.*

mesfaire meff- (minus facere) *st.* I (*pr. kj.* 3 mesface, *pl.* 3 mesfacent, *perf.* 1 mesfis, 2 mesfesis, *pl.* 2 mesfëistes, *part. pf.* mesfeit) *unrecht tun, übeles tun,* s. m. vers a. *sich gegen jem. vergehen.*

mesfait -fet (*abl. v.* mesfaire) *m.* II *missetat.*

mesler meller (miscnlare) *sw.* I *mischen,* s. m. a a. *mit jem. in streit geraten, kämpfen.*

mesmarïer (minus + maritare) *sw.* I *schlecht verheiraten.*

mesplaire (minus placere) *st.* II *missfallen, schmerzen.*

mesprendre (minus prendere) *st.* II (*pr. ind.* 3 prent, *pf.* 3 mesprist, *part. pf. prov.* mespraes) *fehlen, sich vergehen.*

mesprison (*abl. v.* mesprendre) *f. vergehen, verfehlung.*

message mesage (*missaticum) *m.* II *botschaft, bote.*

messe (missam) *f. messe* (dire, chanter), haute m. *hochamt.*

messeant (*part. pr. v.* messeoir, *komp. v.* seoir) *schlecht sitzen,* faire a a. messeant *jem. unziemliches tun.*

mestier (ministerium) *m.* II *bedürfnis, dienst,* avoir m. a a. *jem.-m nützen; handwerk.*

mestrise (*abl. v.* maistre) *f. herrschaft.*

mesure (mensuram) *f. massvolles benehmen, mässigung.*

metre mestre (mittere) *st.* II (*pr. ind.* 1 met, 3 met, *konj.* 3 mete mette, *perf.* 1 mis, 3 mist, *pl.* 3 mistrent misent, *impf. kj.* 3 meïst, *kond.* 3 metroit meteroit, *part. pf.* mis *f.* mise) 1. *setzen, legen, stellen, hersetzen, hinzusetzen, spenden.* — 2. m. a. a l'escole *jem. in die schule tun,* de prison *befreien,* a l'obedïence de a. *unterwerfen,* en santé *heilen,* a raison *anreden,* a sairement *schwören lassen,* mal m. a. *jem. schlecht behandeln.* — 3. m. ar. avant *etwas fördern, erkennen lassen,* sore (sor) a. *jemandem zur last legen, auf jem. beziehen,* m. s'entente, son corage, son cuer, sa cure en a. *od.* ar. *seine aufmerksamkeit usw. auf jem. od. etwas*

richten, verwenden, m. un jorn einen tag ansetzen, m. plait a a. *jem. bestellen.* — 4. m. une estoire en romanz *in romanische volkssprache (franz.) übersetzen.* — 5. zur umschreibung: m. ar. en gages *verpfänden,* en oblïer oublïance *vergessen,* m. fin a ar. *beendigen.* — 6. *refl.* s. m. a la voie *sich auf den weg machen,* devant a. *jem.-m vorausgehen,* devers a., en la creance de a. *sich jem.-m anvertrauen.*

mex *s.* mielz.

mi (mei) *pron. poss.* 1. *p. sg.* im *pl. r.* (*obl.* mes) *meine.*

mi (medium) *adj. mittler,* mie nuit *mitternacht.*

mi (mihi) *pik. bet. pron.* 1. *p. sg. obl.* mir, mich.

midi (medium diem) *m.* II *mittag.*

mie (micam) *f. krümchen, zur verstärkung der negation* ne.

miel mel (mel) *m.* II *honig.*

mieldre *s.* meillour.

mielz mieus mix miauz melz mels mex (melius) 1. *adv. kompar. besser, lieber, mehr* (amer trop m.), *zur steigerung des adj.* 5. — 2. *m. indcl. das beste, erlesenste* 5.

mien meon (meum) *bet. pron. poss.* 1. *p. sg.* im *obl. sg.* mein, *der meinige.*

Mieque *npr.* Mekka 63.

mignot (*kelt. stamm* min-?) *adj. zierlich.*

mil (mïlle) *zw.* (*pl.* milie < milia) *tausend.*

milieu (medium locum) *m.* II *mitte.*

millier (*milliarium) *m.* II *tausend, pl. tausende.*

millor *s.* meillour.

Milon Millon (*zu g.* Milesind) *m.* III (*r.* Miles) 1. *Milles de Puille* (Apulia), *M., sohn Garins von Monglane* 56. — 2. *Miles li Braibanz de Provins, teilnehmer des vierten kreuzzuges* 117.

ministre (ministrum) *m.* I *diener.*

mirabille (mirabilia) *f. wunder (erb-wörtlich* merveille).

miracle (miraculum) *m.* II *wunder.*

mire (medicum) *m.* II *arzt.*

mirer (mirari -re) *sw.* I *betrachten.*

mix *s.* mielz.

moi *s.* mei.

moien moiain (*medianum) *adj. in der mitte befindlich, mittler.*

moillier muiller (mulierem) *f. weib, frau, bes. ehefrau.*

moillier (*molliare *zu* mollem) *sw.* I (*pr. ind.* 3 mueille) *benetzen.*

moine (*monichum < μοναχόν) *m.* II *mönch.*

moinné = moinsné (minus + natum) *part.-adj. jüngst geboren, jüngst.*

mois (mensem) *m. indcl. monat.*

mois (muscio — *prov.* mois moison) *adj. falsch, hinterlistig, betrüge-risch.*

Moïsés *npr. m. indcl. Moses* 47.

mol (mollem) *adj. weich.*

moldre (molere) *sw. ui-pf.* (*part. pf. f. pl.* molues) *mahlen, schleifen.*

molester (*abl. v.* molestum) *sw.* I *belästigen.*

molt mout (multum) *adv. sehr.*

moniage (*monichaticum) *m.* II *mönch-tum.*

Monjoie (montem + gaudia) *Monjoie, schlachtruf Karls u. d. Franken.*

monoie (monetam) *f. münze, geld.*

monseignor (meum seniorem) *m.* III (*r.* misires) *herr (bes. in der an-rede).*

monstrer *s.* mostrer.

mont mund (mundum) *m.* II *welt, vgl.* finimonz.

mont (montem) *m.* II *berg,* a m. *empor;* Mont Oliver *Ölberg* 3.

montaigne (montanea) *f. berg, gebirge.*

montant (*ger. v.* monter) *m.* II *wert.*

monter (*montare *v.* montem) *sw.* I *steigen* (desor), *hinaufsteigen* (le degré), *aufsitzen; zunehmen, wert*

sein, wichtig sein; m. a *jem. aus-rüsten.*

mor (Maurum) *m.* II *mohr.*

Morchuflex -és *npr. m. Murzuphle* 119.

mordre (*morděre) *st.* II *beissen.*

moreis (*abl. v.* Maurus) *adj. monren-farbig, schwarz.* — *m. indcl. rappe.*

morir (*morire *f.* mori) *sw. ui-perf.* (*pr. ind.* 1 muir, *pl.* 3 muerent murent, *perf.* 3 moru, *pl.* 3 morurent, *impf. kj.* 3 morust, *fut.* 3 morra, *pl.* 3 morront, *ger.* morant *lehn-wörtl.* morïant) *sterben,* m. de mort, de sa mort *des todes sterben,* avoir a. mort *jem. getötet haben.*

Morroi *npr. wald von M.* 85.

mors (morsum) *m. indcl. biss.*

mort (mortem) *f. tod.*

mort (mortuum) *part.-adj. tot.*

mortel (mortalem) *adj. sterblich, irdisch; tödlich,* anemi m. *todfeind.*

mossu (*abl. v.* mosse < *d.* mos) *adj. moosig, behaart.*

mostier mou- mu- (monasterium) *m.* II *kloster, kirche.*

mostrer mou- monstrer (monstrare) *sw.* I *zeigen, auseinandersetzen,* m. la parole *das wort führen.*

mot (*muttum) *m.* II *wort,* ne — mot *nicht im mindesten.*

moufle (muffulam) *f. fausthandschuh.*

moveresse (*abl. v.* moveir) *f. erregerin.*

moveir -oir (movere) *st.* III (*imp. pl.* movez, *perf.* 1 mui, 3 mut, *impf. kj. pl.* 2 mëussiez, *fut. pl.* 1 morrons) *bewegen,* s. m. *sich be-wegen, aufbrechen.*

mu (mutum) *adj. stumm,* bestes mues 63.

muable (mutabilem) *adj. veränderlich.*

muance (*abl. v.* mutare) *f. veränderung.*

mucier *sw.* I *verbergen, sich verbergen.*

muder muër (mutare) *sw.* I *verändern, mausern.*

muë (*abl. v.* muer) *f. mauserkäfig.*

mueble (mobile) *m.* II *bewegliches gut.*

mur (murum) *m.* II *mauer.*

murs = mors (mores) *f. pl. sitten.*

murtre *(frk.* morþr-) *m.* II *mord.*

musage *(abl. v.* muser) *m.* II *ausschweifendes leben.*

musardie *(abl. v.* musart) *f. torheit.*

musart *(abl. v.* muser) *m.* II *lebemann, nichtstuer, tor, narr.*

muser (*musare) *sw.* I *sich vergnügen.*

mustel *m.* II *bein, schenkel.*

N

n' = ne.

nafrer *s.* navrer.

naie naje (non ego) *partik. nein,* n. *voir nein fürwahr!*

naistre nestre (*nascere *f.* nasci) *sw.* III, II *(pr. ind.* 3 nest, *pl.* 3 naissent, *perf.* 3 nacquit, *fut. pl.* 3 naisteront, *part. pf.* né r. nez *f.* nee) *geboren werden, stammen aus* (de).

nape (mappam) *f. tischtuch.*

Narbone Nerb- (*Narbonam *f.* Narbonem) *npr. f. stadt Narbonne in Südfrankreich* 56, 57 ff.

nasal (nasale *v.* nasum) *m.* II *nasenschiene (am helm).*

nature (naturam) *f. natur, art.*

navie *(et.* 118) *m.* II *schiff.*

navile -ire (navilium) *m.* II *flotte, schiff.*

navrer nafrer *(abl. v. frk.* narwa *narbe) sw.* I *verwunden.*

Nazareh *npr. Nazareth* 37.

Nazareus *m.* II *Nazarener, d. i. Christus* 32.

ne (nec) *kjon. und nicht, im neg. satz und, oder;* ne — ne *mit neg. weder — noch; expletiv im vergleichungssatz.*

ne nen n' (non) *unbet. neg.-partik. nicht.*

nef (navem) *f. (pl.* nes) *schiff.*

negun (necunum) *pron. indef. irgend ein, mit* ne *kein.*

neif noif (nivem) *f. schnee.*

neir noir (nigrum) *adj. schwarz, le* n. *der firnis.*

neïs nes (nec ipsum) *nicht einmal, sogar,* n. que *so wenig als.*

nel = ne + le.

nem = ne + me.

nen *s.* ne.

nenil (non illud) *partik. nein, nicht.*

neporqant (non pro quanto) *adv. nichtsdestoweniger.*

nercir (*nigriciare) *sw.* II *(part. pf. f.* nercidet HohL.) *schwärzen, bräunen.*

nes (nasum) *m. indcl. nase.*

nes 1. = neïs.' — 2. = ne + se. — 3. = ne + les. — 4. *pl. v.* nef.

nest *s.* naistre.

Nestor (Nestorem) *npr. m.* II *Nestor v. Pylos* 69.

net (nitidum) *adj. (f.* nete) *glänzend, rein,* n. de *frei von.*

nëul niul (nec ullum) *pron. indf. irgendein, mit* ne *kein.*

nevo nevou (nepotem) *m.* II *(r.* niés) *neffe.*

nice (nescium) *adj. einfältig.*

Nicole *(abl. v.* Nicolaus) *npr. m.* I 87 ff.

Nicolete *(abl. v.* Nicolaus) *npr. f. Nicolete, Aucassins geliebte* 123 ff.

nïent -ant noient (nec + *ente) *pron. indf. etwas, mit* ne *nichts.*

nisun (nec ipsum unum) *pron. indf. irgendein.*

niul *s.* nëul, nul.

no 1. = nostre *(pik.).* — 2. = non.

noalz (*nugalius *zu* nugae) *adj. gering, wertlos, nichtig.*

nobilitet (nobilitatem) *f. vornehmheit.*

noble nobile (nobilem) *adj. vornehm, edel.*

noces (nuptias) *f. pl. hochzeit.*

Noë *npr. m. Noah* 5.

noef (novum) *adj. (f.* noeve) *neu.*

noiient *s.* nïent.

noiier (necare) *sw.* I *ertrinken.*

noir (nigrum) *adj. schwarz.*

nois (nucem) *f. indcl. nuss.*

noise (*nausea) *f. lärm.*

noisier (*abl. v.* noise) *lärm machen.*

nom non nun (nomen) *m.* II *namen.*

non (non) *bet. neg.-part. nein.*

noncier (nuntiare) *sw.* I *verkünden.*

none (nonam *sc.* horam) *f. die 9. stunde des tages (= 3 uhr nachm.).*

nonnain (nonnam) *f.* III (*r.* none) *nonne.*

nonque nonqua Eide (nunquam) *adv. niemals, durchaus nicht.*

nonsavant (non sapientem) *adj. unwissend, töricht.*

Normandie -endie (*abl. v.* Norman -ant) *npr. f. Normandie, li quens de N. (= Richard 1.) 29.*

Normant (*g.* Nordman) *m.* II *adj. Normanne, normannisch, le conte N. teilnehmer des ersten kreuzzuges 61.*

norrir norir (nutrire) *sw.* II *nähren, erziehen,* estre norri de ↘ *stammen aus.*

nort (*ags.* nord) *m.* II *norden.*

nos nous (nos) 1. *bet. pron.* 1. *p. pl. wir, uns, auch = sg. mich. —* 2. *dasselbe unbet. dat. u. acc. uns.*

nos = noz (nostros) *pron. poss.* 1. *p. pl. im obl. pl. unser, vgl.* no.

nostre nostro Eide (nostrum -am) *pron. poss.* 1. *p. pl. unser, unserig, mit art. subst. (vgl.* no nos noz*).*

nouer (nodare) *sw.* I *knüpfen.*

novel (novellum) *adj. neu, frisch,* de n. *von neuem, seit kurzem, eben erst.*

novele (novellam) *f. neuigkeit.*

novelier (*abl. v.* novel) *adj. neugierig.*

noz (nostros) *acc. pl. des pron.* 1. *p. pl. unserig, der unserige.*

nu nut (nudum) *adj. (f.* nue) *nackt, entblösst, bloss.*

nue (nubem + a) *f. wolke.*

nuee (*abl. v.* nubem) *f. wolke.*

nuef (novem) *zw. neun.*

nuire (*nócĕre *f.* nocēre) *st.* III (*pr. ind.* 3 nuist) *schaden.*

nuisance (*nocentiam) *f. schaden.*

nuit (noctem) *f. nacht.*

nul niul (nūllum) *pron. indef.* (*r.* nuls nus, *bet. obl.* nului) *irgendein, mit* ne *kein.*

numbre = nombre (numerum) *m.* II *zahl.*

nunc *lat.* Pa. *jetzt.*

nus *s.* nul.

O

o (hoc) *pron. dem. neutr. dieses.*

o ou (ubi) *adv. interrog. wo?* o que . *m. konj. wo auch immer.*

o (apud) *s.* od.

obedïence (oboedientiam) *f. gehorsam.*

obëir (oboedire) *sw.* II *gehorchen.*

oblider - ïer ublïer (*oblitare *v.* oblitum — oblivisci) *sw.* I *vergessen.*

ochoison acheson (occasionem) *f. gelegenheit.*

ocire ochire oćire oććirre *prov.* aucire (occidere — abscidere) *st.* II (*pr. ind.* 1 oci, 3 ocit, *pl.* 3 oćient, *perf.* 3 ocist, *pl.* 3 ocisent, *impf. kj.* 3 ocëist, *pl.* 3 ocesissent, *part. pf.* ocis, *fut.* 3 occirra) *töten.*

od ot o (apud) *präp. bei, mit, zu, zusammen mit,* od tut *damit.*

odir oïr *prov.* audir (audire) *sw.* II (*pr. ind.* 1 oi, 2 oz, 3 ot, *kj. pl.* 2 oiez, *imp. pl.* oëz, *part.* oant oyant, *perf.* 1 odi oï, *pl.* 2 oïstes, *impf. kj. pl.* 2 oïssiés, *part. pf.* odit oï *f.* oïe, *fut.* 1 orrai, 2 orras, *pl.* 1 orrons, 2 orrez -és, 3 orront) *hören,* o. a. *von jemand hören,* par oïr dire *von hörensagen,* en oant *indem, so dass man es hört (hörte),* oyans tous *vor aller ohren.*

odor (odorem) *f. geruch.*

Oedon (*g.* Eudo) le Champaneis *npr. m.* III *graf Odo v. Champagne* 28.

oeul *s.* ueil.

oevre oeuvre ovre (opera) *f. arbeit, werk.*

ofrende (offerenda) *f. opfergabe.*

Ogier (*g.* Audegarium *f.* Antcharium) de Danemarche *npr. m.* II *Ogier der Däne* 51 ff. *Vgl.* Otkerus 12.

oi! *interj. weh!*

oïe (*abl. v.* oïr odir) *f. gehör, das hören.*

oil *s.* ueil.

oïl (hoc illud) *partik. ja.*

oïr *s.* odir.

oisel (avicellum) *m.* II *vogel.*

oiselét (*dem. v.* avicellum) *m.* II (*pl.* oiselés) *vöglein.*

oiseuse (otiosam) *f. müssiggang.*

oissié (*ossiatum v.* os) *adj. knochig.*

oleir (olere) *sw. ui-perf.* (*pr. kj.* 3 oillet) *duften.*

olifant (elephantum) *m.* II *elefant.*

olive (olivâm) *f. olivenbaum.*

Oliver, Mont (montem olivarum) *npr. m.* II *Ölberg* 3.

Olivete, Mont (montem oliveti) *npr. Ölberg* 32.

oltrage outr- (*abl. v.* oltrer < *ulterare*) *m.* II *schimpf, überhebung, unrecht.*

Olivier (Olitguarium?) *npr. m.* II *Olivier, Rolands waffengenosse* 48 ff.

oltre ultre outre (ultra) *präp.-adv. jenseits, über — hinaus, hinüber, weiter* (o. passer), *d'o. von jenseits.*

om *s.* home, on.

ombrage (*umbraticum) *adj. dunkel, finster.*

ombroier onb- (*umbricare) *sw.* I *beschatten, schatten geben; sich im schatten ausruhen.*

on om uem hon hum l'on l'um l'en l'an (homo, ille homo) *pron. indf.* man. *Vgl.* homme.

onbre (umbram) *f. schatten.*

onc *s.* onque.

oncle uncle (avunculum) *m.* II *oheim, onkel.*

onipotant (omnipotentem) *adj. allmächtig.*

onor -ur -our *s.* honor.

onme = omme *s.* homme.

onque unc onques onkes unkes (unquam) *adv. jemals, mit* ne *niemals.*

oposer (opponere + pausare) *sw.* I *entgegenstellen.*

or (*orum *zu* oram) *m.* II *rand.*

or (aurum) *m.* II *gold.*

orage (*auraticum *v.* aura) *m.* II *sturm, gewitter.*

ord = ort (horridum) *adj. hässlich, schmutzig.*

ordene (ordinem) *m.* II *stand, orden.*

ordenét (ordinatum) *adj. — m.* II *ordiniert, geweiht — geistlicher.*

ordure (*abl. v.* ord < horridum) *f. schmutz, niedrigkeit.*

oré (auratum) *m.* II *sturm.*

ore oure (horam) *f. stunde, d'ores en altres von zeit zu zeit.*

ore or ores (*ha hora *f.* hac hora) *adv. nun, jetzt.*

oreille -elle -oille (auricolam) *f. ohr.*

orendroit (ore + endroit) *adv. auf der stelle, jetzt.*

orer urer (orare) *sw.* I (oram Eul.) *beten.*

orfrois -oi (aurum *frisium *f.* phrygium) *m.* II *od. indcl. goldbrokat.*

orgueillier (*abl. v.* orgueil) *sw.* I *stolz werden, s. o. dasselbe.*

orguel -uil -oill (*g.* urgoli-) *m.* II *stolz, hochmut, übermut, wildheit.*

orguellous orguillos (*abl. v.* orgueil) *adj. stolz, eitel, wild.*

orie (aureum) *adj. golden.*

orïent -ant (orientem) *m.* II *osten.*

Orïente (*abl. v.* Orïent) *npr. f. Morgenland* 27.

oriere (*abl. v.* oram *rand*) *f. rand, saum.*

oriflanbe = orieflambe (auream flammulam) *f. oriflamme, Karls d. Gr. reichsbanner* 59.

ornement (ornamentum) *m.* II *schmuck.*

oroille *s.* oreille.

oroison -ison urison 65 (orationem) *f. gebet.*

orrible (horribilem) *adj. schrecklich.*

orteil (*lat.* articulum + *kelt.* ordiga) *m.* II *zehe.*

ortie (urtīcam) *f. brennessel.*

ortus *lat. entstehung, aufgang eines gestirns.*

oðberc *s.* hauberc.

oser (*ausare *v.* ausus sum) *sw.* I *wagen, part. pf.* osé *kühn.*

ost (hostem) *m.* II (*r.* oz) *heer, heerlager, feldzug.*

ostage (*obsidaticum) *m.* II *geisel, bürgschaft.*

ostage (*abl. v.* oste) *m.* III *beherbergung.*

oste (hospitem) *m.* II *wirt.*

ostel hostel (hospitale) *m.* II *herberge, wohnung.*

osteler (*abl. v.* ostel) *sw.* I *beherbergen.*

oster (obstare?) *sw.* I *herausziehen, wegnehmen, streichen,* s'an o. *sich zurückziehen.*

ot *s.* od.

otreiier -oiier (auctoricare) *sw.* I (*pr. ind.* 1 otrei -oi) *bewilligen.*

ou (aut) *kjon. oder.*

ou (ubi) = o.

ou (in illum) *s.* en.

ouan (hoc anno) *adv. dies jahr, mit ne niemals.*

oublïance (*oblitantia) *f. vergessenheit.*

outrecnidié (*part. pf. v.* outrecnidier < ultra cogitare) *adj. eingebildet, anmassend.*

ovraigne (*operanea) *f. werk.*

ovre *s.* oeuvre.

ovrer ouvrer (operare) *sw.* I (*pr. ind. pl.* 3 oevrent) *arbeiten (en), handeln.*

ovriere (operariam) *f. arbeiterin.*

ovrir ouvrir (operire *f.* aperire) *sw.* II (*part. perf.* ouvert) *öffnen.*

P

paage = peage (*pedaticum *v.* pedem) *m.* II *zoll, tribut.*

paiement (*pagamentum) *m.* II *bezahlung.*

paieni (*abl. v.* paiien) *adj. heidnisch.*

paienisme (paganismum) *m.* II *heidenschaft.*

paiien paien (paganum) *m.* II *heide.*

paiier (pacare) *sw.* I *zahlen, bezahlen.*

paile palie pali (pallium) *m.* II *kostbares tuch, stoff.*

pain (panem) *m.* II *brot.*

paindre *st.* II (*pr.* 3 paint) *s. p. sich beeilen.*

paine *s.* peine.

painture = peinture (pincturam) *f. gemälde, bild.*

paire (paria) *f. gesellschaft, gattung, art.*

paire *prov.* = pedre.

pais pes (pacem, *oder* pax?) *f. frieden.*

pais *neg. s.* pas.

païs (pagense) *m. indcl. land.*

paistre pestre (*pascere *f.* pasci) *st.* III (*pr. ind. pl.* 3 peissent, *imp. pl.* paissiez, *part. pf.* peü) *weiden, ernähren.*

palais (palatium) *m. indcl. palast, schloss.*

palle pale (pallidum) *adj. bleich, fahl.*

palefroi (paraverēdum) *m.* II *zelter.*

pali palie *s.* paile.

palir (*pallire *f.* pallere) *sw.* II *bleich werden, farbe wechseln.*

palme paume (palmam) *f. palme; flache hand.*

paltonier paut- (*palitonarium) *m.* II *landstreicher.*

pance -che (panticem) *f. bauch, wanst.*

pandre *s.* pendre.

panetiere (*abl. v.* panem) *f. brotkorb, hirtentasche.*

panier (panarium) *m.* II *korb.*

panir (*zu* espanir < *d.* spannen, *vgl.*

épanouir) *sw.* II (*part. pf. f.* panie)
sich entfalten.

papegau (*arab.* babbagha) *m.* II
papagei.

par per Eide (per) *präp.* 1. *lokal:
durch, in — herum, über — hin-
weg, an—vorbei, an,* par la dedenz
da drinnen, p. dessus *darüber. hin-
weg,* p. devant *vor,* p. derriere *adv.
dahinter.* — 2. *temporal:* an, bei:
p. nuit, p. jur. — 3. *instrumental
oder konsekutiv: durch, vermittels,
infolge von,* per que *weil,* par lui,
sei *für sich, allein* 106. — 4. *be-
gleitender nebenumstand: unter,
bei, mit, in* (p. amor, p. veir *u. ä.*).
— 5. par = por 105. — 6. par *in*
de p. *s.* part.

par (per, *vgl.* permagnus) *adv. sehr*
par — tant *so sehr.*

paradis paraïs *s.* pareïs.

parage (*abl. v.* parem) *m.* II *adel.*

parament = parement (paramentum)
m. II *kostbares gewand, schmuck.*

parclose (*perclausam) *f. einfriedi-
gung, ende.*

parçonnier -cenier (*abl. v.* parçon <
partitionem) *adj.— m.* II *teilnehmer.*

pardevant *s.* par 1.

pardon (*abl. v.* pardoner) *m.* II *ver-
gebung.*

pardoner (perdonare) *sw.* I (*pr. ind.*
1 pardoins, *kj.* 2 pardones Pa. *vgl.*
AS) *vergeben, schenken.*

pardu = perdu *zu* perdre.

pareil (*pariculum *zu* par) *adj. gleich,
ähnlich.*

pareïs paraïs paradis (παράδεισον)
m. indcl. paradies.

parenté (parentatum) *m.* II (*u. f.*)
verwantschaft.

parenz (parentes) *m. pl.* II *eltern.*

parent *adj.* (*f.* parente) *verwant.*

parer *prov.* parar (parare) *sw.* I
schmücken.

parfenir (*komp. v.* fenir) *sw.* II *völlig
beenden.*

parfitement (perfecta mente) *adv.
vollkommen, aufrichtig.*

parflori (*komp. v.* flori *zu* florir) *adj.
über und über mit blüten bedeckt.*

parfundement (*adv. zu* parfunt) *tief.*

parfunt -ont (*perfundum *f.* profun-
dum) *adj. tief,* mund p. *unterwelt.*

Paris (Πάρις) *npr. m. indcl. Paris,
sohn des Priamus* 67 ff.

Paris (Parisiis) *npr. f. indcl. die
stadt Paris* 105.

parjure (*abl. v.* parjurer) *adj. wort-
brüchig, meineidig.*

parjurer (perjurare) *sw.* I *meineidig
werden.*

parlement (*abl. v.* parler) *m.* II *ge-
spräch, beratung.*

parler (parabolare *zu* παραβολή)
sw. I (*pr. ind.* 3 parole) *reden,
sprechen.*

parlier (*abl. v.* parler) *adj. ge-
schwätzig.*

Par-lui-fez *missverstandene namens-
form f.* Perlesvaus (Percevals) 121.

parmaneir (permanere) *st.* II (*pr.
ind. pl.* 3 parmeinent) *verharren.*

parmi (per medium) *präp. mitten
durch, über — weg,* p. la main *an
der hand.*

paroir (parere) *sw.* ui-*pf.* (*pr. ind.* 3
pert, *pf.* 3 parut, *fut.* 3 parra)
sichtbar sein, offenbar werden.

parole (παραβολή) *f. wort, rede.*

part (partem) *f. seite, richtung, partei,
anteil,* nule p. *irgendwohin,* de
l'autre p. *nach der andern seite,*
de part (par) *von seiten, im namen
jem.-s.*

Parte (Spartam) *npr. f.* Sparta 69.

partie (*abl. v.* partir) *f. teil, partei.*

partir (partire) *sw.* II *teilnehmen, auf-
brechen, scheiden von* (de), s. p.
de *sich trennen von.*

partot (per *tuttum) *adv. durchaus,
überall, allezeit.*

pas (passum) *m. indcl. schritt, schritt
als gangart.*

pas *ofr.* pais (passum) *partik. zur verstärkung der negation.*

pasmer (*pasmare *f.* *spasmare, *zu* σπασμός *krampf)* sw. I s. p. *ohnmächtig werden.*

Pasques (Paschas) *f. pl. ostern.*

passage (*passaticúm) *m.* II *weggeld.*

passer (*abl. v.* passum) *sw.* I *vorbeigehn, hindurchgehn,* s'en p., p. oultre *dass.,* (*v. d. zeit) verstreichen,* estre passés *vorbei sein; mit akk. überschreiten, hinüberbringen, durchstecken.*

passïon -un (passionem) *f. leiden, krankheit.*

pastor (pastorem) *m.* III (*r.* pastre) *hirt.*

pastoure (*f. zu* pastour -or) *hirtin.*

paumoiier (*palmicare, *vgl.* palme) *sw.* I *in der hand schwingen.*

paver (*abl. v.* pavement $<$ pavimentum) *sw.* I *pflastern.*

Pavie (Paviam) *npr. f. Pavia, hauptstadt von Langobardien* 58 ff.

peceiier peçoiier (*pettiicare) *sw.* I *zerstückeln, zerschlagen.*

pechedor -eor -ceur pecceur (peccatorem) *m.* III *sünder.*

pecheriz (*peccatricem) *f. indcl. sünderin.*

pechier -ir (peccare) *sw.* I *sündigen.*

pechiet -ié *prov.* peccad (peccatum) *m.* II *sünde, unglück.*

pedre pere (patrem) *m.* I *vater.*

peindre poindre (pingere) *st.* II (*part. pf.* point) *malen, sticken.*

peine paine painne poine (poenam) *f. mühe.*

peior poior pior (pejorem) *adj. kompar. schlimmer, schlimmst,* avoir le poior *unterlegen sein.*

Peitieus Leo. Peitiers (Pictavis) *npr. m. indcl. stadt Poitiers* 4, 28

peitrine (*pectorina) *f. brust, bug.*

pel (pellem) *m.* II *haut.*

peler (*abl. v.* pel) *sw.* I *enthaaren, part.* pelé *kahl.*

pelerin (peregrinum) *m.* II *pilger, kreuzfahrer.*

pelerinage (*abl. v.* peregrinum) *m.* II *pilgerfahrt.*

pelote (*abl. v.* pilam) *f. ball, ballspiel.*

pendre pandre (pendere) *sw.* III, II (*pr. ind.* 3 pent pant, *kj.* 3 pende, *pf.* 3 pendié pendit, *part.* pendu *r.* penduz) *hängen, aufhängen.*

pener (*poenare) *sw.* I *quälen,* s. p. *sich mühen, bemühen* (de ar.).

penitance (poenitentiam) *f. busse.*

penne (pinnam) *f. pelzbesatz.*

pensé (*abl. v.* penser) *m.* II *gedanke, sinnen.*

pensee (*abl. v.* penser) *f. gedanke, sinn.*

penser (pensare) *sw.* I *nachdenken, denken an* (a), *etw. denken* (ar.) — *subst. m.* II *das denken, gedanke.*

pensif pansif (*abl. v.* penser) *adj.* (*r.* pansis) *nachdenklich.*

Pentecoste (Pentecosta $<$ πεντηκοστή) *f. pfingsten.*

peor -eur paour poor ·our -uur (pavorem) *f. furcht.*

Pepin (*d.* Pippin) *npr. m.* II *Pippin d. Kurze, vater Karls d. Gr.* 12, 22, 106 *f.*

per (parem) *adj. gleich, ebenbürtig,* sum p. *seinesgleichen* — *m..*II *genosse, pair, gatte.*

per *präp. s.* par.

Percehaie *npr. m. Spring-durch-die-hecke, ein junger fuchs* 96.

Perceval le Galois *npr. m.* II *Perceval der Walliser* 121.

percier -chier (*pertusiare) *sw.* I *durchbohren.*

perdicïon (*perditionem)*f.verderben.*

perdonar *prov.* = pardoner.

perdre (perdere) *sw.* III, II (*impf. ind.* 3 perdeit, *pf.* 3 perdit -i, *pl.* 3 perdirent, *impf. kj.* 3 perdesse Eul., *pl.* 3 perdissent, *part. pf.* perdu) *verlieren.*

Pere Piere (Petrum) *npr. m.* II *Petrus* 59, 62, 75.

peril (periculum) *m.* II *gefahr.*

Perllesvax 121 *npr. m.* II = *Perceval.*

perriere (*petraria v.* petra — πέτρα) *f. steinwurfmaschine.*

perron perun (*petronem *zu* petra) *m.* II *grosser stein, steinstufe.*

pers (persicum) *adj. persisch.*

pers (persicum) *adj. pfirsichfarben, bläulich.*

Persant (*abl. v.* Persa) *m.* II *Perser.*

pert *s.* paroir.

perte (perditam *zu* perdere) *f. verlust,* faire p. *verlieren.*

pertot *prov.* = partot.

perveing *prov.* = parvint.

pesance (*abl. v.* peser) *f. leid, kummer.*

pesant (pensantem) *adj. schwer, gewaltig.*

pescheor (*piscatorem) *m.* III (*r.* peschiere) *fischer,* le roi p. 123.

peser (pensare) *sw.* I (*pr. indcl.* 3 peise poise, *kj.* 3 peist poist) *schwer sein, bedrücken* (a a.), *leid tun, missfallen, zorn verursachen.*

pesle mesle (m. *zu* mesler) *adv. dicht gemischt, bunt durcheinander.*

pesme (pessimum) *adj. schlecht, schlimm.*

pestor (pistorem) *m.* III *bäcker.*

petit (*kelt.* *pettittum) *adj.* (*f.* petite) *klein, wenig, pl. kleine, wenige,* li grant et li p. *jung und alt.*

pëu *s.* paistre *u.* poeir.

pez *prov.* = piez.

Pharaon *npr. m.* II *könig Pharao v. Egypten* 47.

piauchelu (*zu* pel < pellem) *adj. hautig* 53.

piece pieche (*kelt.* *pettia) *f. stück;* grant p. *lange zeit,* piec'a piech'a (*auch* pieça *geschr.*) *seit langer zeit, beinahe* 53.

pied piet (pedem) *m.* II (*pl.* piez piés *prov.* pez) *fuss, rand,* les p. de la sale *ende.*

pierre piere (petram < πέτραν) *f. stein.*

Pierres Anfons *npr. m.* II *Petrus Alphonsi, verfasser d. Disciplina clericalis* 97.

pignier (pectinare *v.* pecten pectinis) *sw.* I *kämmen.*

piler (pilare *zu* pilam) *m.* II *pfeiler.*

pin (pinum) *m.* II *fichte.*

pior *s.* peior.

pis (pējus) *adv. kompar. weniger, schlechter, schlimmer — substant. m. indcl. schlimmeres.*

pis (pectus) *s.* piz.

Pisan (Pisanum) *m.* II *Pisaner.*

piteus (*pietosum) *adj. mitleidig, klagend, zart.*

pitiét pité *prov.* pitad (pietatem) *f. mitleid.*

pitueçement = piteusement (pietosa mente) *adv. mitleidig, kläglich.*

pius (pius) *adj. fromm, gnädig.*

piz pis (pectus) *m. indcl. brust.*

plaid plait (placitum) *m.* II *vertrag, verhandlung.*

plaier (*plagare *v.* plaga) *sw.* I *verwunden.*

plain (planum) *adj. eben — subst. m.* II *ebene.*

plain (plenum) *s.* plein.

plaindre (plangere) *st.* II (*pr. ind.* 1 plaing, 3 plaint, *kj. pl.* 1 plaignons) *beklagen, klagen,* s. p. de a. od. ar. *sich beklagen über.*

plainement = pleinement (plena mente) *adv. vollkommen, völlig.*

plainte (*abl. v.* plaindre) *f. klage.*

plaire *s.* plaisir.

plaisant (placentem) *adj. gefällig, angenehm.*

plaisir plaire (placēre) *st.* III (*pr. ind.* 3 plest plet plastz 35, *pf.* 3 plot, *impf. kj.* 3 plëust, *fut.* 3 plaira) *gefallen* (*mit* a + inf.). — *subst. m.* II plaisir *vergnügen, vergnügung.*

plait plet (placitum) *m.* II *verhand-*

lung, metre p. a a. *jem.-m ein stelldichein geben.*

planche (plancam) *f. planke, brett.*

planchier (*abl. v.* planche) *m.* II *mit planken gebauter saal, haus.*

plante (plantam) *f. fussohle.*

planteïz = plenteïz (*abl. v.* plenté) *adj. zahlreich.*

planter (plantare *v.* planta) *sw.* I *pflanzen.*

plat (*plattum) *adj. platt.*

pleidier = plaidier (placitare) *sw.* I *beraten über* (de), *verhandeln.*

pleiier (plicare) *sw.* I *beugen, dazu bringen* (que).

plein plain (plenum) *adj.* voll, p. pas *einen schritt weit,* pleine sa lance 29.

pleit (plicitum) *m.* II *falte, masche.*

plenier plener planier (*plenarium) *adj. voll, vollständig, gross.*

plenté (plenitatem) *f. menge.*

plessié = plaissié (*plaxatum *v.* plaxum *f.* plexum?) *m.* II *gehege.*

plevir (*d.* plegan *pflegen*) *sw.* II *verbürgen.*

pliadon (*v.* πλειάς -άδος) *m.* II *siebengestirn.*

ploiier (plicare) *sw.* I *falten, krümmen.*

plor (*abl. v.* plorer) *m.* II *das weinen.*

plorer (plorare) *sw.* I *weinen, beweinen.*

plorous (plorosum) *adj. klagend, weinend.*

plovoir (*plovēre *f.* pluĕre) *st.* III (*kj. impf.* 3 pleüst) *regnen* (impers.).

pluie (*plovia) *f. regen.*

plume (plumam) *f. feder, gefieder.*

plus (plus) *adv. kompar. mehr, am meisten,* ne — plus *nicht mehr, nicht länger; zur bez. des kompar. gebr.* (plus dolent *usw.*).

plusors -urs (pluriores, *vgl.* AS) *pron. indef.* (*r.* plusur) *mehrere,* li p. *die meisten.*

poblo Eide pople (populum) *m.* II *volk.*

pochon = poçon (*abl. v.* pot < *pottum) *m.* II *töpfchen.*

podent poant (potentem) *adj. mächtig.*

poeir pooir podir Eide (*potēre *f.* posse) *st.* III (*pr. ind.* 1 puis pois, 2 puez po-, 3 puet poit 102 peut, *pl.* 1 poons -on, 2 pöez -és, 3 puedent pueent, *kj.* 1 puisse *halbprov.* posche Pa., 3 puisset puisse puist poist, *impf. ind.* 1 pooie, 3 poeit -oit, *pl.* 3 pooient, *pf.* 1 poi, 3 pout pot, *pl.* 3 pourent porent, *plqpf.* 3 pouret Eul., *impf. kj.* pëusse -sce poïsse, 3 pönst pëust podist pöist pouist, *pl.* 2 pëussiés -sciés, 3 pëussent, *part.* pëu, *fut.* 3 porra, purra, *pl.* 2 porreiz, 3 porront, *kond.* 1 porreie, 2 porroies, 3 porroit poroit, *pl.* 3 poroient) *können, vermögen, kj. pr.* (*in verwünschungen*) *möge, möchte doch! — subst.* podir pooir *m.* II *macht.*

poësté (potestatem) *f. gewalt.*

poant *adj. s.* podent.

poëstëif (potestativum) *adj. mächtig.*

poi pou (paucum) *adv. wenig, in geringer menge,* (zeitl.) *kurz,* un p. *ein wenig,* par (un) p. *que ne,* a p. *que ne beinahe* (*vgl.* AS).

poignëor (pugnatorem) *m.* III *kämpfer.*

poil (pilum) *m.* II *haar.*

poin poing (pugnum) *m.* II (*r.* poinz) *faust, hand.*

poindre puindre (pungere) *st.* II (*pr. ind.* 3 point, *pl.* 3 pongent, *part.* poinnant poinant) *stechen, spornen; spriessen.*

point (punctum) *m.* II *punkt, zeitpunkt.*

point (pinctum) *s.* peindre.

pointe (punctam) *f. spitze.*

poise poist *s.* peser.

poison (potionem) *f. heiltrank.*

poisson (*piscionem) *m.* II *fisch.*

poiz (picem) *f. indcl. pech.*

poli (*part. v.* polir < polire) *adj.* glatt.

polle Eul. (pullam) *f. mädchen.*

pome *pik.* pume (pomam) *f. apfel.*

pomier pomer (pomarium) *m.* II *apfelbaum.*

Pontoise (Pontem Isarae) *npr.* ort *Pontoise.*

poor poour *s.* peor.

pople *s.* poblo.

por pur pour pro Eide (pro) *präp. für, um — willen, mit inf. um — zu,* por ço que *darum dass, deshalb weil; zuw. im sinne von* par *durch.*

porc (porcum) *m.* II (*pl.* pors) *wildschwein.*

porchacier pourch- (*komp. v.* *captiare) sw.* I *zu erbeuten, zu erlangen suchen; m.* que *betreiben.*

porfendre (*komp. v.* findere) *sw.* III, II (*kj.* 3 porfende) *spalten.*

porpenser purp- (*komp. v.* pensare) *sw.* I *überlegen,* s. p. *bei sich überlegen,* s. p. de ar. *sich etwas ausdenken.*

porpre (purpuram) *m.* II *u. f. purpur.*

porprendre (*komp. v.* prendere) *st.* II *part. pf.* porpris.

porpris (*abl. v.* porprendre) *m. indcl. umfriedigung.*

porquerre pourq- (*komp. v.* quaerere) *st.* II *zu erwerben suchen, suchen.*

porsivre (*prosequere) sw.* III, II (*pr. ind. pl.* 3 porsivent) *verfolgen.*

port (portum) *m.* II *hafen,* les porz *die pässe.*

porte (portam) *f. tor, tür.*

porter (portare) *sw.* I *tragen, bringen,* honor. p. *ehre erweisen.*

portier (*portarium) *m.* II *pförtner.*

posche = puisse *s.* poeir.

poser (pausare) *sw.* I *legen.*

post *lat. präp. nach* Eul.

posterne = posterle (posterulam) *f. kleine ausfalltüre in der befestigten mauer.*

postić (*posticium v.* postem) *hintertür, pförtchen.*

pou *s.* poi.

pöur *s.* peor.

pourfit (profectum) *m.* II *vorteil.*

pourquerre *s.* porq.

pourtraire (*komp. v.* *tragere) *st.* II (*part. f. pl.* pourtraites) *darstellen.*

povérte (pauperta *f.* paupertas) *f. armut, ärmlichkeit.*

poverté (paupertatem) *f. armut.*

povre (pauperem) *adj. arm.*

prael (*dem. v.* pratum — pré) *m.* II *wiese.*

praerie (*abl. v.* pratum) *f. wiese, wiesenland.*

prangiere (*abl. v.* prandium) *f. frühstück.*

pre (pratum) *m.* II *wiese.*

precïos prechïeus (pretiosum) *adj. wertvoll, wert.*

preder preer (praedare) *sw.* I *plündern.*

predïer pretier Jon. (praedicare) *sw.* I *predigen.*

pree (prata) *f. wiese.*

preie proie (praedam) *f. beute.*

preiement (*precamentum) *m.* II *bitte.*

preiier proiier priier (precari) *sw.* I (*pr.* 1 pri, 3 priet, *pf.* 1 priai) *bitten,* pr. a a. de ar. *jem. um etwas bitten.*

premier (primarium) *zw.* (*f.* premiere -ire) *erst, erster.*

premierement -irement (primaria mente) *adv. zuerst.*

prendre prandre (prehendere—prendere) *st.* II (*pr. ind.* 2 prens, 3 prent prend, *kj.* 3 prenge prengne, *pl.* 1 pernum, *imp.* pren, *pl.* prenez prennez pernez, *impf. ind.* prenoie *usw., pf.* 1 pris, 3 prist *prov.* pres, *pl.* 3 prisent *halbprov.* presdrent Leo., *impf. kj. pl.* 3 presissent, *part. pf.* pris *f.* prise prisse, *fut.* 1 prindrai Eide, *kond.* 3 prendreit prenderoit) 1. *nehmen, fassen,*

treffen, gefangen nehmen, p. en
mains *in die hand nehmen.* —
2. *annehmen, empfangen, aufneh-
men.* — 3. *beginnen*, p. a *m. inf.
anfangen zu* ... — 4. *redensarten:*
p. *congié abschied nehmen*, p .con-
seil, parlement *sich beraten*, p.cure,
garde de *sich bekümmern um*, p.
tençon et bataille, la guerre a a.
bekriegen, p. plaid *.vertrag ab-
schliessen.* — 5. *refl.* s'en p. a ar.
sich an etwas halten, s. p. de l'un
a l'autre *von einem zum andern
übergreifen.*

pres (pressum) *adv. in der nähe,
nahebei, nahe, in die nähe*, pres
de *in der nähe von, in der zeit
von, um.*

presence (praesentiam) *f. gegenwart.*

present (*abl. v.* presenter) *m.* II *ge-
schenk.*

present (praesentem) *adj. gegen-
wärtig.*

presenter (praesentare) *sw.* I *vor-
stellen, vor jem. bringen, darbieten.*

presse (*abl. v.* presser *zu* premere)
f. gedränge, gewühl, kampfgewühl.

prest (*praestum *zu* adv.* praesto)
adj. (*r.* prez) *bereit.*

prester (praestare) *sw.* I *gewähren.*

prestre *s.* proveire.

pretier *s.* predïer.

primes -os (primā *sc.* hora + s) *adv.
zuerst, erst, überhaupt.*

prince (principem) *m.* II *fürst.*

pris (pretium) *m. indcl. preis.*

prisier *s.* proisier.

prison (*prensionem) *f. gefangen-
schaft, gefängnis*, tenir l'alaine en
pr. *anhalten.*

privé (privatum) *adj.* — *m.* II *vertraut
— vertrauter.*

pro *s.* por.

prob *s.* prof.

processïon (processionem) *f. feier-
licher aufzug, prozession.*

prochainement (propiana mente) *adv.
alsbald.*

prodome prou- preu- (*prodem homi-
nem) *m.* III (*r.* prozdom -um
preudons -on) *ehrenmann, wackrer
mann.*

proësce = proëce (*proditia, *vgl.*
prot) *f. tapferkeit.*

prof *prov.* prob (prope) *adv. nahe
(auch zeitl.).*

proiier *s.* preiier.

proiiere proiere (*abl. v.* proiier) *f.
. bitte.*

proisier prisier (*pretiare *v.* pretium)
sw. I *schätzen, wertschätzen.*

promesse (promissa) *f. versprechen.*

prophete (prophetam) *m.* I *profet.*

proprement (propria mente) *in ge-
höriger weise.*

proprïeté (proprietatem) *f. eigentum,
besitz.*

prot pru preu (*prode, *vgl.* prodesse)
m. II *nutzen, vorteil, menge, adv.
viel, genug.*

prou preu (*prodem) *adj. wacker,
tapfer.*

provende (praebenda + pro) *f.
pfründe.*

provendier (*abl. v. provende) *m.* II
pfründner, almosenempfänger.

prover (probare) *sw.* I *erweisen.*

provignier (*abl. v.* vinea) *sw.* I *reben
absenken.*

Provins *npr. stadt Provins in der
Champagne* 117.

provoire prou- pruveire (presbyte-
rum < πρεσβύτερον) *m.* III (*r.*
prestre) *priester.*

pucele *s.* pulcele.

pudent (putentem) *part.-adj. riechend.*

puer (porro + foris) *adv. hinweg,
fort.*

pugne (pugnam) *f. kampf.*

pugner *prov.* -ar (pugnare) *sw.* I
kämpfen.

pui (podium) *m.* II *hügel.*

Pui, Le, *npr. m.* II *Le Puy im Vélay*

(Haute-Loire), bischof Adhemar
von L. P. 61.

puïr (putere) sw. II (part. pr. puant)
stinken.

pois pues pois (*postius) adv. später,
nachher, dann, p. que seitdem,
nachdem — präp. seit, nach.

puissance (abl. v. puissant) f. macht,
kraft.

puissant -isant (*possientem) adj.
mächtig.

puissedi (< puis cest di) adv. von
dem tag ab, seitdem.

puiz (pŭteum) m. indcl. brunnen.

pulcele pulcella Eul. (pŭllicellam) f.
mädchen, jungfrau.

pullent (pūtulentum v. pūtere) adj.
stinkend, schmutzig.

pullentie (abl. v. pullent) f. gestank,
schmutz.

pur (pūrum) adj. rein, bloss, nackt,
en purs les cors auf blossem leibe.

purtraire (komp. v. traire < *tragere)
st. II (part. pf. portrait) zeichnen,
bemalen.

put (pūtidum) adj. stinkend, ver-
worfen — f. III pute (obl. putain)
meretrix.

Q

Quaiou (caillou?) npr. Cayeux an
der pik. küste, nördlich v. St. Valéry
(an der Somme) 27.

quanque (quantumque) pron. neutr.
alles was.

quant (quando) 1. adv. interrog.
wann? des q. seit wann? — 2. kjon.
temporal: als, kausal: nun da, da.

quant (quantum) pron. indf. wieviel,
en q. soweit als, sofern, tant ne
q. 58.

quar s. car.

quarante kar- (quadraginta) zw.
vierzig.

quart (quartum) zw. viert.

quartier (quartarium) m. II viertel

quas (quassum od. abl. v. quasser)
m. indcl. fall, sturz.

quas (quassum) adj. gebrochen, er-
schüttert.

quasser (quassare) sw. I zerbrechen,
zerreissen.

quatir (abl. v. coactum zu cogere)
sw. II (pr. 3 quatist) s. q. sich
ducken, schmiegen.

quatorze (quattuordecim) zw. vier-
zehn.

quatre (quattuor) zw. vier.

que qu' qe ke (quem) pron. rel. u.
interr. welcher, welche, welches,
was; im abgekürzten satz = id
quod (faire ke cortoise), aussi que
so etwas wie; im konzessiven satz:
soviel als (que je sache); que —
que teils — teils 94.

que (quam) kjon. (nach kompar.) als,
wie, als dass, que — que während.

qued que qu' ke c' (quid f. quod)
kjon. 1. weil, denn. — 2. dass, damit,
de ço que darüber dass, que ne
ohne dass.

quei quoi (quid) bet. pron. interr.
u. rel. bet. was? por q. weshalb,
wodurch?

quel (qualem) pron. interr. (r. quels
queus) wie beschaffen?, q. que
welcher auch immer.

quens = cuens s. conte.

quer cher (quare betont) kjon. denn;
bei imp. u. opt. doch.

querele (querellam) f. klage, streit.

querre quere querir (quaerere) st. II
(pr. ind. 1 quier, 2 quiers, 3 quiert,
part. querant, impf. 3 queroit, pf.
1 quis, 3 quist, pl. 3 quistrent,
part. quis, fut. pl. 2 querrez, kond.
3 querroit — vgl. acquerre, con-
querre, enquerre, requerre) suchen.

queu (coquum) m. II koch.

queu Leo. s. chief.

qui ki chi (qui) pron. rel. r. sg. u.
pl. m. u. f. welcher, welche; qui
= bedingungssatz mit si.

qui (cui) *pron. rel. obl.* = cui.

quiconque (quicunque) *pron. indf.* *wer immer, jeder der.*

quidier *s.* cuidier.

quil = qui + le.

quinze (quīndecim) *zw. fünfzehn.*

quir *s.* cuir.

quite (quietum) *adj. lediq, frei.*

quoi *s.* quei.

R

rabiter (*komp. v.* habitare) *sw.* I *wieder bewohnen.*

racine (radicinam) *f. wurzel.*

raconter (*recomputare) *sw.* I *erzählen.*

raençon (redemptionem) *f. lösegeld.*

rafreschir (*abl. v. d.* frisk) *sw.* II *erfrischen.*

rage (rabiem) *f. wut, raserei.*

rai (radium) *m.* II *strahl, sonnenstrahl.*

raiier (radiare *v.* radium) *sw.* I *strahlen, rieseln.*

raim rain *prov.* ram (ramum) *m.* II (*r.* rains) *ast, zweig.*

raime (*abl. v.* ramum) *f. gezweig.*

Raimon (*d.* Reginmund) *npr. m.* II *Raimund von Toulouse, graf von St. Gilles* 61.

Rainalt Rayn- (*d.* Raginwald) *npr. m.* II *Rainwald* 1. *geliebter Irmburgs* 43. — 2. *R v. Beauvais, kreuzfahrer* 63.

Rainfroit (*d.* Raginfred) *npr. m.* II *Rainfried, sohn Pippins und der falschen Bertha* 108.

raison raizon raizun raisun reison (rationem) *f. vernunft, verstand, erörterung, rechenschaft, recht, grund, erzählung, rede,* avoir r. *recht haben,* par grant r. *mit völligem recht,* metre a r. *anreden.*

ram *s.* raim.

ramé (*ramatum) *part. - adj. mit zweigen versehen, belaubt.*

ramee (*ramata) *f. gezweige, laube.*

ramener (*komp. v.* minari) *sw.* I (*pr. kj.* 3 ramaint) *zurückführen.*

ramier (*ramarium) *m.* II *gezweig, gehölz, wald.*

randre *s.* rendre.

raneiier ren- (renegare) *sw.* I (*pr. kj.* 3 raneiet Eul., *part. pf.* reneié -oié) *verleugnen, part. pf. abtrünnig, fühllos.*

rangie = rangiee (*abl. v.* renc) *f. reihe.*

rapaiier (*komp. v.* pacare) *sw.* I *wieder beruhigen.*

raseoir (*komp. v.* sedere) *st.* II (*pr. ind.* 3 rasiet) *s. r. sich setzen.*

rasseürer (*abl. v.* securum) *sw.* I *beruhigen.*

Ravenel *npr.* R., *befestigter ort in Kleinasien* 62.

raverdir (*abl. v.* viridis) *sw.* II *wieder grünen.*

ravine (rapinam) *f. raub.*

ravir (*rapire *f.* rapere) *sw.* II *rauben.*

ravoir (re + habere) *st.* III (*pr. ind.* 3 ra, *pf.* 3 reut) *wieder haben,* (*pf.*) *wieder bekommen; seinerseits haben, anhaben (häufig als hilfsverb bei komp. mit* re-).

Raynaut *s.* Rainaut.

realer (*komp. v.* aler) *irreg. verbum* (*pr. ind. pl.* 3 revont) *zurückgehen, wiedergehen.*

recercelé (*abl. v.* circum) *part.-adj. gekräuselt.*

recét (receptum) *m.* II *schlupfwinkel, zufluchtsort.*

rechief (re- + caput) *m.* II de r. *von neuem.*

rechignier (*zu d.* kinan *den mund verziehen*) *sw.* I *zusammenbeissen.*

reciter (recitare) *sw.* I *vortragen.*

reclamer (reclamare) *sw.* I (*pr. ind. pl.* 3 reclaiment) *bekennen, anrufen.*

reclore (re + claudere) *st.* II (*pr. ind. pl.* 2 recloës) *wieder schliessen.*

reçoivre (recipere) *st.* III (*pr. kj.* 3
reçueve, *pf.* 1 recui, 3 reçut, *pl.* 2
recëustes, *fut.* 1 recevrai) *emp-
fangen, aufnehmen.*

recomencier -ancier (*komp. v.* *cumin-
itiare) *sw.* I *wieder von vorn an-
fangen.*

reconforter (*abl. v.* fortis) *sw.* I *trösten,
laben.*

reconoistre -connaistre (recognos-
cere) *st.* III (*pr. kj.* 3 reconoisset,
impf. 2 reconissoies, *pf. pl.* 3 re-
conurent, *part. r.* reconöus) *wieder-
erkennen, anerkennen, seinerseits
erkennen.*

reconter (*komp. v.* computare) *sw.* I
erzählen, darstellen.

recovree (*abl. v.* recovrer) *f. wieder-
gewinn.*

recovrer (recuperare) *sw.* I (*pr. ind.
pl.* 3 recuevrent, *fut.* 3 recoverra)
*wieder erlangen, intr. wieder vor-
dringen.*

recreire (recredere) *st.* III (*part. pr.*
recreant, *pf.* 3 recrut) *nachlassen,
verzagt werden, s. r. nachlassen.*

redembre (redimere) *st.* II (*prov.
pf.* redepns = redenps Pa.) *erlösen.*

redemptïon (redemptionem) *f. er-
lösung.*

redevoir (re + debere) *st.* III (*kond.*
2 redevroies) *wieder müssen* 75.

redire (redicere) *st.* II *wieder, seiner-
seits sagen.*

redoter -douter -duter (*komp. v.*
doter) *sw.* I (*pr. ind.* 1 redut)
fürchten.

ree (*frk.* rata) *f. honigwabe.*

refaire (*refacere) *st.* I (*impf. pl.* 3
refaisoient) *wiederherstellen.*

refermer (refirmare) *sw.* I *neu festigen,
wieder schliessen, · s. r. sich er-
neuern.*

reflamboiier (*abl. v.* flambe < flam-
mulam) *sw.* I *glänzen, leuchten.*

refreidir (*abl. v.* frigidus) *sw.* II
frieren.

refuser (*refusare *v.* refusum - re-
fundere) *sw.* I *ablehnen, zurück-
weisen.*

regart (*abl. v.* reguarder) *m.* II *blick,
vorsicht,* avoir r. de ar. *sich vor
etwas in acht nehmen.*

regenerer (*komp. v.* generare) *sw.* I
wieder erzeugen, gebären.

regeter (*komp. v.* jactare) *sw.* I (*pr.
ind.* 3 regiete) *ausschlagen* (*v.
pferd*).

regiel = reiiel (regalem) *adj. könig-
lich.*

regne (regnum) *m.* II *königreich,
reich.*

regné (regnatum) *m.* II *reich.*

regnier (regnare) *sw.* I (*impf. ind.* 3
regnevet Eul.) *regieren.*

regnum *lat. reich.*

regreter (*got.* grētan) *sw.* I *bedauern,
beklagen, jammern.*

reguarder regarder (*komp. v.* guar-
der) *sw.* I *anschauen, anblicken,
s. r. sich umsehen.*

regurt -ort (*abl. v.* gurgitem?) *m.* II
strudel.

rei roi (regem) *m.* II (*r.* reis rois)
könig.

reialme reaume roiaume (*regalimen)
m. II *königreich, reich, herrschaft.*

reigne = resne (retinam) *f. zügel.*

Reinalt (*d.* Reginald) *npr. m.* II
(*r.* Reinalz) *einer der mörder
Beckets* 32.

reïne roïne (reginam) *f. königin.*

reion (regionem) *m.* II *gegend, reich.*

relenquir (*relinquire *f.* relinquere)
sw. II *verlassen, aufgeben.*

relever (*komp. v.* levare) *sw.* I *wieder
aufrichten, aufziehen* (pont).

reliques (reliquias) *f. pl. reliquien.*

reluire (*komp. v.* lúcere *f.* lucēre)
st. III (*pr. ind.* 3 reluist, *part.*
reluisant) *leuchten, glänzen.*

remanant (*ger. v.* remaneïr) *m.* II *das
übrige, der rest.·*

remaneïr -oir (remanere) *st.* II (*pr.*

ind. 3 remaint, *kj.* 3 remaigñe, *pf.* 1 remes, 3 remest, *part. pf.* remés, *f.* remese, *fut.* 2 remandras, 3 remandrat, *pl.* 2 remaindrez, *kond.* 3 remanroit) *zurückbleiben, bleiben, unterbleiben, aufhören.*

remembrance (*abl. v.* remembrer) *f. erinnerung.*

remembrer -ar -anbrer (*rememorare *zu* memor) *impers. erinnern, gemahnen* (a a. de ar.)*; pers. in erinnerung bringen, sich etwas in erinnerung rufen.* — *subst. m.* II *erinnerung.*

remener (*komp. v.* mener) *sw.* I (*pr. ind.* 2 remeines) *zurückführen.*

remetre (remittere) *st.* II (*pf.* 3 remist, *part.* remis) *wieder hinbringen, stellen.*

remirer (*komp. v.* mirari) *sw.* I *ansehn.*

remuër (remūtare) *sw.* I *verändern, bewegen, wegziehen; sich verändern.*

Renart (Reginhard) *npr. m.* II *Reinhart, name des fuchses* 94 ff.

renc (*frk.* riŋg) *m.* II (*r.* rens) *reihe.*

Rencesvals *s.* Roncesvals.

rendre randre (reddere) *sw.* III, II (*pr. kj.* 3 rende, *pf.* 3 rendi, *impf. kj. pl.* 3 rendissent, *part. pf.* rendu, *f.* rendue, *fut.* 3 rendera) *zurückgeben, wiedergeben,* s. r. *sich ergeben,* s. r. moines *mönch werden,* r. gratia, reison, son droit a a. *beweisen, ablegen, widerfahren lassen.*

reneiier *s.* ranoiier.

Renier (Raginhari) *npr. m.* II de Genes *Rainer v. Genf (Genua)* 56.

renom -on (*abl. v.* renomer < *renominare) *m.* II *ruf, berühmtheit.*

renomee (*abl. v.* renomer) *f. ruf, gerücht (auch personif.), berühmtheit.*

rentrer (*komp. v.* entrer) *sw.* I *wieder zurückkommen.*

renverser (*komp. v.* enverser) *sw.* I *umkehren.*

repaidrier -airier -erier (repatriare) *sw.* I *zurückkehren.*

reparoir (*reparere) *sw. ui-pf.* (*pf.* 3 reparut) *abermals erscheinen.*

reparlance (*abl. v.* reparler < re- + parabolare) *f. nachrede, ruf.*

repauser *s.* reposer.

repentir (*paenitire *zu* paenitet) *sw.* II *bereuen,* s'en r. *etwas bereuen.*

reploiier (replicare) *sw.* I *wiederholt krümmen, biegen.*

repos (*abl. v.* reposer) *m. indcl. ruhe.*

reposer -pauser (repausare) *sw.* I *ausruhen, ruhen, sich ausruhen,* s. r. *dasselbe.*

reprendre (reprendere) *st.* II (*pr. ind.* 3 reprent, *pf.* 3 reprist, *part.* repris) *wiedernehmen, tadeln.*

representer (repraesentare) *sw.* I *vorstellen, vor augen führen.*

reprouche (*abl. v.* reprochier < repropiare) *m.* II *tadel.*

reprover (*reprobare) *sw.* I *vorwerfen.*

reprovier (*reprobarium) *m.* II *vorwurf.*

requei (re + quietum) *m.* II *zurückgezogenheit, ruhe.*

requerre (*komp. v.* quaerere) *st.* II (*pr. ind.* 1 requier, *part. pf. f.* requise, *fut. pl.* 1 requerrom) *verlangen, begehren.*

requeste (*requaesitam) *f. bitte.*

res (rasum) *m. u. f. indcl. glatt gestrichenes mass, bündel.*

rescorre (*reexcutere) *sw. ui-pf. zurückziehen, befreien* (de).

resemondre (*komp. v.* semondre) *st.* II *von neuem ermahnen.*

resjoïr (*komp. v.* joïr < gaudere) *sw.* II s. r. *sich erfreuen.*

resognier (*komp. v.* soignier *zu* *sonium) *sw.* I *fürchten.*

resort (*abl. v.* ressortir *zu* sortiri) *m.* II *hilfe, mittel.*

respandre (*komp. v.* pandere) *sw.* III, II *ausbreiten, verspritzen.*

respit (respectum) *m.* II *aufschub.*

resplendeir (resplendere) *sw.* III, II (*pr. ind.* 3 resplent) *leuchten, glänzen.*

respondre (*respóndere f.* respondēre) *sw.* III, II (*pr. ind.* 3 respunt, *pf.* 3 respondiet respondi, *fut. pl.* 3 respondront) *antworten.*

ressembler (*komp. v.* simulare) *sw.* I *gleichen, ähnlich sein (m. acc.).*

rester (re — stare) *st.* III (*pf.* 3 restut) *stehen bleiben.*

restraindre (restringere) *st.* II *anziehen, enger schnallen.*

restre (re + *essere) *irreg. verbum wieder sein, andrerseits sein* 130.

resveillier (*komp. v.* vigilare) *sw.* I *erwachen — m.* II *das erwachen.*

retarder (*abl. v.* tart) *sw.* I *verzögern, hindern.*

retenir (retinere -ire) *st.* III—I (*part. pf.* retenu *r.* -uz) *zurückhalten, gefangen halten.*

reter (reputare) *sw.* I *anklagen.*

retor (*abl. v.* retorner) *m.* II *umkehr, heilung.*

retorner returnar Eide (*komp. v.* torner) *sw.* I (*pr. kj.* 3 retort) *abwendig machen, sich zurückwenden, umkehren, zurückfallen, wiederkehren.*

retraire -eire (*komp. v.* *tragere) *st.* II (*pr. ind.* 3 retrait, *fut.* 1 retreirai, *part. pf. f.* retraite) *zurückziehen, zurückholen, erzählen, r. a a. sich zu jem. wenden, s. r. sich zurückziehen.*

retrait (retractum) *m.* II *zuflucht; erzählung.*

retrover (*komp. v.* trover) *sw.* I (*pr. ind. pl.* 3 retruevent) *seinerseits finden.*

reüser (*refusare) *sw.* I *zurückweichen.*

revenir (revenire) *st.* I—III (*pr. ind.*

ī revienc, 3 revient, *pl.* 3 reviennent, *kj.* 3 reviegne, *pf.* 1 reving, 3 revint, *pl.* 3 revindrent, *fut.* 1 revendrai, 3 revenra, *kond.* 1 revandroie, *part. pf. r.* revenus) *zurückkehren, seinerseits kommen, s'en r. sich zurückziehen, r. en saison wieder jahreszeit werden.*

revengier (*revindicare) *sw.* I *genugtuung nehmen, sich rächen.*

reverser (*komp. v.* versari -e) *sw.* I *umkehren, abziehen.*

revertir (revertere) *sw.* II *zurückkehren.*

revestir (revestire) *sw.* II (*pr. kj.* 3 reveste) *wieder anziehen, von neuem, abermals bekleiden, s. r. sich von neuem ausstatten.*

revivre (revivere f. reviviscere) *sw.* III, II *wieder lebendig werden.*

ribaude (*abl. v. d.* brība) *f. liederliches frauenzimmer.*

ribaudie (*abl. v.* ribaude) *f. liederlichkeit.*

ribaut (*zu* ribaude) *m.* II *wollüstling.*

Richart (*g.* Rîkhart) *npr. m.* II *Richard von der Normandie* 29, 64.

riche (*riccium zu d.* rîchi *reich*) *adj. reich, mächtig, prächtig.*

richece -esce (*abl. v.* riche) *f. reichtum.*

rien riens (rem) *f. etwas, wesen, geschöpf,* sor tote r. *überaus gut, mit* ne *nichts.*

rigolage (*zu* rigoler, et. unbek.) *m.* II *vergnügen, spott.*

rimaier = rimeier (*abl. v.* rime) *sw.* I *reimen, in reime bringen.*

rime (rhythmum < ῥυϑμόν) *f. verszeile, reim, gedicht.*

rimer (*abl. v.* rime) *sw.* I *reimen.*

riote (*d.* rīban *reiben*) *f. zwist, streit.*

rire (*ridĕre f.* ridēre) *st.* II (*part. pr.* riant) *lachen.*

rivage (*abl. v.* ripa) *m.* II *flussufer.*

river *sw.* I *festmachen, glattmachen.*

rivere = riviere (riparia) *f. fluss.*

robe (*g.* rauba *raub*) *f. kleid, kleidung.*

Robechon (*dem. v.* Robert) *npr. m.* II *Robertchen* 131.

rober (*g.* raubôn) *sw.* I *rauben, plündern.*

Robert (*d.* Rōdbërt) *npr. m.* II *Robert* 1. R. le Frison *R. der Friese* 61. — 2. *R.*, *ein ankläger des priesters im Test. de l'asne* 111.

Robichonet (*dem. v.* Robert) *npr. m.* II *R., liebhaber der frau des Jaloux* 129.

Robin (*abl. v.* Robert) *npr. m.* II *Robert, hirt* 131 ff.

roche (*roccam) *f. fels.*

roële (*rotellam) *f. rädchen, ein zeugmuster.*

Roëm (Rotomagum) *npr. Rouen in der Normandie* 29.

roge rou- ru- (rubeum) *adj.* rot, la Roge Mer 47, la Croiz Roge 85.

Rohais *npr. stadt Edessa in Kleinasien* 46, 82.

roi (regem) *s.* rei.

roi (*g., vgl. got.* rēdan *ordnen*) *m.* II *ordnung,* ne savoir son r. *nicht wissen was zu tun.*

roidement (*adv. v.* roit) *stark, heftig.*

roïne = rëine.

roit (rigidum) *adj.* (*f.* roide) *stark, jäh, fest.*

Rollant (*d.* Hrôdlant) *npr. m.* II *Roland, der held der Roncevalschlacht* 27, 48 ff., 56.

romanz rommans (romanice) *adv. — adj. romanisch — m. indcl.* roman. *sprache, dichtwerk in* roman. *sprache.*

Rome (Romam) *npr. f. Rom.*

Roncesvals Ren- (Runcias valles) *npr. f. pl. Ronceval* 56.

roncin (*d.* ross?) *m.* II *lastpferd.*

ronpre (rumpere) *sw.* III, II (*part. pf.* rot) *zerbrechen, zertreten.*

roont (rotundum) *adj. rund.*

ros (russum) *adj. rot, braungelb.*

rose (rosam) *f. rose.*

rosier (rosarium) *m.* II *rosenstrauch.*

rossignol (lusciniolam -um) *m.* II .(*r.* rossignoz -os) *nachtigall.*

rossignolet (*dem. v.* rossignol) *m.* II *nachtigall* (*vgl.* lorseilnol).

rostir (raustjan) *sw.* II *rösten, part.* rosti *braun gebrannt.*

rotrüenge (*et. ZrP.* 18, 282) *f. rotrouenge* (*gattung des liebesliedes*).

rouge *s.* roge.

rougoiier (*abl. v.* rouge) *sw.* I (*pr. ind.* 3 rougie) *rot werden.*

rousee (*abl. v.* ros) *f. tau.*

rover (rogare) *sw.* I (*plqpf.* 3 roveret Eul.) *bitten, anrufen, befehlen.*

rubin (*abl. v.* ruber) *m.* II (*r.* rubiz) *rubin.*

rue (rūgam) *f. strasse.*

ruër (rüere - rūtum - *rūtare) *sw.* I *werfen.*

ruiste (rusticum) *adj. stark, wild.*

Rustebuef Rutebuef *npr. m.* II (*r.* Rutebues) *Rutebeuf, dichter* 112.

rute = rote (rŭptam) *f. weg.*

S

s' = 1. sa *pron. poss. f.* — 2. se *pron. poss. f.* (*pik.*) — 3. se = ce. — 4. si.

sa (suam) *pron. poss.* 3. *pers. f.* (*pl.* ses) *seine, ihre.*

sabloner (*abl. v.* sabulonem — sablon) *m.* II *sandplatz.*

sac (σάκκος) *m.* II (*pl.* sas) *sack.*

sachier (saccare *zu* σάκκος) *sw.* I *ziehen, reissen, herausziehen.*

sacrer (sacrare) *sw.* I *weihen.*

sacrifïer (sacrificare) *sw.* I *opfern.*

saderala don *interj.* (*als kehrreim im tanzlied*).

safre (*got.* safareis) *adj. geil, lüstern.*

sage (*sabium *f.* sapidum) *adj. klug.*

sagrament Eide sairement (sacramentum) *m.* II *eid, schwur.*

saignier sain- seign- (*sanguinare) *sw.* I *bluten.*

saillir sailir sall- (salire - salio) *sw.* II
(*pr. ind.* 3 saut, *pl.* 3 saillent,
sallent, *pf. pl.* 3 sailirent) *springen,
aufspringen, sausen.*

sain (sanum) *adj. ɟesund.*

sain (sinum) *s.* sein.

Saine = Seine (Sequanam) *npr. f.
Seinefluss* 127.

sainier *s.* saignier.

saint seint (sanctum) *adj. heilig.* —
Heiligennamen mit Saint: St. Amant
(Amandum) *m.* II *hl. Amandus*
58 — St. Denis -ise (Dionysium)
m. II *ort St. Denis bei Paris* 54,
105 — St. Esperit *m.* II (*r.* Esperiz
-is) *hl. Geist* 102 — St. Estiefne
m. III, Il *hl. Stephan* 66 — St.
Gille (Egidium) *m.* II *ort St. Gilles
in Südfrankreich* 61 — St. Jehan
(Johannem) *m.* II, la St. Jehan
Johannisfest 106 — Ste. Marie
(Mariam) *f. Jungfrau Maria* 33,
100 ff. — St. Martin (Martinum), la
St. M. *Martinstag* 116 — St. Piere
Pere (Petrum) *hl. Petrus* 59, 62, 75
— St. Pol (Paulum) *m.* II *hl. Paul*
59, 104 — St. Remi (Remigium)
m. II, la St. Remi *Remigiustag* 111
— Ste. Sophie (Sophiam < Σοφίαν)
f., la S. S. *Sophienkirche in Kon-
stantinopel* 119 — Ste. Trinité (Tri-
nitatem) *f.,* abeïe de S. T. *Drei-
faltigkeitsabtei in Caen* 66.

saintisme seintime -inme sentime
adj. (sanctissimum) *hochheilig.*

sairement *s.* sagrament.

saisir sessir (*ahd.* sazjan) *sw.* II *in
besitz nehmen,* s. s. de ar. *das-
selbe* 58.

saison (sationem *v.* satum — serere)
f. jahreszeit.

saive (*sabium *f.* sapidum) *adj. weise.*

sale (*frk.* săla) *f. saal.*

salf sauf (salvum) *adj.* (*r.* sals saus)
heil, unversehrt.

saluer (salutare) *sw.* I *grüssen.*

salvacïon (salvationem) *f. rettung,
heil; boot* 119.

salvage sauv- (silvaticum) *adj. wild,
ungezähmt.*

salvament Eide (salvamentum) *m.* II
heil.

salver -ar (salvare) *sw.* I (*pr. kj.*
3 saut, *fut.* 1 salvarai Eide) *er-
lösen, unterstützen, helfen.*

samis (*mtlgr.* ἐξάμιτος) *m. indcl.
samt.*

san *s.* sen sens, sans sams *s.* sens.

sanc (sanguem) *m.* II *blut.*

sangler -ier (singulare) *m.* II *eber,
wildeber.*

Sanguin (*arab.* Zenghi). *npr. m.* II
Zenghi, la gent S. *das Sarazenen-
volk* 46.

sanlanche *pik.* = semblance.

sanmedi (Sabbatis diem) *m.* II *sams-
tag, sonnabend.*

sant *prov.* = saint.

santé (sanitatem) *f. gesundheit.*

santier (*abl. v.* semita) *m.* II *pfad.*

saoul (*satullum *v.* satur) *adj. ge-
sättigt.*

sarmun *s.* sermon.

Sarrazin (Sarracenum) *m.* II *Sarazene.*

Satan *npr. m.* II *Satan* 31.

sauf = salf.

sauge (salviam) *f. salbei.*

saume (psalmum) *m. u. f.* 62 *psalm.*

saut (saltum) *m.* II *sprung.*

sautier (psalterium) *m.* II *psalter.*

Savari *npr. m.* II *S., ein mönch* 105.

saveir -oir (*sapēre *f.* sapēre) *st.* III
(*pr. ind.* 1 sai, 2 sez, 3 set seit soit
105, *pl.* 1 savon, 3 sevent sevient,
kj. 1 sache, 2 saches, 3 sachet -e,
pl. 3 sachent, *imp. pl.* sachiez -iés
saciez -iés, *part.* sachant, *impf.
ind.* 1 savoie, 3 savoit, *pf.* 1 soi,
3 sout sot, *pl.* 1 sëumes, 3 sourent
sorent, *impf. kj.* 1 sëusce, 2 sëusses,
3 sëust söust, *pl.* 3 sëussent, *part.
pf.* sëu, *fut.* 2 savras, 3 savrat -à
saura, *pl.* 2 savrez, *kond.* 3 saroit)

wissen, (*pf., fut.*) *erfahren,* s. a. en
a. lieu 21, *mit inf. verstehen, part.*
sachant *wissend, gelehrt, klug.* —
inf. subst. saveir savir Eide, savier
Leo. *m.* II *das wissen, pl.* kennt-
nisse.

savor -our (saporem) *f. geschmack.*

savoros -eus (*abl. v.* saporem) *adj.
schmackhaft, angenehm.*

se s' (sē) *unbet. pron. refl. sich.*

se (*pik.*) s' = sa (suam) *pron. poss.*
3. *p. f. seine, ihre.*

se sed si (si) *kjon. wenn, mit konj.
so wahr als,* se — ne *wenn nicht,
ausser wenn,* se — non *wenn nicht,
ausser, nur; ob.*

sebelin (*v. russ.* sobolĭ — *mlat.* sa-
bellum) *m.* II *zobel, zobelpelz.*

sec (siccum) *adj.* (*pl.* ses, *f.* seche)
trocken, baar.

secont = segont.

secorcier (*komp. v.* *corticare, *vgl.*
escorchier) *sw.* I *aufstülpen.*

secorre (succurrere) *sw. ui-pf.* (*pr.
ind.* 3 secort, *kj.* 3 secore -oure,
imp. pl. secorés, *fut. pl.* 3 secorront)
zu hilfe eilen, helfen.

secors sucurs (*succursum) *m. indcl.
beistand, hilfe.*

seculer (saecularem) *adj. weltlich.*

sed *s.* se (si).

sedeir seeir -oir (sedere) *st.* II (*pr.
ind.* 3 siet, *pl.* 3 sieent, *part.* se-
dant, *pl.* seanz, *impf. ind.* 3 seoit,
pl. 3 seoient, *pf.* 3 sist, *pl.* 3 sistrent
sisent, *impf. kj.* 3 sëist) *sitzen, an-
stehen, passen,* s. s. *sich setzen.*

segnier saign- (signare) *sw.* I *zeichnen,
segnen.*

seignier = saignier *s. dieses.*

segont secont (secundam) *adj.-zw.
zweit.*

sei soi (se) *bet. pron. refl. sich.*

seignor segnor (seniorem) *m.* III (*r.*
sendra Eide sire) *herr.*

seignori (*abl. v.* seignor) *adj. herr-
lich, hervorragend.*

seignorie saign- (*abl. v.* seignor) *.f.
herrschaft, herrlichkeit.*

sein sain (sinum) *m.* II *busen.*

seint *s.* saint.

seintefïer (sanctificare) *sw.* I *heiligen,
weihen.*

seissante soiss- (sexaginta) *zw. sechzig.*

sel (sal) *m.* II *salz.*

sele (sellam) *f. sattel.*

selonc selon (secundum + longum)
solonc (+ sub) *präp. entlang, vor-
bei an, gemäss.*

sem = se + me.

semblance sanlanche (*abl. v.* simu-
lare) *f. aussehen, meinung.*

semblant sen- sam- (simulandum)
m. II *schein, anschein, art und
weise,* faire grant s. que *sich gar
sehr den anschein geben.*

sembler sen- san- (simulare) *sw.* I
scheinen, mort semblant *scheintot,*
s. a. *jem.-m gleichen,* s. de *m. inf.
scheinen etwas zu tun.*

semeine = semaine (*septimanam)
f. woche.

semer (seminare) *sw.* I *säen.*

semondre *s.* somondre.

sempre -es senpres (semper) *adv.
immer* Eul., *sogleich.*

sen (*d.* sin) *s.* sens.

sen (*pik.*) = son (suum) *unbet. pron.
poss.* 3. *p. obl. m. sein, ihr.*

sendra *s.* seignor.

senefïance (*abl. v.* significare) *f. be-
deutung.*

senefïer signefïer (significare) *sw.* I
bedeuten.

seneschal (*d.* siniskalk) *m.* II (*r.*
seneschaus) *seneschall.*

senestre (sinistrum) *adj. link,* sor s.
nach links.

senestrier (*sinistrarium) *adj. link.*

senglotir (*abl. v.* senglot *zu* *singul-
tare) *sw.* II *schluchzen.*

sens senz sen (sensum — *d.* sin) *m.
indcl. od. m.* II *verstand, klugheit,
sinn, richtung* (en toz sens).

sens sans sanz (sine + s) *präp. ohne,*
ausgenommen.

sentir santir (sentire) *sw.* II (*pr. ind.* 3
seat sant, *pf.* 3 senti) *fühlen,*
empfinden, merken, s. s. *mit adj.*
sich … fühlen, s'en s. *es spüren.*

senz *s.* sens.

seoir *s.* sedeir.

seraine (*sirenam *f.* sirenem) *f. sirene.*

serein -ain (serenum) *adj. heiter,*
. *hell.*

serf (servum) *m.* II — *adj.* (*r.* sers)
sklave, diener — sklavisch.

seri (*abl. v.* aserir *zu* sera) *adj. ruhig,*
heiter.

serin (serenum + -īnum) *adj. heiter.*

serjant (servientem) *m.* II *diener,*
knappe.

sermon sarmun (sermonem) *m.* II
predigt, rede.

seror seur (sororem) *f.* III (*r.* suer)
schwester (*auch als anrede an*
frau od. geliebte 23).

serpent -ant (serpentem) *m.* II
schlange, drache.

serrer (*serrare *f.* serare) *sw.* I *zu-*
sammendrängen.

servir -ier Leo. (servire) *sw.* II (*pr.*
ind. 3 sert, *pl.* 2 servez, *kj.* 3 serve
sierve, *pf.* 3 siervi 108) *dienen,*
bedienen, mit dienst ehren.

servise -ice (servitium) *m.* II *dienst,*
Gottesdienst, minnedienst.

ses ces (suus -os) *unbet. pron. poss.* 3.
p. sg. im r. sg. u. obl. pl. seine, ihre.

ses = se (si) + les.

set (septem) *zw. sieben.*

setueille (septem + oculos — *nfr.*
septœil -œille) *f. neunauge, eine*
lampretenart.

sëu . (sabūcum) *m.* II (*r.* sëuz)
hollunder.

seule siecle (saeculum) *m.* II *welt.*

sëur (securum) *adj. sicher,* a s. *im*
sichern, sicher.

seur *s.* seror.

sëurement (secura mente) *adv. sicher,*
gewiss.

seus seul *s.* sol.

sevals (sic vel + s?) *adv. wenigstens.*

sevrer (*seperare) *sw.* I *trennen,*
scheiden.

sez (satis) 1. *adv. genug.* — 2. *m.*
. *indcl. das genügen, gefallen.*

si (sui) *unbet. pron. poss.* 3. *p. im*
r. pl. seine, ihre.

si s' (sic) *adv. so, in dieser weise,*
und, und doch (*auch zur einleitung*
eines hauptsatzes, auch et si), *bis,*
bis dass 39; si — que (ke) *so —*
als, si grant con, *so gross wie;* si
com *so wie, sobald als,* et si *m.*
konj. selbst wenn.

siecle *s.* seule.

siege (*sedium?) *m.* II *belagerung.*

sierve = serve (servam) *f. dienerin.*

signe (sīgnum) *m.* II *zeichen.*

signefïance (*abl. v.* signefïer) *f. be-*
deutung.

signefïer *s.* senefïer.

silence (silentium) *m.* II *schweigen.*

simple (simplum) *adj. einfach.*

simplement (*adv. zu* simple) *in ein-*
facher art.

Sinagos = Sinagons *npr. m. Sinagon,*
ein heidenfürst 56.

Sinaï *npr. indcl.* munt de S. *berg*
Sinai 47.

sire (senior, *kurzform*) *m.* III (*obl.*
sieur, *vgl.* seigneur) *herr (bes. in*
der anrede).

sis (sex) *zw. sechs.*

sis 1. = ses (suus — suos) *im norm.*
u. anglon. — 2. = si les.

sit 1. = si te. — 2. = seit *s.* estre.

sivre siure (*sequere *f.* sequi) *st.* III, II
(*pr. ind.* 3 sieut, *pl.* 3 siwent,
part. sevant siwant, *pf.* 3 seguit,
fut. 1 sivrai) *folgen.*

sobre *prov.* = sovre.

Socratés (Σωκράτης) *npr. m. indcl.*
Socrates 97.

soë soue souve Eul. (suam) *bet. pron. poss. 3. p. sg. f. (m. suen) seinig, ihrig.*

soëf souef (suave) *adv. ruhig, sanft.*

sofraindre (sub + frangere) *st. II (pr. kj. 3 sofraigne, part. pf. f. sofraite) gebrechen, fehlen.*

sofrir soff- suf- suff- (sufferre -errire) *sw. II (pr. ind. 1 soufre suffre, 3 sofre souffre, imp. pl. suffrez, pf. 3 sofri soffri suffrit, pl. 3 soffrirent, part. sofert, fut. 3 soferra, pl. 2 soferreiz) erleiden, dulden, zulassen.*

soi = soif (sitim) *f. durst.*

soie (setam) *f. seide.*

soillier (*suculare) *sw. I beschmutzen, verunehren.*

soing (*sonium f. senium) *m. II sorge.*

soir (serum) *m. II abend.*

sol (solidum) *s.* sou.

sol seul (solum) *adj.* (r. sous seuls seus, *f.* sole) *allein, einzig, un* s. petit *nur ein wenig.*

solaz (solatium) *m. indcl. trost, kurzweil.*

soleil (*soliculum v. sol) *m. II* (r. solleiz solauz) *sonne.*

soleir souloir (solere) *def. verb.* (pr. ind. 3 soelt, impf. 1 soulôie, 3 soleit sou-, pl. 2 solïez) *pflegen, mit inf.* = *immer, stets.*

solement (sola mente) *adv. allein, nur.*

someil -el (somniculum) *m. II schlaf.*

somier (abl. v. sagma < σάγμα) *m. II lasttier.*

somondre sem- (submonēre -mónere) *sw. ui-pf.* (pr. ind. pl. 1 semonons, part. pf. somont r. semons) *auffordern, ermahnen.*

son (sonum) *m. II klang, gesang, lied.*

son (summum) *m. II spitze, en* s. *oben in, auf.*

son som pik. sen (suum) *unbet. pron.*

poss. 3. p. im obl. m. (r. ses sis, f. sa — ses) *sein, ihr.*

songe (somnium) *m. II traum.*

sonner (sonare) *sw. I ertönen lassen, sprechen (mot).*

sor (d. saur, mhd. sôr dürr) *adj. fuchsenfarbig, goldgelb.*

sorcil (supra + cilium) *m. II* (pl. sorciz) *augenbrauen.*

sorcot (g. *kotta, asächs. kot, + supra) *m. II überkleid.*

sorcuidié (part. v. sorcuidier < *supracogitare) *adj.* (r. sorcuidiez, f. sorcuidiee) *unüberlegt, übermütig.*

sordeis (sordidius) 1. *adv. schlechter.* — 2. *m. indcl. schande, hohn.*

sore sor *s.* sovre.

sormener (*supraminari -e) *sw. I schlecht behandeln.*

sos *prov.* = suons suens.

sospirer sou- (suspirare) *sw. I seufzen.*

sosrire (subtus + *rídere) *st. II* (pf. 3 sosrit) *lächeln.*

sostenir (sustinere -ire) *st. III* (pf. 3 halbprov. susting Leo., part. f. sostenue, kond. 3 sostendreiet Eul.) *aushalten, ertragen, tragen.*

sot (et. unbek.) *adj.* (f. sote) *dumm, einfältig.*

sotraire (*subtragere f. -trahere) *st. II* (part. pf. sotrait) *entziehen,* s. s. *sich entziehen.*

sou (solidum) *m. II sou (münze* = 12 denare, vgl. 57).

soudoier (*solidicarium) *m. II söldner, krieger.*

soudre (solvere) *sw. ui-pf.* (pr. ind. pl. 3 solent) *zahlen, einlösen.*

souffachier *sw. I lupfen, aufheben.*

soulet (dem. v. solum) *adj. ganz allein.*

souper (abl. v. g. suppa) *subst. inf. m. II abendessen.*

souslever (subtus + levare) *sw. I aufheben, bauschen.*

souspeçon (*suspectionem) *f. verdacht,* estre en s. *im zweifel sein.*

soutil (subtilem) *adj. fein, schwierig, entlegen.*

soutillier (*subtiliare) *sw.* I *fein ausarbeiten.*

souve soue *s.* soë.

sovenir (subvenire) *st.* I—III (*pr. kj.* 3 soviegne -veigne, *pf.* 3 sovint) *impers. erinnern, gemahnen.*

sovent suv- (subinde) *adv. oft. — adj.* suventes feiz *oftmals.*

soventre (sequente — *sequentre) *adv. — präp. darnach — nach.*

sovïer = soviner (*supinare) *sw.* I *niederwerfen.*

sovre sore sor sour seur (supra) *präp.* 1. (*wo?*) *auf, an, bei, hinter, über, mehr als. —* 2. (*wohin?*) *auf.*

soz souz sous (subtus) *präp. unter.*

sozprendre suz- sos-· sons- (subtus + prendere) *st.* II (*pf.* 3 susprist, *part. pf.* sospris sous-) *überraschen, überwältigen.*

spede, sperance, spose *s.* esp-.

spiritel -iel (spiritualem) *adj. geistig.*

Spiritum *lat.* (*Hl.*) *Geist.*

sua *prov.* = soë.

suaire (sudarium) *m.* II *schweisstuch, leichentuch.*

sucurs *s.* secors.

sudniant (subducentem) *m.* II *verräter.*

suer *s.* seror.

süer (sūdare) *sw.* I *schwitzen.*

suffraite (*abl. v.* sufraindre sofr-) *f. fehlen, mangel.*

suon Eul. suen (suum) *bet. pron. poss.* 3. *p. im obl. sg. m.* (*pl.* suons, *f.* soë = soës) *sein, seinig.*

Surie (Syriam) *npr. f. Syrien* 79.

Sursac (Isaac) *npr. m.* II *kaiser Isaac v. Konstantinopel* 117, 119.

sus (sursum) *adv. oben, hinauf,* en s. *oben — präp. auf.*

susciter (suscitare) *sw.* I *auferwecken.*

suspendre (suspendere) *sw.* III, II *vom amte entheben.*

suverain (superaneum) *adj. oben befindlich,* mund s. *oberwelt.*

T

t' = 1. te. — 2. ta.

ta (tuam) *unbet. pron. poss.* 2. *p. sg. im sg. f.* (*pl.* tes) *dein.*

taberne (tabernam) *f. schenke.*

table (tabulam) *f. tafel, tisch.*

Tafur *npr. m.* II *Tafur, führer des landstreicherkorps im ersten kreuzzug* 64.

tai (*frk.* tahhi) *m.* II *schlamm.*

taien (ataviam) *f.* III (*r.* taie) *grossmutter.*

taille (*abl. v.* taillier *zu* talea *stäbchen*) *f. steuer* 72; *gestalt.*

taint = teint *s.* teindre.

taisir taire (tácere *f.* tacēre) *st.* III (*pr. ind.* 3 test, *imp. pl.* taisiez, *fut.* 3 taira) *schweigen,* s. t., s'en t. *dasselbe.*

talent -ant (talentum < *gr.* ταλαντον) *m.* II *neigung, wunsch,* avoir t. de ar. *seine lust an etw. haben.*

Tamelerie, Le, *npr. f.* ort T. *in Syrien* 63.

tançon (*tentionem *zu* tendere) *f. streit.*

Tangré (*g.* Thankrad) *npr. m.* II *Tankred, norm. ritter, teilnehmer am ersten kreuzzug* 61.

tanpeste (tampesta *f.* tempestas) *f. unwetter.*

tant *prov.* tan tam (tantum) *adj. pron.* (*f.* tante) *so viel, so mancher,* cent tans *hundertfach,* t. ne quant 58.

tant (tantum) *adv. so sehr, so lange,* tant com *so sehr als, soviel als, so lange als,* tant que *so sehr dass, so lange bis,* tant que *m. kj. so sehr, wenn auch.*

tante = tente (v. tenter < tentare *versuchen*) *f. bündel.*

tantost (tant + tost) adv. alsbald.

taper (d. tappen zu tappe hand) sw. I betasten.

tapir (d. tappjan) sw. II verbergen.

tarder (tardare) sw. I zögern, impers. tarde a a. de es verlangt jemanden nach.

targe (an. targa) f. schild.

targier -jier (*tardicare) sw. I zögern, molt t. spät kommen.

tart (tarde) adv. spät.

tasel tassel (*tassellum f. tessellam) m. II mantelschliesse.

taster (*taxitare) sw. I versuchen.

te t' encl. t 7 (tē) unbet. pron. pers. 2. p. sg. dich.

tei toi (tē) bet. pron. 2. p. sg. dich.

teindre (tingere) st. II (part. pf. teint) färben, verfärben.

tel teil (talem) adj.-pron. (r. tels teus tes) so beschaffen, solch, tel com, con so besch. wie, teus qui derjenige welcher.

telement (tali mente) adv. derart, so weit.

temple (templum) m. II tempel.

tenant (tenentem) m. II herrscher.

tenceresse (abl. v. tencier < *tentiare) f. zänkerin, streitsüchtig.

tencier (*tentiare) sw. I zanken, schelten.

tendre (tendere). sw. III, II (pf. 3 tendit) strecken, sich spannen, dehnen.

tendre (tenerum) adj. zart.

tendrement adv. zart, leise.

tendror (abl. v. tener) f. zärtlichkeit, rührung.

Tenedon npr. insel Tenedos 67.

tenir (*tenire f. tenere) st. III (pr. ind. 1 tieng, 3 tient, pl. 3 tiennent, kj. 3 tiegne tiengne, pl. 2 taignoiz, imp. tien, impf. ind. tenoit -et 102, pf. 1 ting, 3 tint ting Leo., pl. 1 tenimes, 3 tindrent, impf. kj. 3 tenist, part. pf. f. tenue, fut. 3 tendra, kond. 1 tendroie tand-,

3 tendroit tenroit tanroit) 1. halten, in der hand haben, festhalten, behalten, beherrschen, maison t. hausen, t. terre de a. von jem. land zu lehen haben, t. silence schweigen. — 2. mit obj. u. a halten für: t. a feste, gab, mal, merveille; mit obj. u. präd.-nomen: t. chier wert halten. — 3. intrans.: t. de a. von jem. abhängen, imp. tien nimm, schau, da! — 4. refl. s. t. de ar. (od. inf.) sich ent-. halten, s. t. a a. sich an jem. halten, s. t. al millor, por fol, sage, recreant sich für den besten, für töricht, klug, verzagt halten, töricht, klug handeln, töricht, klug, verzagt sein. — 5. impers. tient a ar. er hängt an etwas, tint a pou que ne beinahe.

tenprer = temprer (temperare) sw. I mischen, härten.

tens -z temps tans tiemps Leo. (tempus) m. indcl. zeit, unwetter.

tente (tentam v. tendere) f. zelt.

terdre (tergere) st. II abwischen.

terme termine (terminum) m. II zeitgrenze, zeit, festgesetzte zeit.

terre prov. -a (terram) f. erde, boden, lei de t. weltliches gesetz.

tertre (*termitem = terminum) m. II hügel.

tes 1. (tuus tuos) unbet. pron. poss. 2. p. sg. im r. sg. m. u. obl. pl. (obl. sg. ton, r. pl. ti) dein. — 2. = tels s. tel.

tesmoignier (*testimoniare) sw. I bezeugen.

testament (testamentum) m. II letzter wille, testament.

teste (testam) f. kopf.

teteron (zu d. titta zitze) m. II brustwarze.

Theofrates (Θεόφραστος) npr. m. II Theophrast 129.

Thomas Tomas npr. m. indcl. Thomas Becket 31 ff.

Tierri (*g.* Theodrik) de Termes *npr.*
m. II *Dietrich v. Termes, fränk.*
krieger 27.

tierz (tertium) *zw. dritt, dritter, f.*
tierce (*sc.* ore-hora) *dritte stunde*
= *9 uhr vormittags.*

tirer (*tirare — *zu* ags. teran, got.
taíran?) *sw.* I *ziehen.*

tistre (texere) *sw.* III, II (*pr. ind.*
1 tis) *weben.*

to·ton *prov. pron. poss. dein.*

toaille (*d.* twahlia *quehle, zwehle*)
f. tuch.

tochier (*d.* tukkan *zucken*) *sw.* I
berühren, schlagen.

toldre tolir Eul. (tollere) *st.* II, *sw.* II
(*pf.* 3 tost toli, *part.* tolut, *f.* tolue)
nehmen, verbergen, entziehen.

Tomas = Thomas.

tombe (tumbam) *f. grab.*

ton tum (tuum) *unbet. pron. poss.*
2. *p. sg. im obl. sg. m.* (*vgl.* tes)
dein.

tonel (*zu gall.* tunna) *m.* II (*pl.*
toniaus) *fass.*

toner (tonare) *sw.* I *donnern.*

topet (*d.* topp *zopf*) *m.* II *stirnhaar.*

tor (turrem) *f. turm, schloss.*

tor (taurum) *m.* II *stier.*

torbler *s.* trobler.

tordre (*tórquere *f.* torquēre) *st.* II
(*pr. kj.* 3 torde) *winden, plagen,*
part. tort *gewunden, rund.*

torel (*dem. v.* taurus) *m.* II (*r.* torians)
junger stier.

torment (tormentum) *m.* II *qual.*

torner tou- tu- (*zu gr.* τόρνος, τορ-
νεύω) *sw.* I *wenden, zuwenden, um-*
kehren, verdrehen, auslegen, ver-
kehren in (a), t. de Griu en Latin
übersetzen, en estre tornez *davon*
abgewendet werden; sich drehen,
wenden, t. a *sich wenden zu, werden*
zu, refl. s. t., s'en t. *weggehen,*
fliehen.

tornoiier -ier (*turnicare) *sw.* I (*im*
turnier) *kämpfen.*

torser (*tortiare) *sw.* I *drehen.*

tort (tortum *zu* torquere) *m.* II *un-*
recht.

tortiz (*torticium *zu* tortum — tor-
quere) *adj. gedreht.*

tortrele torterele (*turturellam *r.*
turtur) *f. turteltaube.*

tost (tostum *v.* torrere) *adv. rasch,*
alsbald.

tot tout tut (*tuttum *f.* totum) *adj.*
(*pl.* toz, *r.* tuit *pik.* tot, *f.* tote)
ganz, jeder, pl. alle, tute jur 92,
toz jors *alle tage,* a tous jors *für*
immer, toz tenz *allezeit; bei adj.*
in adverbialem sinn (li sanz toz
clers); *mit präp.* del t., dou t.
durchaus, ganz, od t. *damit,* par
t. *durchaus, überall, stets* (*vgl.*
atot); tot le rivage *immer dem*
ufer nach.

tot (*tuttum) *adv. ganz und gar.*

toudis = toz dis (*tuttos dies) *alle*
tage.

tour (*abl. v.* tourner) *m.* II *wendung,*
par nul t. *unter keinen umständen.*

touse (tonsam) *f. mädchen.*

trabuchier treb- (*transbuccare *zu*
g. būk) *sw.* I *zu fall bringen,*
stürzen.

traïner (*abl. v.* traïne < *tragīna,
*zu *tragere?) *sw.* I *ziehen, schleppen.*

traïr (*tradire *f.* tradĕre) *sw.* II *ver-*
raten.

traire treire trere (*tragere *f.* trahere)
st. II (*pr. ind.* 3 trait, *imp. pl.*
traiés, *impf. ind. pl.* 3 traioient,
kj. 3 traïst, *pf.* 1 trais tres, 3 traist,
part. trait, *f.* traite) 1. *ziehen, ab-*
ziehen, herbeiführen, tr. a sei *an*
sich locken, tr. de . . . en *über-*
setzen, mal traire *leid erdulden,*
tr. a. a garant *als bürgen anführen.*
— 2. *sich zu jem. halten, ziehen,*
zurückziehen. — 3. s. tr. *sich wo-*
hin begeben, zurückziehen, (*auch*
s. t. arrier). — 3. *intrans. schiessen.*

traïson (*traditionem, *vgl.* traïr) *f.*
verrat, betrug.

traitić (*abl. v.* trait < tractum) *adj.*
(*f.* traitiće) *gezogen, länglich, oval.*

traitié (tractatum) *m.* II *abhandlung,
werk.*

traitier treitier tretier (tractare) *sw.* I
handeln, reden von (de, en < inde).

traïtor (traditorem) *m.* III (*r.* traïtre)
verräter.

trametre (transmittere) *st.* II (*imp.
pl.* trametez, *pf.* 3 tramist, *part.*
tramis) *hinübersenden, hersenden.*

tranchant *s.* trençant.

translater (*komp. v.* *latare *zu* latum
-ferre) *sw.* I *übersetzen.*

travail (*abl. v.* travaillier) *m.* II *mühe,
arbeit.*

travaillier -eillier -ilhir (*abl. v.* tre-
palium) *sw.* I *bearbeiten,* s. tr. *sich
bemühen, part.* traveillié *müde.*

travers (transversus) *präp. quer über.*

trece (*s.* trechier) *f. flechte.*

trechier = trecier (*treciare) *sw.* I
flechten.

tref (trabem) *m.* II *zelt.*

treis trois (tres) *zw.* (*r.* trei) *drei.*

trenbler tranbler (tremulare) *sw.* I
zittern.

trençant tranch- = trenchant (*zu*
trenchier) *m.* II *schneide.*

trenchier (*truncare, *vgl.* AS) *sw.* I
abschneiden, zerschneiden.

trente *prov.* -a (triginta) *zw. dreissig.*

tres (trans) *adv., vor adj., adv., präp.
sehr, ausserordentlich, gerade:* tres-
bel, tres devant, tresdolz, tresfier,
trestout.

tres *prov.* = treis.

tresaler (trans + *allare) *irreg. verbum*
(*pr. ind.* 3 tresva) *hinübergehn,
weggehn.*

tresor (thesaurum < θησαυρόν) *m.* II
schatz.

trespasser (trans + *passare) *sw.* I
hinübergehn, vergehn — subst. m. II
trespassant *vorübergehender.*

tresque (trans + que, *vgl.* AS *zu v.* 48)
adv. hinüber, tresqu'a *bis auf.*

tressaillir (trans + salire) *sw.* II *zu-
sammenzucken, zittern.*

trestor (*abl. v.* trestorner) *m.* II
hindernis, kunstgriff.

trestorner -turner (*komp. v.* torner)
sw. I (*pr. kj.* 3 trestort) *wegwenden,
verbergen,* t. son cors *od.* s. t. *sich
wegwenden, fliehen.*

tresturnëur (*abl. v.* tresturner) *m.* II
fliehen, ausreissen.

trestot (trans + *tuttum) *adj.-pron.*
(*pl.* -toz, *r.* -tuit -tot) *ganz, völlig,
pl.* alle — *adv. ganz und gar.*

tret = trait (tractum) *m.* II *zug,* a
t. *gemächlich.*

treze (tredecim) *zw. dreizehn.*

tricheor (*trīccatorem) *m.* III — *adj.
betrüger — betrügerisch.*

tricherie (*abl. v.* trichier < trīccare)
f. betrug.

tries (trans, *vgl.* 27) *präp. hinter.*

tristor (*tristorem *zu* tristis) *f. trauer.*

Tristran (*kelt.* Tristan — Trystan —
Drystan) ˉ*npr. m.* II *Tristan,
Isoldens geliebter* 83 ff.

triue (*g.* triuwa) *f. waffenstillstand.*

troble (*abl. v.* trobler) *adj. trüb, ver-
stört.*

trobler torbler (*turbulare) *sw.* I
trüben.

Troie (Trojam) *npr. f. Troja* 69.

tronc (truncum) *m.* II *baumstamm.*

trop (*d.* þrop — þorp = *dorf*) *adv.
sehr, zuviel, zu lange.*

trosque = entrosque -usqué (intro
usque) *adv., mit* a *bis.*

trover tru- (*tropare, *vgl.* AS) *sw.* I
(*pr. ind.* 1 truis, 3 trueve treuve
trove, *pl.* 3 truevent trovent) *fin-
den, erfinden, ausfindig machen.*

truie (*trojam) *f. mutterschwein, sau.*

tu (tū) *bet. pron. pers.* 2. *p. sg. im
r.* (*obl.* tei toi) *du.*

tuënart to- *m.* II *schild* 26.

tuit *s.* tot.

tul = tu + le.

tum *s.* ton.

Turc (*pl.* Turs) *m.* II *völkername,*
Türken 46, 80.

turnei (*abl. v.* turneiier < *tornicare)
m. II *turnier.*

U

u- *s. auch* o-.

u *prov.* = un.

ueil oeil oil (oculum) *m.* II (*pl.* uiz
ieus iex yex iauz eulz) *auge.*

uis huis us hus (ostium) *m. indcl.*
ausgang, tür.

umbre = ombre (umbram) *f. schatten.*

umilïer hum- (humiliare) *sw.* I *de-*
mütigen, erniedrigen.

un *prov.* u (unum) *zw.* (*f.* une) *einer,*
recipvok. in l'uns (a) l'altre. — *un-*
best. artikel ein, irgendein, pl. ein
paar.

unicorne uncor (unicornu) *m.* II *ein-*
horn.

unt = ont (unde, *vgl.* dont) *adv.*
interrog. u. rel. von wo, wo, par
u. *wo — durch.*

Urs *npr. m. indcl. Urs* 32.

us (usum) *m. indcl. brauch, gewohn-*
heit.

usage (*usaticum *v.* usus) *m.* II *brauch,*
gewohnheit.

user (*usare *zu* uti — usus sum) *sw.* I
benutzen, sich bedienen.

V

Vadart (*g.* Wadhard) *npr. m.* II
Wadhard, Leodegars mörder 4.

vaillant (*valientem) *adj. werthabend,*
tüchtig, wacker, tapfer.

vain (vanum) *adj. schwach,* an (en) v.
vergebens.

vair (varium) 1. *adj. bunt, schillernd.*
— 2. *subst. m.* II *buntpelz (ge-*
sprenkelter pelz).

vaissel (vascellum) *m.* II (*pl.* vaissials
-aus) *schiff.*

val (vallem) *m.* II *tal,* en val, contre
val *hinab* (*mhd.* ze tal).

valeir -oir (valere) *sw. ui-pf.* (*pr.*
ind. 1 vail, 3 vaut, *konj.* 3 vaille,
part. vaillant, *impf. ind.* 3 valeit,
fut. 3 valdrat vaudra vaura, *kond.* 3
valdreit) *wert sein, stark sein, ge-*
deihen, nützen.

vallet = vaslet.

valur = valor (valorem) *f. tapferkeit.*

vandre = vendre (vendere) *sw.* III, II
verkaufen, v. chier *teuer verkaufen.*

vanité -eit (vanitatem) *f. eitelkeit,*
nichtigkeit.

vant = vent (ventum) *m.* II *wind.*

vanter (*vanitare) *sw.* I (*pr. kj.* 3
vant vante 28) *rühmen, sich rühmen*
(*mit* que), s. v. de *sich rühmen.*

vanter = venter *s.* dieses.

variable (*abl. v.* varius) *adj. ver-*
änderlich.

varïer (variare) *sw.* I *verändern,* s.
v. de a. *sich von jem. abwenden.*

vassal vasal (*mittellat.* vassallum,
kelt. urspr.) *m.* II *vassal, lehns-*
mann, ritter, kämpfer.

vasselage (*abl. v.* vassal) *m.* II *ritter-*
tum, tapferkeit.

vaslet vallet *m.* II *jüngling, knappe.*

veeir -oir veïr (videre) *st.* I (*pr. ind.* 1
vei voi, 2 veiz voiz vez, 3 voit,
pl. 2 veez, 3 voient, *kj.* 3 veiet
voie, *imp.* vez ves, *part.* voiant,
impf. ind. 3 veeit, *pl.* 3 veeient,
perf. 1 vi, 3 vit, *pl.* 3 virent, *impf.*
kj. 3 vëist, *pl.* 2 vëissiés, 3 vëissent,
part. vëut vëu, *fut.* 2 verras,
3 verrat, *pl.* 1 verrums, 2 verreiz,
kond. 1 verroie, 3 verroit) *sehen,*
v. cler *deutlich sehen,* vez (*kurz-*
form, vgl. AS v. 95) *siehe da,*
schau! ger. voiant toz noz barons
vor den augen aller unserer b.

veer (vetare) *sw.* I (*perf.* 3 voia,
part. pf. veé *f.* veee) *verbieten,*
verweigern.

Veillantif *npr. m.* II *Rolands ross* 51.

veillier (vigilare) *sw.* I *wachen.*

veintre vencre (vincere) *sw.* III, II (*inf.* Eul., *pr. ind. pl.* 3 vainquent, *pf. pl.* 3 vainquirent, *part. pf. f.* vencue) *siegen,* v. la bataille, l'estor *die schlacht gewinnen* 24.

veir voir *prov.* ver (verum) 1. *adj. wahr, wahrhaftig,* par v., por v. *in wahrheit.* — 2. *m.* II le voir *das wahre.* — 3. *f.* la voire *die wahrheit.*

veirement voirement (vera mente) *adv. wahr, wahrhaftig.*

veisin (vicinum) *m.* II *nachbar.*

veisselmente (*abl. v.* vaissel) *f. tafelgeschirr.*

vencre *s.* veintre.

vendue (vendutam) *f. verkauf.*

venëur (venatorem) *m.* III *jäger.*

vengier (vindicare) *sw.* I *rächen.*

venin (venenum) *m.* II *gift.*

venir (venire) *st.* I—III (*pr. ind.* 2 viens, 3 vient *prov.* ve, *pl.* 3 viennent, *kj.* 3 viengne vienget 26, *pl.* 2 vegniez vengiez, *imp.* vien, *pl.* venez, *part.* venant, *impf. ind.* 3 venoit, *pf.* 1 ving, 3 vint, *pl.* 3 vindrent vinrent, *impf. kj.* 3 venist, *fut.* 3 vendra, *pl.* 2 vendrez, *kond.* 1 vendreie, *part. pf.* venu *r.* venuz *f.* venue — *vgl.* avenir, covenir, devenir, revenir, sovenir) *kommen,* s'en v. *daherkommen,* v. a point *zur rechten zeit kommen, gut daran sein,* v. a chief d'ar. *mit etwas zu ende kommen, impers.* vient *es begegnet,* v. miauz *es ist besser,* v. a + *inf. es kommt zum* …

Venisien (Venetianum) *m.* II *Venezianer.*

venjance veng- (*abl. v.* vengier) *f. rache.*

venoison = venaison (venationem) *f. wildbrett.*

venredi (Veneris diem) *m.* II *freitag. Vgl.* devenre.

vent (ventum) *m.* II *wind.*

venter vanter (*abl. v.* vent) *sw.* I *winden, wehen, stürmen.*

venue (venutam) *f. ankunft.*

verai vrai (*verajum) *adj.* (*r.* verais) *wahr.*

verdoiier (*viridicare) *sw.* I (*pr. ind.* 3 verdie) *grünen.*

verdure (*abl. v.* viridis) *f. das grün.*

verge (virgam) *f. rute, stab.*

vergier (*viridiarium) *m.* II *garten, obstgarten.*

vergonde (verecundiam) *f. scham,* avoir v. *sich schämen.*

verité *s.* verté.

vermeil -oil (vermiculum) *adj.* (*r.* vermauz, *pl. f.* vermelles -oilles) *rot.*

verriere (vitraria) *f. glasscheibe.*

verroiller (*abl. v.* verroil.< veruculum) *sw.* I *verriegeln.*

vers (versus) *präp. gegen, auf—zu,* conquester terre v. a. *jem.-m land abgewinnen,* de v. *s.* devers.

verser (*abl. v.* vertere—versum) *sw.* I *giessen.*

vert (viridem) *adj. grün.*

verté verité (veritatem) *f. wahrheit,* en v. *mit recht.*

vertu (virtutem) *f. kraft, wunder.*

verus *lat. adj. wahr.*

vespre (vesperum) *m.* I u. f. *abend.*

vessie (vessicam) *f. blase.*

vestement (vestimentum) *m.* II *kleidung.*

vestëure vesture (vestituram) *f. kleidung, kleid.*

vestir (vestire) *sw.* II (*pf.* 3 vesti, *part.* vesti vestu *r.* vestis -uz -us *f. pl.* vesties -nes — *vgl.* desvestir, revestir, fervesti) *kleiden, bekleiden, anziehen.*

vestit (vestitum) *m.* II *kleid.*

veüe (*vidutam) *f. das sehen, anblick, gesicht.*

vez *s.* veeir.

vezïet (*vitiicatum *zu* *vitiicare) *adj. durchtrieben, schlau.*

viaire (*visarium + videre) *m.* II
gesicht, aussehen, estre a v.*scheinen.*

vida *prov.* = vie.

videle (*zu* vider, *vgl. nfr.* videlle)
f. langer faltenärmel.

vie *prov.* vida (vitam) *f. leben.*

vieil (*vetulum, *dem. v.* vetus) *adj.*
(*r.* vieilz, *f.* vielle) *alt — subst.* li
vielle (*pik.*) *die alte.*

vïeler (*abl. v.* vitula) *sw.* I *fiedeln,
geigen.*

viellece -che (*abl. v.* vieil) *f. alter.*

viez (vetus) *adj. indcl. alt,* de ´v.,
de v. tens *seit langem.*

vif (vivum) *adj.* (*f.* vive) *lebendig,
frisch, bei lebendigem leibe* (vis
enragier *u. ä.*).

vigne vinne vine (vineam) *f. rebgut,
weinberg.*

viguerosement (vigorosa mente) *adv.
kräftig, mit macht.*

vil (vīlem) *adj. gemein, kläglich.*

vilain (vīllanum) *adj. bäurisch, ge-
mein — m.* II *bauer.*

vilainement (*adv. v.* vilain) *hässlich,
in niedriger weise.*

vilainie vilonie (*abl. v.* vilain) *f.
schlechtigkeit, gemeinheit, gemeiner
ausdruck.*

vile (vīllam) *f. stadt,* sainte v. *Jeru-
salem.*

vilonie = vilainie.

vilotier (*abl. v.* vīllam) *adj.* (*f.* vilo-
tiere) *von ort zu ort gehend,
mädchenjäger, mannstoll.*

vilté (vilitatem) *f. verachtung.*

vin (vinum) *m.* II *wein.*

vint (viginti) *zw. zwanzig.*

vintiesme (*abl. v.* vint < viginti) *zw.
zwanzigst.*

virge (virginem) *f. jungfrau — adj.
jungfräulich.*

virginitét (virginitatem) *f. jungfräu-
lichkeit.*

vis (visum) *m. indcl. das gesehene,
die erscheinung, gesicht, antlitz,*

impers. est vis *od.* est a vis *es
scheint, erscheint* (*vgl.* avis).

visage (*abl. v.* visum) *m.* II *antlitz.*

visïon (visionem) *f. vision, traum-
gesicht.*

vit (vectem) *m.* II *penis.*

vitaille (victualia) *f. lebensunterhalt,
lebensmittel.*

Vivïen (Vivianum) *npr. m.* II *Vivien,
neffe Wilhelms von Barcelona* 21 ff.

vivre (vivere) *sw.* III, II (*pr. ind.* 3
vit, *kj. pl.* 3 vivent, *part.* vivant,
pf. 3 vesqui, *part.* vescu, *fut. pl.* 3
vivront) *leben, am leben sein, part.*
vivant *lebendig, leibhaftig — subst.
inf. m.* II vivre *leben, nahrung.*

vo (*pik.*) = vostre *pron. poss.* 2. *pl.*

voiage (viaticum) *m.* II *reise.*

voie (viam) *f. weg,* tote v., totes
voies *alle wege, unterdessen, gleich-
wohl.*

voile (vela v. velum) *f. segel.*

voir *s.* veir.

voire (verā) *adv. fürwahr.*

vol *s.* vueil.

volage (volaticum) *adj. flatterhaft.*

voleir -oir vouloir (*volēre f.* velle)
st. III, II (*pr. ind.* 1 vuoil vueil
vuel vuill voil, 2 veus viaus, 3 vuelt
vuet veut viaut volt vult, *pl.* 2
volez -és, *kj.* 1 voille, 3 vueille
vuelle, *impf.* 2 voloies, 3 voleit -oit,
pf. 1 voil vos, 3 volt vout voult
vot volst vost *prov.* vol, *pl.* 3
voldrent, *plqpf.* 3 voldret Eul.,
pl. 3 voldrent Eul., *impf. kj.* 1
vousisse, 3 vousist vossist, *pl.* 2
voussistes, *fut.* 1 voldrai voudrai,
2 voudras, 3 voldra, *pl.* 2 voldrez
voudreiz -ez vodrez, *kond.* 1 vold-
roie, 2 voldroies, *pl.* 2 vaurrïés)
wollen. — subst. inf. m. II *wille,
wunsch, belieben.*

volentét -é volontét *prov.* voluntat
(voluntatem) *f. wille, wunsch.*

volentiers -antiers (voluntarie + s)
adv. gern.

14

voler (volare) *sw.* I *fliegen, zersplittern.*

volte (voltam *zu* volvere) *f. gewölbe.*

volti (*abl. v.* volte) *adj. gewölbt.*

vos (vos) *pron.* 2. *p. pl.* 1. *unbet. dat. akk. euch.* — 2. *betont r. u. obl. ihr, euch.*

vostre *pik.* vo (vostrum *f.* vestrum) *pron. poss.* 2. *p. pl. euer* (*obl. pl.* voz).

voutrillier (*abl. v.* voltum *zu* volvere) *sw.* I *wälzen.*

vrai *s.* verai.

vraiement (*veraja mènte) *adv. wahrhaft, in wahrheit.*

vremellet = vermelét (*abl. v.* vermeil) *adj. zart rot.*

vueil vol Eide (*abl. v.* voleir) *m.* II *wille,* mon v. *nach meinem willen,* bon v. *gern.*

vuidier (*vocitare) *sw.* I *leeren.*

vuit vuide (*vocitum *f.* vacuatum) *adj. leer.*

W

Wace (*d.* Wazzo) *npr. m.* II *Wace, norm. dichter* 65.

Wandre (Vandali) *m.* II *völkername Vandalen* 106.

Y

ymage = image.

ypocrite (hypocrita < $\acute{v}\pi o\varkappa \varrho\iota\tau\acute{\eta}\varsigma$) *m.* II *heuchler.*

ypocrizie (hypocrisia < $\acute{v}\pi o\varkappa \varrho\iota\sigma\acute{\iota}\alpha$) *f. heuchelei.*

Yseut = Iseut (*g.* Isbild) *npr. f. Isolde* 87 ff.

ystoire = estoire.

yver = iver.

Druck von Karras, Kröber & Nietschmann in Halle (Saale).

Lightning Source UK Ltd.
Milton Keynes UK
UKHW010638161218
333983UK00010B/947/P